恐怖の美学

なぜ人はゾクゾクしたいのか

樋口ヒロユキ

Hiroyuki Higuchi

アトリエサード

目次

装画：池田ひかる
カバー・表紙・扉 《Lonely Girl》（2015）
p.2-3 《読書》（2019）
p.6-7 《マネキン２号：マリアの雛形》（2020）
p.309 《ごっこ遊び》（2021）

装丁：鈴木孝

恐怖の美学　なぜ人はゾクゾクしたいのか

◉

樋口ヒロユキ

はじめに

恐怖とは、一体何だろうか。

そんなのわかりきってるじゃないか。あのゾクゾクっとする感じだよ！　と、多くの人がそう答えるだろう。恐怖はあまりにも身近な感覚で、いちいちそれが何なのか考えるまでもない自明のものだと、おそらくは多くの人がそう考えているに違いない。だが、本当にそうだろうか。

私たちはどういうときに恐怖を覚えるだろう。たとえば事故スレスレの危険運転に出くわしたり、ジェットコースターに乗ったりしたとき。地震や暴風雨などの災害に見舞われたときや、高い塔のてっぺんに立ったときなどに、私たちは「怖い」と感じる。要するに物理的に生命の危険を感じたときに、私たちは「怖い」と感じるのである。

だが、そればかりではないから話は難しい。例えば墓場や暗がり、廃墟やトンネルといった場所は、なぜ怖いのだろう。そこに直接的な生命の危機はない。少なくとも現代人の常識から考えれば、まず、ない。幽霊が出そうだからというのが一般的な答えだろうが、正直な話、身近な人で幽霊に取り憑かれたのが原因で亡くなった、という人の話を、私はほとんど聞いたことがない。

ほとんど、というのは、一部に例外もあるからである。つまり霊に祟られて亡くなった人の話を、私は一度だけ聞いたことがあるのだ。だがこれは、実話系怪談シリーズの大ヒット作『新耳袋』の著者である中山市朗氏から、オフレコを条件に伺った話だ（なので詳細はここには書けないが、怪談関係者だったら知っている、あの「書けば祟る」と言われる有名な話である）。つまり怪談蒐集家のなかでもプロ中のプロが探し出して、それも「これはシャレにならない」といって封印するほどレアな出来事なのだ。

だいいち私たちの暮らすこの日本社会は、年間に数千人の交通事故死者、数万人の自殺者を出している。逆に悪霊に取り憑かれて亡くなった死者が、年に数千人、数万人規模で出たという話など、私は聞いたことがない。死者よりも生きた犯罪者や事故、災害の方が、実はよっぽど危険な存在なのだ。つまり理性的に考えれば、ブラック企業に勤めたり、車道の横の歩道を歩いたりしている方が、夜の墓場より危険なのである。

だが、私たちはブラック企業に勤めていても、上司がウザいとか早く帰りたいと感じることはあっても、あの背筋が凍るような、ぞっとする恐怖の感覚を覚えることは、まず、ない。交通量の多い道を歩いているときも、よほどの危険運転をしている車がいない限りは、私たちは平然とそこを歩き、そばを車が走っていることすら忘れている。どうやら「怖い」という感覚は、物理的な危険を察知する、単純な生理的センサーのようなものとは違うようなのである。

それではなぜ私たちは、夜の墓場に行くことを恐れるのだろうか。特段、霊の存在を信じないという人でも、好き好んで夜の墓場に行く人はまずあるまい。一体、それはなぜなのか。なぜ墓場は怖いのか。一部の人はこう主張するかもしれない。

「いや、本当に幽霊はいるんだって！　幽霊が出ると、とにかくゾクゾクっとして怖いんだよ！　理屈抜きに！　だから夜お墓に行くのは怖いんだよ。目には見えなくても幽霊がいっぱいいるから怖いんだ！」

……これを否定するのはかなり難しい。幽霊の実在を証明するのも難しいが、逆に「ない」ことを証明するのは不可能に近い。たとえ千回実験をやって出なくても、次の一回で出るかもしれないからだ。これはいわゆる「悪魔の証明」にあたり、幽霊の存在の是非を論じだすと収拾がつかなくなる。よろしい。幽霊は本当に実在していて、それが出ると何か特殊な波動だか霊障だかが出るため、私たちは恐怖に震えるのだ、ということにしよう。その可能性までは否定すまい。

だが、それではなぜ私たちは、作り物にすぎないと最初から知っているホラー映画を見ても「本物(?)の幽霊」と同様に怖がることができるのだろう。「本物の霊」そっくりに作られているから？　よろしい、そうだとしよう。であるとすれば、本物の霊が持つ「特殊な波動」がなくとも、それとよく似た視覚的記号だけで、人は恐怖に陥るのだ、ということになる。つまり私たちの心には、霊の記号、表象だけでも、恐怖を感じる能力が備わっているのである。

これはよく考えると非常に不思議なことではないか。私たちはホラー映画の映画館に行っても、そこに死の危険があるわけではないことを知っている。にもかかわらず私たちは、それを怖がることができる。つまり私たちは、単にそれが記号や表象に過ぎないと知りながら、恐怖を感じる能力を持っているのである。これは人間の心が持つ、非常に奇妙で特殊な能力とは言えないだろうか。

夜の墓場を私たちが恐れるのも、おそらくこの能力と関係している。それはたぶん、墓というものが死の記号だからである。墓が直接私たちに死をもたらすものでないことは誰もがわかっているが、そこに死者が埋まっていることは誰もが知っている。墓は文化的に作られたものであり、そこに死者が眠ることを示す記号である。つまり私たちは死の危険を直接恐れるのでなく、死の記号、死の表象を恐れているのである。

暗がりや廃墟、廃校といった場所もまたそうで、それは直接私たちの生命を危険に晒すものではないが、いずれも死や衰退、遠い過去といったものに結びついた記号である。肝心なことは、いずれも物理的な死の危険とは関係のない、死の記号だということだ。つまり恐怖とは単なる生理的、動物的な危険のセンサーであるだけではなく、死にまつわる記号に触れた時にも起こる、きわめて人間的な感情でもあるわけだ。

恐怖というのは、あまり愉快な感情ではない。だが私たちは、肝試しに墓場へ行き、怪談を聞きに行き、ホラー映画や「ゾゾゾ」のような実話系怪談YouTube番組を鑑賞する。ちなみに「ゾゾゾ」はYouTuberで経営者の落合陽平がパーソナリティーを務める番組で、彼とその一行が心霊スポットを探検するというものだ。つまり我々はわざわざ不快な感情を味わうために、恐怖をもたらす記号に接近するのである。これは恐怖が記号によって引き起こされるからこその現象である。夜の墓場の肝試しとは一種の記号消費であり、原初的な文化鑑賞なのだ。

単に危機を察知する本能なら、多くの動物が持っている。それどころか人間以外の動物の方が、危機回避の本能は強いかもしれない。ところが人間だけは物理的な死の危険だけでなく、死の表象、死の記号に対しても恐怖を感じることができる。しかもその恐怖をわざわざ感じるために、ホラー映画やホラー小説に触れるのである。こんなことをするのは人間だけだ。私たちが感じる恐怖とは、人間に特有の感覚なのである。

私たちの文化のかなりの部分を支えているのは記号のやりとりだ。そして右に見た通り、恐怖はしばしば記号によって引き起こされる。そこでここでは、いわゆる文化記号論と呼ばれる学問ジャンルを手がかりに、恐怖について考えたい。あまり聞き慣れない分野の話だと思うが、なにせ「人間が感じる恐怖」というのは記号を媒介して起こるところにユニークさがあるため、記号論を避けては通れない。なので、少々我慢しておつきあいいただきたい。

記号論の創始者の一人として、スイスの言語学者、フェルディナン・ド・ソシュール（一八五七～一九一三）という人がいる。彼は記号というものを、指し示される意味つまり記号内容（シニフィエ）と、それを指し示す記号表現（シニフィアン）とにわけて考えたことで知られている（ソシュール『一般言語学講義』岩波書店、一九七二）。

ソシュールが分析した「言語」という記号の場合、シニフィエとシニフィアンの間には、本質的な結びつきはない。葉っぱがたくさん茂っていて背の高い植物を「木（き）」と呼ぶか「tree」と呼ぶかは、話者の話す言語、文化に依存する。樹木という存在と「き」という音韻の間は、社

図1

会の約束事で結ばれているのだ（図1）。考えてみれば当然の話だが、ソシュールが指摘するまで、このことに気づいた人はほとんどいなかった。ほかにもソシュールは言語の持つ独特の性質をたくさん発見して、それ以降の哲学や人文科学に大きな影響を与えていくことになる。

ソシュールが分析した「言語」のように、記号内容と記号表現が、文化的に結び付けられているタイプの記号を、ここでは「文化記号」と呼んでおこう。だが、記号は言語のような文化記号だけではない。たとえば煙を見たとする。煙は煙という物質だが、同時にそれをシニフィアン、つまりなんらかの記号表現と見ると、どうなるか。そこには火という記号内容があることになる。同様に、たとえば床に血痕が残っていれば、それはそこで殺人か流血事件があったことを示すシニフィアンということになる。

このように記号内容と記号表現が、物理的な因果関係で結び付けられた記号がある。それをここでは「物理記号」と呼んでおこう。この物理記号ではシニフィアンとシンフィエが非常に強固に結ばれていて、言語とは逆に、文化的な影響をほぼ受けないことを覚えておいていただきたい。

実を言うと、右はアメリカの哲学者、チャールズ・サンダース・パース（一八三九～一九一四）による、記号の分類をヒントにしたものだ（パース『記号学』勁草書房、一九八六）。パースはソシュールとはまったく独立に記号論を考えた人だが、ソシュールの言う記号内容と記号表現がどのような関係で結ばれているかに注目して「インデックス、シンボル、アイコン」という三分法を編み出した（ここで言う物理記号はパースの言うインデックス、文化記号はシンボルにほぼ相当するが、実際には彼の議論はかなり錯綜していて、相互に矛盾する部分もある。そこで、あえてここでは彼の用語を使わず、独自の用語で話を進める）。

さてもう一つ、パースが提起した記号の種類に「アイコン」というものがある。これはほぼパースの使ったのと同じ意味合いで使うので、訳語もそのまま、類像記号と呼んでおくことにしよう。類像記号はシニフィアンとシニフィエが、視覚的な類似性で結ばれている記号だ。たとえば絵画や彫刻はこれにあたる。類像記号は文化記号と違って誰にでもわかりやすいのが特徴で、丸の周りに放射線が描いてあれば、これは太陽のことかな、というのは、どの文化圏の人でもある程度わかる。公共施設でピクトグラム（絵文字）が使われるのは、こうした類像記号の持つ普遍性、一般性の上に成り立っているわけだ。

だが、これも必ずしも絶対的なものではない。記号内容、つまり指し示される内容が抽象的なものの場合、図像による記号は文化記号に近づき、文化圏によってその記号表現は大きく変わる。記号は指し示す内容が抽象的なものになるに連れ、文化記号に近いものになっていくわけだ。

抽象的な概念を示す図像的な記号がどれほど文化に依存しているかという例を一つ挙げよう。たとえば試験の答案が正解の場合、日本や韓国では〇（マル）をつけるが、欧米や中国語圏では✓（チェック）をつける。逆に欧米や中国語圏では、〇をつけるのは不正解の方だ。このほか、

	物理記号	類像記号	文化記号
シニフィエ	火	描かれた対象	概念
関係	物理的因果関係	外見的類似	社会的合意
シニフィアン	煙	絵画、彫刻など	言語など

図2

救急隊を示す赤十字の記号は、イスラム圏では赤三日月が使われる。抽象的な概念を示す図像の記号は、いっけん類像記号に見えて、その実は文化的な文脈に依存する文化記号に近いのである。

以上のように、記号は物理記号、文化記号、類像記号の三つに大別できる（図２）。ここで話はようやく恐怖に戻ってくるのだが、それでは死を示す記号表現、死のシニフィアンは、どの記号分類に当てはまるだろう。死は基本的には見えない現象であり、抽象概念である。死にゆく姿や死体は見えるが、死んでしまったあとの姿、死という現象そのものの姿は、私たちは見ることができない。このため死のシニフィアンは、死体や血痕のような物理記号である場合を除けば、文化記号、つまりシニフィアンとシニフィエの関係が希薄なものとなる。つまり死のシニフィアンには、文化圏によって違いが生まれるのだ。

たとえばお墓というものは、石を使うところまではおおむね世界で共通しているが、墓石の形は文化圏によって違う。

例えば私たち現代の日本人は、卒塔婆や四角い墓石の立ち並ぶ光景を見れば恐怖を覚えるが、十字架だとやや恐怖心が薄れる、という人が多いのではないか。ましてやピラミッドや前方後円墳などを見ても、ピンとこない人の方が多数派ではないかと思う。

これはお墓というものが、ここで言う文化記号だからだ。つまりお墓とは目で見る「言語」なのである。たとえば十字架はいわば外国語で綴られた死の表象であり、前方後円墳は古語で綴られた死の表象、ピラミッドになると外国語の古語で綴られたもの、ということになるわけだ。

私たちは母語で綴られた死の表象に対して強く恐怖を感じ、外国語や古語で綴られた死の表象には、さほど恐怖を感じない。このように恐怖という感情は、文化的文脈に依存する。私はかつて、日本人は亡霊に対する恐怖感が強く、欧米人は生きている死体への恐怖感が強いと書いたことがある。実際、日本人が恐れるのはお岩さんやお菊さん、貞子や伽耶子といった亡霊たちだ。逆に欧米人が恐れるのは、吸血鬼やフランケンシュタイン、ゾンビなど、いずれも生きている死体ばかりである。これなどは恐怖の文化依存性を示す一つの事例かと思う（拙著『真夜中の博物館～美と幻想のヴンダーカンマー』アトリエサード、二〇一四）。

また、恐怖は文化的文脈だけでなく、個々人の生育歴の文脈にも依存する。アンディ・ムスキエティ監督の映画「IT／イット〝それ〟が見えたら、終わり。」（二〇一七）に登場する怪物、ペニーワイズは、基本的にはピエロの姿で登場するが、見る者が何を怖がるかで姿を変える。たとえばある少年の前には書斎に置い

てある薄気味悪い肖像画の姿で登場し、父親に性的虐待を受けた少女の前には父親の顔で登場する。何が怖いかという対象は人それぞれだ。これはひとえに、死の表象が文化記号だからなのである。

私が怖がるものの場合ちょっと変わっていて、劇場などの天井近くにある「三重《さんじゅう》」という空間、つまり照明などを吊り下げるための中二階のような場所が、身震いするほど恐ろしい。落語の「饅頭こわい」ならぬ「さんじゅうこわい」というわけで、あまり人に理解されない、妙な恐怖症である。

私が三重に上ったのは人生でたった一回だけ、人のイベントの手伝いで京都大学の西部講堂に行き、臨時に働いた時だけだ。たまたまそのときは用事があって、照明スタッフでもないのに三重に、一人で上がらざるを得なくなった。時間は真っ昼間だったのに、全身が総毛立つほどの恐怖を感じたのを、いまでもありありと覚えている。正直、二度とあんな経験はしたくない。

ちなみに私は高所恐怖症ではなく、もっと高いところでも、まったく平気で登ることができる。つまりこれは、私が三重に対して覚えた恐怖が、物理的な危険センシングとは関係のない、記号の引き起こす恐怖だったことを物語っているわけだ。それではなぜ三重が私の中で、恐怖をもたらす記号となり得るのかと言うと、その部分は正直、自分でもよくわからない。

興味深いことにこの三重への恐怖は、舞台関係者、映画関係者のあいだでは、ある程度幅広く共有されている。たとえば「女優霊」（一九九六）という映画がある。あの貞子の登場する映画

「リング」(一九九八)の劇場版第一作を撮った、中田秀夫監督のデビュー作だ。この映画は古い映画の撮影所を舞台に展開する心霊ホラーなのだが、まさにその撮影所の三重に、亡霊が登場するのである。

のちに私はこの映画の脚本を書いた高橋洋氏のトークを聞く機会があったのだが、なんでも当時、監督やスタッフたちと話していて「三重が怖い」という話になり、そこから一連のシーンが生まれてきたらしい。映画界のプロ中のプロであっても、やはりあの三重という場所は怖いのである。

古い言葉に「幽霊の正体見たり　枯れ尾花」というのがあるが、恐怖の正体もあまり突き詰め過ぎてしまうと興醒めである。三重という場所が本当に霊の溜り場になっているから怖いのか、あるいは複雑な記号論的メカニズムによって、役者や監督たちの無念の表象として、三重という場所が記号化されているから怖いのか。それは、いったん曖昧なままぼかしておこう。そう、「ぼけている」「ぼんやりしている」という曖昧さは、恐怖の重要な条件なのだ。

ちなみにこの「女優霊」という映画、個人的には「リング」よりはるかに怖い作品だと思っている。なにせ映画関係者がこぞって「怖い」というシチュエーションを撮っているのだから、怖い作品ができて当たり前である。しかも、詳細はここでは明かせないが、実はこの映画で出てくるのは亡霊ですらない。まさに「女優霊」としか呼びようのない何ものか、なのだ。ここで描かれる

何かは、二重三重の意味で「ぼんやりした」曖昧さの向こうに霞んだ存在なのである。

さて、ここで少し昔話をすると、私が大学時代に学んだのは「美学」という学問である。美学と言うと「男の美学」のような、いわば主観的な美意識のことと誤解されがちだが、実はれっきとした学問分野として十八世紀から存在している。ただし美学というのは不思議な学問で、美と芸術、感性という三つの領域を扱うところに特色がある。つまり芸術作品という客観的存在だけでなく、それによって引き起こされる美という現象、美を含む感性現象をトータルに扱うという、ちょっと変わった学問分野なのである。

美学は英語では aesthetics といって、感性を意味するギリシア語の aisthesis が語源になっている。なので、そのまま訳すと「感性の学」といったほどの意味だ。つまりモノとしての芸術作品を客観的に扱うだけではなく、多種多様な表象を受容する人間の感性が、何に対してどのように働き、どのように感じるのかも含めて考えるところに、美学という学問の面白さがあるわけだ。

……などと言いつつ、不真面目な学生だった私は学部を卒業しただけで学業を終えてしまった。あとでまた少し説明するが、私は大学を卒業後、広告業を振り出しに雑誌記者、さらにそこから画商となったという、妙な経歴の持ち主である。つまり美学者ではないわけだが、学者でもないのに本書には『恐怖の美学』なんてタイトルがついている。これでは誇大広告じゃないのか、というご意見もあるかと思うし、そう言われても特に反論するつもりはない。

ただ、むしろ私のような曖昧な経歴の持ち主が、いわば手作りで論じる美学こそが、恐怖を論じるには似つかわしいのではないか、という気もする。既に三重に絡めて述べた通り、恐怖の重要な条件の一つに「曖昧さ」があるからだ。ぼんやり浮かんだ壁のシミや、粒子荒れでぼやけた心霊写真、あるいは雲に霞んだＵＦＯの映像のように、曖昧で不明確な余韻を残す。そんなどこかに曖昧さを残す議論の方が、恐怖には似つかわしいと私は思う。やれＡＩだの統計処理だのバイオセンシングだのを駆使した恐怖の完全解析なんて、正直興醒めで願い下げである。

そうした曖昧さを残すという留保条件付きでの話だが、恐怖はもう少し感性学的に、つまり美学的に考えられて良いテーマだと私は思う。美学の歴史ではこれまで、美、醜、優美、善美、滑稽、イロニーなど、実に様々な感覚的カテゴリーを、その俎上に乗せてきた。なかには日本生まれの美学的概念というのもあって、たとえば「いき」、つまり「野暮」の反対語の、あの「イキだねえ！」という「いき」は、哲学者の九鬼周造が概念化した美的範疇だ。近年では批評家の四方田犬彦が概念化した「kawaii」も、こうした日本生まれの美的範疇の一つと言える。

このほか、恐怖に近い概念もまた、美学の中では数多く、盛んに論じられてきた。たとえば崇高やグロテスク、あるいは「不気味なるもの」、さらにはアブジェクシオンといった概念がそれにあたる。

たとえば崇高という概念を考えてみよう。この崇高という概念は、私たち一般人が「崇高」という言葉から感じる感覚とは、実は少し違うものである。崇高とは、巨大な山や構築物、自然災害や突然の雷鳴などに対して起こる、恐怖に近い感覚を指すものである。私たちにとって馴染み深いものを例に取るなら、怪獣のゴジラに対する感覚や、ハリウッド製の災害映画、つまり火山の噴火とか竜巻とかを描く映画への感覚がそれに近い。漢字で書くなら「恐れ」や「怖れ」というより「畏れ」に近い感覚である。

この概念をめぐっては、実は恐ろしく長い議論の積み重ねがある。その議論の長さそのものが崇高を感じさせるほどに、だ。最初はなんと一世紀ごろ、「ロンギノス」という人物が、ギリシャ文学の中に崇高の概念を見出した『崇高について』という本を書く。これがその千数百年後、十七世紀に入って、フランス語に訳されて読まれだす。つまり二千年もの歴史のある概念なのだ。

やがて十八世紀に入ってアイルランドの政治学者で美学者、エドマンド・バークが、その著書『崇高と美の観念の起原』で崇高を論じ、さらにドイツの哲学者、カントが大著『判断力批判』のなかで、その議論を精緻化していく。その後カントの議論は、やはりドイツの哲学者、フリードリヒ・シラーに受け継がれ、二〇世紀に入ると米国の美術批評家ロバート・ローゼンブラムや、フランスの哲学者ジャン＝フランソワ・リオタール、米国の美術作家ロバート・スミッソン、さらにはスロヴェニアの哲学者、スラヴォイ・ジジェクといった人々が論じていく。

崇高をめぐる議論はこのように実に長い歴史があるため、ここですべてを振り返るわけにはいかない。こうした崇高をめぐる議論に興味をお持ちになり、もっと詳しく知りたいと思った方には、美学者の星野太の手になる『美学のプラクティス』を、是非お薦めしておきたい（良書である）。

さて、こうした崇高をめぐる長い議論で一貫して鍵になるのは、ヒューマンスケールを超えた巨大さの感覚だ。実際、星野太の前掲書によれば、十八世紀に崇高をめぐる議論が活発になった背景には、ポルトガルのリスボンを、一七五五年に襲った大地震があったという。このときの地震は現在の基準で言えばマグニチュード九に達したと言われる。そうした人智を超えた巨大な力の表れに、人は崇高を感じてきたのだ。

それでは、ここで言う恐怖の感覚、夜の墓場の恐ろしさは、この崇高の概念に収まるものなのか。あるいは、あの貞子のずるずると這い寄ってくる恐ろしさは、崇高という言葉で呼ぶのが適当なのか。どうも違うように私には思えてしまう。廃墟もよほど巨大なものなら崇高と言えるかもしれないが、心霊スポット探検の一行が訪れるような、ごく普通の民家の廃墟には、崇高という言葉は似つかわしくない。墓場や貞子、民家の廃墟は崇高というより、単に「恐ろしい」としか呼びようがないものなのである。

それではグロテスクはどうだろう。誤解のないよう言っておくと、これも現在「エログロ」などと使われる場合のグロテスク、つまり飛び出した内臓や損壊した死体を形容するのに使われる現代語のグロテスクとは、かなり意味合いが異なっている。グロテスクはイタリア語で洞窟を意味する「grotta」という言葉から来ていて、もともと「洞窟のような」という意味なのだ。

この言葉は十五世紀のイタリアで、あの暴君ネロが造営した黄金宮殿の遺跡が、土中から発掘された頃から、次第に使われるようになったものだ。この遺跡の壁面には一面に、人体と植物が捻れあって合体したような、不思議な装飾紋様が描かれていた。この紋様を指して人々は「洞窟のような紋様＝グロテスク紋様」と呼んだのだ。これがグロテスクという言葉の始まりなのである（アンドレ・シャステル『グロテスクの系譜』ちくま学芸文庫、二〇〇四）。

このようにグロテスクという概念は、さまざまなものが混じり合い、ぐにゃぐにゃともつれあう、不定形なものへの感覚を指す。たとえば威風堂々と行進する王が崇高であるとすれば、その周りを放屁しながらうろつく道化の群れはグロテスクである。あるいは、高邁な理想を説く十五世紀の彩色写本の本文が崇高であるとすれば、その余白に描き込まれる花文字や人物のねじれあう「滑稽図（ドロルリィー）」はグロテスクである。つまりグロテスクは崇高とは逆に、卑しさや滑稽味の感覚を伴う概念でもあるわけだ。

劇作家のヴィクトル・ユゴーは「クロムウェル・序文」という文章のなかで、こうしたグロテスクの概念を崇高と対比的に論じている。グロテスクは視覚的な概念であるばかりか、演劇、文学にも拡張された概念だったのである。こうしたグロテスクという概念は、確かに恐怖とも一部重なる部分がある。特に道化に関わる感覚は、あとで意外な形で私たちの議論と重なってくるだろう。だがグロテスクという概念は、基本的には我々の考える墓場の恐怖とは、ややニュアンスの異なるものと考えてよい。

いっぽうフロイトが唱えた「不気味なるもの」は、ある意味で私たちの言う恐怖の感覚にも、かなり近いものと言えるだろう。彼が例に挙げるのは、蝋人形やドッペルゲンガーといったもの、つまり私たちに似てはいるが違う、という存在である。確かに、これはかなりゾッとさせられる。

フロイトはこの「不気味なるもの」について、かつて見慣れていたものが抑圧され、それが回帰してきた時に感じる感情だと論じている。確かに恐怖にはそういう面があり、実際、本書の論旨はフロイトの論と重なる部分も多くなるかもしれない。とはいえ恐怖は必ずしも「かつて見慣れていたもの」と関係して起こるわけではない。だいいち私たちは亡霊やUFO、世界の破滅や心霊写真を、普段から見慣れてはいない。

つまり恐怖は既知のものばかりでなく、未知のものにも起こるところに特色があるのだと言えるだろう。いや、蝋人形やドッペルゲンガーも恐怖の対象となりうることを併せて考えるなら、「既知と未知のはざま」にこそ恐怖があるのだ、と言えるかもしれない。やはり恐怖という感覚は、どこか曖昧なものに宿るのである。

このほかフランスの哲学者、ジュリア・クリステヴァには『恐怖の権力』という本がある。この本の原題はPouvoir de L'horreur、つまり直訳すると「恐怖の力」なのだが、そこで中心的に論じられているのは恐怖よりもむしろ「アブジェクシオン」という彼女独自の概念で、やはりここで言う「ぞっとする感覚」とは色合いがやや異なる。

アブジェクシオンもまた「不気味なるもの」と似ていて、ある意味で同族嫌悪にも似た、どっちつかずの存在に対する不快感のことだ。ただし、そこで取り上げられるのは食物の残滓や糞便、経血や毛髪、死体といった、かつて私たちの身体に属していたものが主となっていて、いわゆる現代語で言うところの「グロ」とか「グロテスク」の語義とかなり似ている。それはかつて私たちの身体の一部、あるいは全部だったものであると同時に、いまはその外部となったものである。こうした身体の内部と外部の二重性を帯びた存在が、アブジェクシオンという嫌悪の感情を私たちに催させるのである。

これは確かに恐怖を論ずる際に有効な議論で、たとえば得体の知れない長い毛髪などは、ホラー映画に頻出する小道具だ。もちろん死体もホラーに欠かせない存在であることは言うまでもない。ただし経血や糞便となると、不潔ではあるが怖くはない。私たちがここで言う恐怖とは、たとえば亡霊（の存在の可能性）に対して感じる感覚であって、不潔感とは「あまり」関係していない。

もちろん恐怖と不潔とは多少は関係があって、だからこそトイレを舞台にした実話怪談は、昔から大量に伝えられているわけだ。とはいえ、トイレや不潔さが怪談における絶対の要素かというと、決してそうとも言い切れない。恐怖が霊的存在をきっかけにすることが多いのに対し、むしろアブジェクシオンは身体の残滓が引き金になるところに特徴があると言えるだろう。

このように崇高にせよグロテスクにせよ、「不気味なるもの」にせよアブジェクシオンにせよ、恐怖と重なり合う部分を多く持ってはいながらも、恐怖そのもの、ど真ん中の概念とは、どこか違うもののように私には思える。もちろん、これらの概念を唱えた錚々たる論者には、私は大きな敬意を抱いている。また実際、その論旨も恐怖と重なり合う部分が多い。だが同時に、やはりそれは墓場の恐怖という、もっとも素朴な感覚と、どこかで食い違っているように思える。むしろこれまでの多くの論者は、あえて恐怖そのものを取り上げるのを避け、その周縁を論じてきたようにさえ見えるのだ。

恐怖とはこれらの概念を飲み込んで広がる、もっと幅広い感覚である。それは私たちにとって実に身近な感覚でありながら、いや、身近でありすぎるからこそ自明視され、真正面から吟味されてこなかったのではないか。恐怖は崇高やグロテスク、「不気味なるもの」やアブジェクシオンといった星座を従えて、これらの概念の真ん中で不動のまま沈黙する、北極星のような存在だ。

それが放つ冷たい光、ぞっとするような「あの感じ」を、私は書きたい、考えたいのである。

さて、ここでちょっと視点を変えて考えてみたいのが、有名な怪談「耳なし芳一」についてである。いまさらここに小泉八雲の『怪談』を要約して、あらすじをご紹介する必要もないと思うのだが、あの話はなぜ怖いのだろうか。主人公が亡霊たちに、耳をちぎられてしまうからだろうか。どうも、そうではないような気がする。

あの話で恐ろしいのは、やはり全身にびっしりと経文を書かれた、芳一の姿ではないかと思う。本来、経文というのはありがたいもののはずで、だからこそ芳一は魔除けとして全身に経文を書かれるわけだが、にもかかわらず私たちは、全身に文字を書き込まれた芳一の姿を想像するだけで、いわく言いがたい恐怖を感じてしまう。

では、なぜお経が怖いのか。お経というのは仏事の際に唱えられるもので、それが死の記号となっているからだろうか。確かに、それもあるかもしれない。だが、もしかして「文字」というものそのものを、私たちは心の奥底で恐れているのではないか。

たとえば、スタンリー・キューブリック監督のホラー映画「シャイニング」(一九八〇)では、雪国の古いホテルに缶詰となった主人公の小説家、ジャック・トランスが、ひたすら原稿をタイプする場面が出てくる。びっしりとタイプされた、何十枚、何百枚ものタイプ原稿。だが主人公の妻があるときふと、その原稿を見て驚愕する。そこにタイプされていたのは、どこをとっても全く同じ文言ばかりだったのである。

「勉強ばかりで遊ばない　ジャックは今に気が狂う（All work and no play makes Jack a dull boy)」

このまったく単一のフレーズを、改行したりカッコにくくったりして、あたかも小説であるかのようにレイアウトし、主人公は延々と繰り返しタイプし続けていたのである。単に才能のない作家が冬のホテルに閉じ込められて発狂したのか、それともホテルに宿る悪霊がこの作家に取り憑いたのか。この場面は主人公が悪霊に憑依された（発狂した）という怪異が感じられるから怖いわけだが、もしかするとそれだけでなく、あの果てしなく続く文字列が、見るものに恐怖を与えている面もあるのではないか。

あるいはデヴィッド・フィンチャー監督のサスペンス映画「セブン」（一九九五）に出てくる殺人犯、ジョン・ドーが、自室で大量に書き溜めている日記の場面。主人公の刑事たち二人が容疑者のアジトに踏み込むと、そこには蟻の這うような小さな文字で、一冊二五〇ページのノートにびっしりと綴られた日記が、全部で二千冊分並んでいる。そこには日常目にするごく普通の人々への嫌悪、憎悪が果てしなく綴られていたのである。

さらにはホラー映画「呪怨」シリーズ（二〇〇〇〜）において、のちに怨霊と化すストーカー体質の女、伽耶子が大量に書き溜めている日記の場面。明らかに「セブン」に出てくる、あの異様な日記に影響を受けたと思しきシーンだが、こうした偏執的な日記の描写は、さらにさまざまな映画で変奏曲のように繰り返され、いまでは異常な人格の持ち主を手っ取り早く描写する、映像的決まり文句として定着した感すらある。人は、びっしり綴られた文字に恐怖を感じるのだ。
ホラー、幻想文学作家の高原英理に「呪い田」（『抒情的恐怖群』毎日新聞社、二〇〇九＝所収）という作品がある。この作品は小説なので、本来はこういう論考の典拠として引用するにはあまり相応しくないのかもしれないが、ともあれ、そこで高原は語り手に、こんなことを言わせている。

「呪いは人間の心が作る闇の営為である。とするなら、その最小単位の法則とは何か。（略）言葉だ。言語である。（略）それはあるときから書き記される文字の形で（略）伝達されるようになった。（略）文字だ。文字がおそらく、人間の闇の営為としての呪いの技法の基準になる」

ここで少し私自身の話をしておくと、私は二十代の半ばごろにフリーランスの物書きになり、五十代の初め頃まで、文字を書いて生活してきた。最初は求人広告の原稿、次いでサブカルチャー関連の記事、さらには美術関係の記事が増えて、最後はなかば専門の美術記者のようになった。ともあれ文字を書いて生活費を得るスタイルを、三十年前後続けてきたことになる。「文字に恐怖を感じる」人たちから見れば、私はここに出てきたジャックやジョン、伽耶子たちの親戚か何かのように見えていたかもしれない。
実際、人から「仕事は何ですか」と聞かれ、物書きですと答えたとたん、相手がまるで酢を飲まされたような、奇妙な顔でこっちを見ることがあった。なんとも曖昧な表情を浮かべ「はあ」、などと生返事をされる。正直、あまり愉快な反応とはいえない。

最初は、私がまだ無名の物書きだから、こういう反応をされるのかな、などと思っていたが、そうでもないらしい。たとえばSF作家の筒井康隆に「乗越駅の刑罰」(『懲戒の部屋』新潮文庫=所収)という短編がある。これはSF作品というより不条理文学に近いホラー短編だが、本編の主人公は小説家で、とある無人駅で切符をなくし、つい無賃乗車しようとしたのを見咎められる。普通に精算すればそれで終わりそうなものだが、ねちねちと駅員に絡まれ、名を名乗ると「あの、おかしな小説を書いている奴か」と、さらに執拗に絡まれるという話である。

どのくらい実体験に基づいた話なのかはわからないが、どうも一度か二度は似たような体験を、この作家は味わったのではないかと思わせるリアリティーが、この小説にはある。筒井康隆みたいな変な小説を書いてるから絡まれるんじゃないの、と思う方もおられるかと思うので、もう一人似たような経験を書いている作例を挙げておこう。遠藤周作の短編「役立たず」(『人間みな病気』福武文庫=所収)である。

この作品では主人公たる遠藤周作自身が入院先で、小説を書いている「偉い」先生だからというので、同室の患者に絡まれる。そんなに偉い先生なんだったら、俺たちの悩みを解消してみろ、病苦から解放してみろと、ひたすらねちねちと絡まれるのである。ご存知の通り遠藤周作は筒井康隆とはある意味で真逆の真面目なクリスチャン作家なのだが、小説を書いているというだけの理由で憎まれる点では同じである。無名の物書きだから、変なものを書いているから疎んじられるわけではない。名前が売れても良心的作家でも、物書きは疎まれるのである。

さて、私は四十代の半ばになって、ひょんな成り行きからギャラリーを開業することになった。当人としては「美術品を見て文字に書いて説明する」という職業から、「実物を見せて販売する」という職業に変わっただけで、あまり大きな変化だとは思っていなかったのだが、どうも周囲にとってはそうではなかったらしい。職業を名乗った時の周囲の反応が、劇的によくなったのである。


「ご職業はなんですか」

「ギャラリーをやっています」

「ほう、それは良いですね！」


……などと（まあお世辞半分であるにせよ）、とにかく普通に、むしろ良好に反応してもらえるようになった。それはそれで嬉しかったが、いままでの半生を振り返り、物書きってそんなに異様な職業だと思われていたのかと、少々複雑な気分になった。やはりどうやら、文字というのは人を少なからず不安にさせるものなのだろう。

読者の皆さんのなかには「それって書き手の苦労でしょ、自分達のような読み手には関係ないよ」と、他人事のようにお感じの方もおられるかもしれない。だが、こうした嫌悪は書き手に対して向けられるばかりでなく、読み手にも向けられることがあるから要注意である。実は世の中には書物というものに対する、ほとんど憎悪に近い感情を持った人々が、一定数おられるからだ。

最近、新型コロナウイルスのせいで、自宅からネット会議に参加する機会が増えたが、そうした会議で背景に本棚が映り込んでいると、怒ったり嫌悪感を覚えたりする人がいるのだという。どうやら本でぎっしりの本棚が映っているだけで「知識量でマウントを取ろうとしている」とか「自慢している」と感じるらしいのだ。

マウントを取るも何も、日本の狭い住宅事情のせいで、読書好きの人間の家というのはたいてい、どの壁にカメラを向けても本が映り込んでしまう。見せたいから見せているというより、単に本好きがバレてダダ漏れになっているだけだが、本が嫌いな人から見れば、それも憎悪の対象になるらしい。書物という文字の集合体に対する、得体の知れない恐怖や嫌悪の作用であろう。

例のナチスのやった焚書の蛮行なども、単に思想統制のためというよりも、根底には大衆が心の奥底に秘める、文字への、書物への嫌悪があり、ナチスはそれを利用したのではないかという気がする。人の心の奥底にある本への嫌悪を媒介にして、「ユダヤ的な本を燃やせ」という蛮行に人々を駆り立て、ユダヤ排斥へと結びつけた。私にはそんな気がしてならないのだ。

それにしても、なぜ文字、書物が怖いのだろう。それも、一定限度を超えた分量の文字の羅列が怖いのだろう。それは必ずしも死の表象であるとは限らないはずなのに、なぜ膨大なシニフィアンの群れは、人に恐怖を抱かせてしまうのだろう。

その理由はまだ、いまのところ、わからない。現時点ではまず、書物とは私たちに恐怖心を起こさせる何かなのだ、ということを確認しておこう。書物は、怖い。それはいつか、遠いどこかにいる他者、場合によっては既に死んでいる他者の声を封印し、ひっそりと伝えるメディアだ。あまたの本の中に「怖い本」があるのでなく、本そのもの、文字そのものが怖いのである。

そもそもメディア（media）という語はメディウム（medium）という語の複数形で、メディウムには「霊媒」という意味もある。物書きという霊媒（medium）が綴ったメディア（media）、それが書物なのである。

そんなわけで本書は、そうした呪文めいた言葉で綴られた書物を百冊取り上げ、恐怖について考えてみようとする試みである。いわば書評集の形式を借りた百物語だが、そこで問われるのは常に「恐怖とは何か」という主題である。私たちは何を恐れ、なぜ怖がるのか。恐怖とはどういう感情で、どんな広がりを持っているのか。それをこの本では考えたいのである。

考えるためには材料が必要で、そのためには幅広く書物を集める必要がある。通常の百物語で取り上げられるのは、いわゆる狭義の怪談に絞られるが、私たちが恐怖を感じるのは霊ばかりではない。悪魔や異端信仰も怖いし、戦争も怖い。世界破滅の予言やＵＦＯも怖いし、都会ですれ違う、見ず知らずの隣人の理不尽な恨みというのも相当怖い。そんなさまざまな恐怖を取り上げた多様な書物を、ここでは材料にしていきたい。

また、本書では通常ならホラーや怪談とは見做されないものも取り上げる。たとえば怖くない「普通の」文学や哲学、批評、漫画やサブカル本、画集の類もひっくるめて、ここでは取り上げようと思っている。いっけん、とっ散らかった構成に見えるかもしれないが、芯にあるのは常に恐怖である。

　もちろん怖い本を中心にしようと思っているが、その枠に縛られる必要もないだろう。なぜなら、恐怖の対象は人それぞれで、三重や文字といったものまで怖がる人もいる。だから論じる対象は、広ければ広い方が良いはずだ。また恐怖という感情が文化的な記号に関わるものである以上、話は芸術や美術の問題とも重なってくる。恐怖の問題は、そのまま文化の、芸術の問題なのだ。そしてきわめつけの理由は、どのみち本そのものが怖い存在なのだから、何の本を取り上げたって、怖い人には怖いはずなのである。


　ともあれ、恐怖の輪郭のようなものは、朧げながら見えてきた。それは私たちに死の危険を感じさせるものや、あるいは死の表象に触れたときに、しかもそれが朦朧とした曖昧な状態で示されたときに感じる、独特のぞくっとするような感情である。だが、私たちはそうした恐怖をわざわざ味わうために、さまざまなメディアを渉猟する。それは一体なぜだろうか。

　おそらくそれは、恐怖が意外な豊かさを秘めていることを、私たちが無意識のうちに知っているからだ。私が恐怖について考えたいと思う大きな理由もまた、実はここにある。恐怖の向こうに目を凝らせば、そこには不条理や笑い、エロスや魅惑、人間的な自立や哲学的思考、さらには夢や希望といった、ポジティブな感情が広がっているように、私には思えてならないからだ。

　これはちょっと変わった感じ方かも知れないが、私は恐怖というものが、本当は豊かな感情なのだと思っている。私にとって恐怖とは、単に忌避すべき感情でなく、もっと根が深くて幅広く、豊かな広がりを持った感情なのである。だが、そうした恐怖の豊穣さをより深く味わうには、これから百冊の書を紐解かなければならない。

　百話の怪談を一夜で聞くと怪異が起こると言われるが、存在そのものが恐怖である「本」というメディア、それも恐怖をめぐる本ばかりを百冊読み終えたとき、そこには何が見えるだろうか。私がこの本で描こうとしているのは、そうした豊かな広がりを持つ恐怖、言ってみれば「恐怖のワンダーランド」である。読者の諸氏も勇気を奮い、私と一緒に見知らぬ恐怖の姿を求めて、百冊の旅に出てみようではないか。

　それに、そんなに身構えていただく必要はない。ここから先しばらくは、私が子どもの頃に見聞きした、昔懐かしい恐怖にまつわる書物の紹介が続くからだ。ここで論じた記号論などを使って、本格的に恐怖を論じるのは、末尾の章に入ってからだ。まずはサーカスの手品師か道化のように、次から次に古めかしい恐怖話を帽子から取り出して、皆さんの前にご覧に入れよう。なので、肩の力を抜いてお読みいただきたい。

　……などと綴ってはきたものの、右の長広舌自体、怪しげな霊媒（medium）の甘言に過ぎず、本当は呪文のような忌まわしい文字の羅列で、私は皆さんを地獄の底に引きずり込もうとしているのかもしれない。鬼が出るか蛇が出るか、さあお立会い。引き返すなら今のうちかもしれない。


中山市朗・木原浩勝『新耳袋』全十巻（角川文庫、二〇〇二）

フェルディナン・ド・ソシュール『一般言語学講義』（岩波書店、一九七二）
チャールズ・サンダース・パース『記号学』（草書房、一九八六）
樋口ヒロユキ『真夜中の博物館～美と幻想のヴンダーカンマー』（アトリエサード、二〇一四）
小泉八雲『怪談』（講談社学術文庫、一九九〇）
高原英理『抒情的恐怖群』（毎日新聞社、二〇〇九）
筒井康隆『懲戒の部屋』（新潮文庫、二〇〇二）
筒井康隆編『人間みな病気』（福武文庫、一九九一）
ロンギノス　小田実『崇高について』（河合文化教育研究所、一九九九）
エドマンド・バーク『崇高と美の観念の起原』（みすず書房、一九九九）
カント『判断力批判』（岩波文庫、一九六七）
星野太『美学のプラクティス』（水声社、二〇二一）
アンドレ・シャステル『グロテスクの系譜』（ちくま学芸文庫、二〇〇四）
ヴィクトル・ユゴー『クロムウェル・序文、エルナニ』（潮出版社、二〇〇四）
アンリ・ベルクソン、ジークムント・フロイト『不気味なもの』（平凡社ライブラリー、二〇一六）
ジュリア・クリステヴァ『恐怖の権力』（法政大学出版局、一九八四）

一

世界妖怪図鑑

二〇一六年、『世界妖怪図鑑』という本が、復刊ドットコムから復刊された。底本の刊行は一九七三年。その頃のわが国では、子ども向けのカラー版怪獣図鑑なるものが流行していたのだが、同書はいわば、それの西洋悪魔版である。刊行当時、私はまだ六歳だったから、実際に手に取ったのはその数年後、小学校の中〜高学年になってからではないかと思うが、どうだったろうか。

悪魔学を本格的に我が国に紹介した人としては、仏文学者の澁澤龍彦が知られているが、その澁澤で言うなら『悪魔の中世』に相当する悪魔の辞典がこの本で、実際いくつかの図版は共通したものが使われている。だが澁澤の『悪魔の中世』が書籍になって刊行されるのは一九七九年になってからで、書籍刊行としてはこの『世界妖怪図鑑』の方が早い。つまりあの澁澤の悪魔研究よりも早く世に出たわけだから、執筆にあたっては著者はかなり苦労したのではないかと思う。

著者の名は佐藤有文《ありふみ》。一九三九年秋田県生まれ。試しに彼のほかの著作も幾つか取り寄せて読んでみたが、他の彼の著書にあるプロフィールを参照すると「怪奇作家」とか「悪魔学研究家」などとあり、なかなかスゴい本ばかりだった。たとえば新書『ミステリーゾーンを発見した』は、いちおう大人向けに書かれたものだが、ストーンサークルのような超古代史の分野に始まり、キリスト日本来訪説、四次元奇譚に宇宙人、悪魔に心霊現象と、トンデモ情報が幕の内弁当のように詰め込まれた本である。

いっぽう『東北ミステリー伝説』は、著者自らがカメラを持って、東北六県のミステリーを訪ね歩くという内容である。とはいえこちらも「土偶は実は宇宙人だった」といった類の珍説から、いわゆる戸来村のキリスト伝説、安達ヶ原の鬼婆の話や、さらには恐山のイタコの話までが、渾然一体となって紹介されているというもの。せめて地域別に分けてあれば思うがそれもなく、どうやら分類というものが苦手な人だったらしい。プロフィールを見ると「テレビ・ラジオ番組にも出演」とあるから、当時はかなりの売れっ子だったのかもしれない。

　そうした佐藤の著作の中でも、やはり『世界妖怪図鑑』は、異色の一冊と言えるかもしれない。表紙では得体の知れない化け物が巨大な口を開けており、その口の中を彷徨う人々のようすが、なんとも泥臭いタッチで描かれている。表紙装画の作者の名前は記されていないが、同書中の挿絵の多くを担当している、イラストレーターの石原豪人の手になるものと思しい。おそらくはボッ

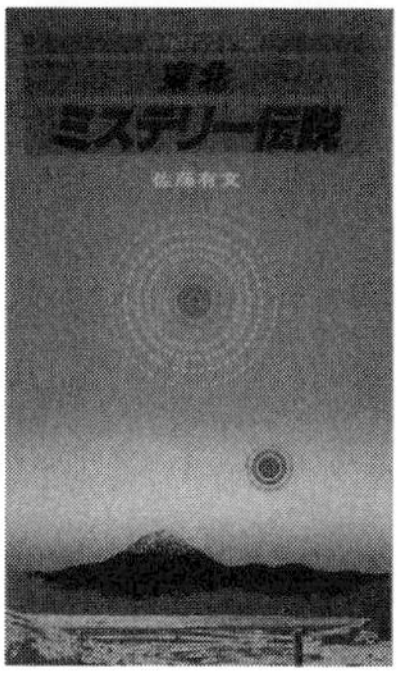

シュの追随者の手になる《辺獄のキリスト》（一五七五年頃）が元ネタだろうが、もはや元ネタを凌ぐほどのエグさである。

当然ながら中身もエグいというか、かなり支離滅裂な内容である。冒頭の前書きの部分に掲げられた図版は、ヒエロニムス・ボッシュの《快楽の園》（一五〇三～四年頃）の地獄の場面を描いた部分だが、いきなりこの図版が裏焼きになっており、左右反転したものが使われている。

そもそも「妖怪」という言葉から我々が連想するのは、ふつうは日本の夜を百鬼夜行する化け物なのだが、本書のタイトルは『世界妖怪図鑑』である。しかもそうした「世界妖怪」の筆頭に掲げられているのが「悪魔サタン」だったりする。

「悪魔って妖怪だったっけ……？」

などと、さすがの私も子どもながらに思ったものだが、そんなことにはお構いなし。蛇女ゴーゴンも吸血鬼ドラキュラも、みんな世界の妖怪なのだ！　とブチあげるのはまだいいとして「幽霊」も妖怪の一つに数えられている。「幽霊」って、なんか、それ括りとしてデカ過ぎないか。しかも別の項目には「死霊」というのもあって、どういう違いがあるのか理解に苦しむ。

このほかリアルタイムで読んだ当時はわからなかったが、たとえば「牧師を悪の世界へ引きずり込もうとする悪魔」というキャプションつきで紹介されているのは《聖アントニウスの誘惑》、作者は十五世紀のドイツの版画家、マルティン・ショーンガウアーである。ちなみに「牧師」というのはプロテスタント用語であって、十六世紀の宗教改革以降にならないと出てこない概念だ。三世紀生まれの大聖人であった聖アントニウスを「牧師」と形容するのは無理がある。

★ヒエロニムス・ボッシュの追随者《辺獄のキリスト》

★マルティン・ショーンガウアー《聖アントニウスの誘惑》

あるいは「墓場から悪霊によって動き出した死体」とキャプションのつけられた図版。この図版はギュスターヴ・ドレの手になるダンテの『神曲』の挿絵であって、墓場のそばに立つのは悪霊などではなく、この物語の語り手である詩人のダンテ自身と、その師として地獄巡りの道案内をする、ローマ時代の詩人、ヴィルギリウスである。

この絵は二人が異教徒の落ちる地獄を訪ねた場面で、墓の中で地獄の業火に炙られているのは、かつてダンテと敵対した智将ファリナータである。といっても彼がいるのは既に地獄の底なので、現実界の墓ではない。したがって彼は「死体」というより「亡者」と呼ぶのが正確だろう。

……などと、スラスラと暗記でもしているかのように私が書くことができるのは、私が『神曲』を熟読玩味したからではない。ダンテの『神曲』は一冊が五〜六百頁もある三巻本で、とてもではないが簡単に読み通せるものではない。私が手元に置いているのは『ドレの神曲』というダイジェスト版で、ドレの挿絵がついている部分だけを抜粋、再構成したものである（とはいえおおよその勘所は抑えてあるようで、なかなか読み応えがある）。つまり私だって手抜きという意味では『世界妖怪図鑑』の著者を責められないわけで、まあ五十歩百歩なのである。

が、同書の著者のアバウトさは、とうてい私などの及ぶところではない。どう見てもただのアルマジロを描いたと思しい銅版画に「鉄獣イバク」という説明がついていたり、インドの神様のガネーシアが妖怪の一種にされていたりする。あるいはスペインの

画家、ゴヤの作品には「ポルトガルの食人鬼」というキャプションが附され、ベルギーの銅版画家、フェリシアン・ロップスの作品には「スウェーデンの投げ捨て魔人」と書かれている。どちらも国からして違っている。それぞれの作品についての解説も、まったくの思いつきによるものだろう。

最後の方の誌面からは、もはや「考えるのも面倒臭くなってきた」という様子がありありと伺える。たとえば「ゲランゲランと笑う」から「妖獣ゲランゴ」だとか「突然パッと姿を消してしまう」から「海魔獣ドロン」だとか、もはやダジャレの大行進だ。このほかフェニックスやインドの神様と思しき図版が悪魔の手先になっていたり、バフォメットの図版に「レオナルド」というキャプションがついていたり。もう適当に書いているのが丸わかりである。

……と、ここまで批判がましく書いてきたが、実は私はこの本が大好きである。正直な話この本がなければ、私はこんな本を書くような人間にはなってはいまい。まさに私の原点である。

私がこの本を愛してやまない理由は、その行間から溢れてくる、真摯にして無邪気なエンターテイナー精神にある。法螺でも不正確でもなんでも良い、とにかく子どもが喜ぶようなことを、山盛りいっぱい書いてやろうという気持ちが、この本には溢れている。巻末に行けば行くほど不正確さと良い加減さを増す構成からは、締め切りに追われてヒイヒイ言いつつ、著者が行き当たりばったり、だがしかし嬉々として、原稿用紙の桝目を埋める姿が透けて見えるようだ。

それどころか本書には、どう考えても著者の創作と思しい記事も無数に出てくる。たとえばスペインの妖怪「影くらい」なんて、私は類書でこの種の記事を、かつて一度も見たことがない。

ブラジルに出るという一本足の怪力男「サッシー」なんていうのも、おそらくは著者の思いつきの産物だろう。アフリカの「さかさ男」なんて、どう考えても出鱈目に違いあるまい。

だが実際には、私をはじめとする多くの同世代読者を魅了したのは、まさにこうした同書特有の「創作妖怪」の類だった。なにせこうした創作妖怪には、典拠となる図版も文献も何もない。したがってそこには石原豪人をはじめとする挿絵画家がオリジナルで描き下ろした挿絵が、原色のカラー図版で添えられることになる。月夜のスペインの虚空からぬっと現れ、道行く人の影を背後から食べてしまう、クチバシを持った一つ目の巨人「影くらい」。その姿は、半世紀近くを経ても鮮明に筆者の脳裏に焼き付いていたものだ。

また、そんななかに「本物の妖怪」、というのも奇妙な形容だが、とにかくそうしたものが突然出てくるのも、同書の面白いところである。たとえば同書で「とりかえっ子」として紹介されている妖怪。ある日突然子どもを連れ去り、代わりに醜い老人を置いていくという妖怪で、私はてっきりこれもでっち上げの産物だろうと思っていたが、どうやらそうではないらしい。

こうした伝承は「取り換え子=チェンジリング」と呼ばれ、ヨーロッパ北部に広く広がっているものだそうで、クリント・イーストウッド監督の映画「チェンジリング」の題名も、ここから取られたもののようだ。同書ではアイルランドの妖精とされているが、アイルランド以外にスコットランドやウェールズ、そしてスカンジナビア諸国にも、同様の伝説が伝わっているという。こんなことを知れたのは、まさに同書があったればこそで、疑ってごめん、などと反省する。

そもそも、この図鑑は「世界妖怪」を解説したもので、ここに出てくる悪魔や化け物の類といったものは、ハナから迷信、つまりは誤情報の塊である。「これは本当の伝説」「これは偽物の伝説」と区別することに、果たしてどれだけ意味があろうか。どれもこれもみんな嘘なのであり、その嘘の見せる様々な色合い、百花繚乱の地獄絵図を、素直に楽しめば良いではないか。復刊された同書を見ながら、そんなふうに私は思う。

そしてもう一つこの書物の面白いところは、その章立てや構成の、分類学的な無茶苦茶さにある。たとえば「動物の妖怪」という項目の中には、ドラゴンやユニコーンと並んで海の妖獣という項目があり、その下位項目として大海蛇というのが出てくる。あれっ、ドラゴンと大海蛇は別のものなのかな、と思って、上位にあるドラゴンの項を見てみると、こっちにも「海中ドラゴン」とか「大蛇ドラゴン」という項目が出てくる。同じ項目が二箇所、しかも階層がズレて出てくるのだ。

しかも「動物の妖怪」「人間の妖怪」と分類して見せたあとで「人獣の妖怪」というどっちつかずの項目が出現し、さらに「妖獣モンスター」という項目が出てきて、そこでは動物型と人間型とが混在している、といった具合。花の妖怪とか樹木の妖怪とかも出てくるのに「植物の妖怪」という項目はなく、唐突に「怪奇映画ベスト10」という項目が、その途中に割り込んでくる。もう行き当たりばったりというほかない。

こうした奇妙な構造を持った辞典として名高いのは、フランスの哲学者、ミシェル・フーコーがその著書『言葉と物』のなかで紹介した、中国の百科事典だろう。この書物における動物の分類は、次のような奇怪なものとなっている。

「（a）皇帝に属するもの、（b）香の匂いを放つもの、（c）飼いならされたもの、（d）乳呑み豚、（e）人魚、（f）お話に出てくるもの、（g）放し飼いの犬、（h）この分類自体に含まれているもの、（i）気違いのように騒ぐもの、（j）算えきれぬもの、（k）駱蛇の毛のごく細の毛筆で描かれたもの、（l）その他、（m）いましがた壷をこわしたもの、（n）とおくから蝿のように見えるもの」

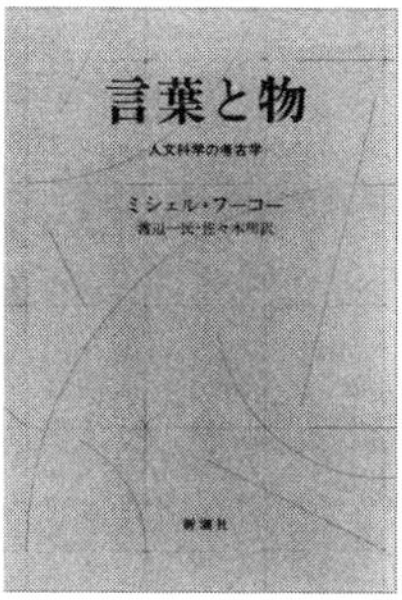

読んでいると頭がグラグラしてきそうだが、フーコーはこの中国の百科事典の記述をもとに「思考の限界」へと論を進め、そもそも辞典や辞書が依って立つはずの認識論的な「台《タ－ブル》」、すなわち思考の座標軸のようなものの不在を論じ、さらにはこうした《エピステーメー（認識論的布置）》が西洋文化史の中で二度、大きな変化を起こしたという議論へと進んでいく。だが、ここで私が興味を惹かれるのは、そうしたフーコーの壮大な議論ではない。そもそもこんな奇怪な百科事典が、本当に中国に実在していたのか、という素朴な疑問の方である。

この引用の典拠となっているのは、アルゼンチンの作家、ホルヘ・ルイス・ボルヘスのエッセイである。「ジョン・ウィルキンズの分析言語」（『ボルヘス・エッセイ集』所収）という一文がそれで、十七世紀に実在したジョン・ウィルキンズという人物の唱えた、百科事典的構造を持った人工言語を論じたものだ。だが、そもそもこのエッセイを書いたボルヘスという作家、まったく存在しない架空の書誌学者について、もっともらしく綴ってみたり、書いてもいない小説の梗概を書いてみたりする人である。ボルヘス曰くこの中国の百科事典は「フランツ・クーン博士」なる人物がその著者で紹介したもの、ということだが、なにせ虚実皮膜を行く彼だけあって、これはまったく信用できない。

では実際はどうだったのか。フランツ・クーンという人物は実在していて、一八八四年生まれ一九六一年没。ライプツィヒ大学、ベルリン大学を卒業したのちドレスデンで弁護士となった人だが、ベルリン大学で中国語を学んでいたため、ドイツの北京使節団のメンバーとして、一九〇九年から三年間を現地で過ごしている。帰国後、第一次世界大戦の終戦ののち、多数の中国文学をドイツ語に翻訳。その訳業はいったんナチスの焚書政策によって弾圧されたものの、戦後になって再評価されている。

そうしたわけで、クーンがくだんの百科事典を紹介したというボルヘスの記述にはそれなりのリアリティーがあるものの、クーンがそうした百科事典を訳出したり紹介したりしたという証拠は、いまに至るまで一つも発見されていないという。しかも念の入ったことにボルヘスは、このエッセイの末尾の方で、次のように綴っている。

「私はウィルキンズ、中国の知られざる（もしくは、怪しげな）百科事典編纂者、それにブリュッセルの書誌学研究所の恣意的な分類を見てきた。言うまでもなく宇宙の分類というものは、推測に基づいた恣意的なものにならざるをえない。理由はきわめて単純で、われわれは宇宙の何たるかを知らないという点にある」(木村栄一訳)。

よくもまあ抜け抜けと、と言わざるを得ない。右の引用文で「怪しげな」と訳されている部分は、原書では「apócrifo」となっており、これは「作り話の」あるいは「偽の」といった意味なのだ。とはいえ、これがボルヘスという人の真骨頂である。要するに宇宙そのものが不可知であり混沌とした存在である以上、その宇宙を記述しようとする試みもまた、誤謬や憶測に満ちたものになるはずだ、というのが彼の主張だ。したがって百科事典というものは整然としていてはならず、典拠も事実関係も曖昧で、大項目と小項目が階層違いで入り乱れたものでなければならないのである(無茶苦茶や!)。

ここで話を『世界妖怪図鑑』に戻せば、佐藤有文の手になるこの化け物図鑑は、まさにボルヘス的世界観を地で行ったもの、ということになるだろう。典拠は曖昧、勝手な思いつきや誤情報、さらには創作が紛れ込み、分類の構成も迷宮のように混沌とした、まさにボルヘス的図鑑である。ただし、混沌としていながらも知的で静謐な博物館を思わせるボルヘスのそれとは違って、佐藤のそれは泥絵の具の絵看板に彩られた、阿鼻叫喚の見世物小屋を思わせるのだが。

さて、こうしたボルヘス＝有文的世界観に基づく図鑑や辞典は、一体何の役に立つのだろう。さしあたって科学的、実用的な知見を身につけるのには、何の役にも立たなそうだ。だがボルヘスの言うとおり、この世は混沌に満ちている。スコラ学的な整然とした分類だけで、この世の全てを語れると思ったら大間違いだ。どんなに精緻な分類をしても、その網の目から常に漏れるものが現れるのは、誰もが経験的に知る事実だろう。

人の一生もまた然り。もし人生というものが整然とした分類に基づいた事実だけで記述できるとしたら、私たちの人生は、わずか数枚の履歴書に収まる程度の、寂しいものになるだろう。履歴書には書けない瑣末なことや、事績の分類からは漏れてしまう微妙な人の個性の集積を、人は一般に「人間味」と呼ぶのではなかったか。

誤情報や創作についても、やはり同様のことが言える。もし無謬の客観的事実だけしか言ったり書いたりしてはならないのなら、私たちの人間関係はたちまち破綻してしまうだろう。文学や映画、演劇などの虚構すなわち誤情報の塊が、どれだけ私たちの生活を豊かにしているかは言うまでもない。だいいち美や楽しさといった世界に「客観的事実」などあるだろうか。客観的に見て楽しい演劇とか、普遍的に美しい作品など存在しない。それはあくまで「私的な真実」に関わるものであり、だからこそ楽しいのだ。

もちろん虚構や誤情報には、悪意ある有害なものもある。民族や出自などをあげつらうヘイトスピーチや、政敵を貶めるためのデマゴーグなどはその典型だ。佐藤の図鑑で大きく紙幅をとって紹介されている魔女たちもまた、そうした憎悪による誤情報の犠牲者であったことを忘れてはいけない。彼女たちの多くはまったく無辜の人々であり、ミソジニー（女性嫌悪）的な傾向を持つ教会の、魔女裁判にかけられて死に至ったからだ。

だが、と私は思う。悪意ある誤情報が社会に災厄をもたらすのと同様に、客観的事実に基づく情報も、時として戦争などの災厄を引き起こす。要は誤情報であるか事実であるかというのは「真偽」の問題でしかなく「真偽」は「善悪」や「美醜」の問題とは関係がない。「事実に即してみれば間違っているが、倫理的には善い」という行為や言明もあれば「事実に即してみれば間違っているが、美醜で見れば美しい」ということもある。むしろ美醜の問題で言えば、間違ったものの方が往々にして美しいのである。

そうしたわけで私は佐藤有文の『世界妖怪図鑑』を、徹底的に擁護するし、終生高く評価し続けるだろうということを、ここに高らかに宣言する。間違ってたって出鱈目だっていいじゃないか。そうした滅茶苦茶な論理を通じてでないと表現できないものが、この世にはいっぱい溢れているのだ。まさにボルヘスの言うとおり、宇宙は謎に満ちている。宇宙の裏側の謎をこれでもかとばかりに綴った『世界妖怪図鑑』は、私にとって至高のエンサイクロペディアなのだ。

佐藤有文『世界妖怪図鑑』(復刊ドットコム、二〇一六)
澁澤龍彦『悪魔の中世』(河出文庫、二〇〇一)
佐藤有文『ミステリーゾーンを発見した』(KKベストセラーズ、一九七六)
佐藤有文『東北ミステリー伝説』(サンデー社、一九八二)
ダンテ著、ギュスターヴ・ドレ挿絵、谷口江里也訳『ドレの神曲』(宝島社、二〇〇九)
ミシェル・フーコー『言葉と物』(新潮社、一九七四)

ホルヘ・ルイス・ボルヘス『ボルヘス・エッセイ集』(平凡社、二〇一三)

二

矢追純一のＵＦＯ史観

魔界から私たちを狙う恐怖の源泉が悪魔であるとすれば、宇宙から私たちを狙うのが宇宙人である。さすがに大人になってからは宇宙人が怖いと思うことはなくなったが、私が子どもだった七〇年代には、宇宙人は悪魔や幽霊、モンスターなどと並ぶ、怖いもの界の大スターだった。

そんな当時の子どもたちに大人気だったのが、日本テレビの「木曜スペシャル」という番組である。一九七三年に始まったこの番組では、同局の名物プロデューサーの矢追純一《やおいじゅんいち》が、立て続けにオカルト物の企画を連発。イングランドの「ネス湖」という湖に棲むという、怪物ネッシーの調査に出かけたり、自称「超能力者」のユリ・ゲラーなる人物を来日させたりしていた。「ヒトとチンパンジーの中間の生物」と銘打って「オリバー君」なる動物をアメリカから招聘したこともある。

そんな「木曜スペシャル」の鉄板企画が、一連のUFO関連の特番だった。同番組は文字通り、七〇年代テレビ界のオカルトブームを牽引した存在であり、このUFO特番のサウンドロゴになっていたのが、独特のジャズ風不協和音を交えたファンファーレだった。テレビからこの音楽が聞こえてくると、私たちはそれだけで、怖いようなワクワクするような胸の高まりを覚えたものだ。

以下余談。もとはといえばこの曲は「木曜スペシャル」のためのオリジナル曲ではなく、一九五〇～六〇年代の米国製SFテレビドラマ「トワイライトゾーン」第一シーズンのオープニング用に、映画音楽家のバーナード・ハーマンが書き下ろしたものだった。最近だとテレビでUFO関係の話題が出てくる際には「X-ファイル」のテーマが流れるのがお約束だが、かつてはこのハーマンの曲が、ＵＦＯの定番ジングルだった。

ハーマンは映画音楽ファンなら知らぬ人のない巨匠で、不穏な空気を音楽で表現するのに長けた人だった。たとえばオーソン・ウェルズ監督の「市民ケーン」を筆頭に、サスペンス映画の名作「サイコ」を始めとする一連のヒッチコック監督作品、さらにはベトナム戦争の帰還兵の狂気を描いたマーティン・スコセッシ監督の名作「タクシードライバー」などの音楽を手がけたのがこの人である。ハーマンの手になるジングルを聞くだけでドキドキしたのも、ある意味で当然の話だったかもしれない。

とはいえ番組の内容は、いま思うと朴訥なものだった。アメリカの片田舎のオッサンにインタビューして「オレが道路を走っていると、向こうからオレンジ色の光がやってきてピカッと光ったんだ」、みたいなことを喋らせるばかりである。とはいえ、見ているこっちは子どもだったから、単にガイジンが喋っているだけで「すげえ！」となった。あとはピンボケと粒子荒れでモヤモヤのＵＦＯ写真が静止画で出てきたり、手描きのイラストで構成された再現ＶＴＲ（紙芝居かよ！）が流れたりする程度。それでも私たち七〇年代の子どもは大コーフンしたのである。

さて、七〇年代には小学生だった私たちは、八〇年代になるとバブル景気に踊り、悪夢のような九〇年代、逆にやたら楽天的なゼロ年代を通過し、ポスト三・一一の一〇年代、そしてコロナ禍の二〇年代へと辿り着いた。要するに私たちの多くはＵＦＯを、宇宙人を忘れていったのである。だがこの四十年間、まったく変わらない人がいた。そう、数々のＵＦＯ特番を手がけた、矢追純一プロデューサーその人である。

彼は七〇年代のオカルト、UFOブームが去ったあとも、フリーのテレビディレクターとして、ひたすらUFOを追い続けた。長い年月に渡って「取材」を続けるうち、彼の描くUFO像はさまざまな陰謀論や疑似科学と融合し、クトゥルー神話を彷彿とさせる壮大な神話大系に膨れ上がっていた。二〇一四年に刊行された『「矢追純一」に集まる未報道UFO事件の真相まとめ——巨大隕石落下で動き出したロシア政府の新提言』（以下『未報道事件』と略）は、こうした矢追のUFO調査をまとめた書物である。

同書によるとUFOは、はるか太古の昔から地球を訪れているという。最初に地球に来たのはなんと百万年も前のことで、このとき宇宙人はシベリアに基地を構築。四万年前には火星人が、遺伝子操作で人類を生み出したのだという。また数千年前には四種類の異星人が地球に到着。ピラミッドを建てたり遮光機土偶のモデルになったり、各種のオーパーツを残したりしたらしい。宇宙人とのこうした交流の結果、五千年前にはついに地球人の秘密結社が、UFOを自力で製造したと、同書には綴られている。

私はこうしたトンデモ本を実証的観点から糾弾するのは、基本的には無粋だと思っている。事実と異なっても当たり前でしかないからだ。したがって論の枠内で矛盾がなければ「トンデモ理論としては秀逸」と私は考える。我々の住む世界では平行線は絶対に交わらないが、平行線が交わる世界があると仮定して、非ユークリッド幾何学が打ち立てられたようなものだ。論の内部に矛盾する記述がなければ、それは「UFOのある世界では有効な理論、史観」なのである。

ただ、野暮を承知でツッコミを入れておくと、ホモ・サピエンスは二十五万年前には地球上に登場していた。したがって宇宙人はそれよりだいぶ後になって、人類を創生したことになる。ひょっとすると我々人類には二種類あって、そのうち一つは精巧に作られた、人類そっくりの「宇宙人に作られた人類」なのかもしれない。

　ちょっとここで寄り道すると、超古代の遺跡や遺物が、失われた超テクノロジー文明の産物だという主張から、英国人作家、グラハム・ハンコックの大ベストセラー『神々の指紋』(上・下)を思い出す方もあるかもしれない。ハンコックは宇宙人こそ持ち出さないものの、かつて紀元前一万一千年ごろ、現代文明にも匹敵するテクノロジーを持った文明が、南極大陸にあったと主張した。同書によると、当時の地球の自転軸はいまと九十度ズレていて、南極、北極は赤道直下に、逆に赤道直下が極地にあったのだという。だが極地の氷がうず高く堆積するうち、遠心力で地球の地殻が九十度、横倒しにズレた。このため、それまで赤道直下にあった大陸は氷に閉ざされて南極大陸となり、そこにあった超古代文明も途絶したというのである。

　かくて氷に閉ざされた超文明の記憶は、アトランティス大陸の伝説となるいっぽう、急激に熱帯化した極地の氷が一気に溶け、世界各地に洪水を引き起こし、洪水神話のもとなった、というのが彼の主張だ。エジプトのピラミッドやインカ帝国の遺跡は、一万一千年前の高度な文明人の手になるもので、遺跡に隠された

暗号を読み解くなら、やがて来る地球規模の気候大変動の時期がわかるとも主張。その破局が訪れるのは、なんと二〇一二年だというのだ（終わっとるがな）！

のちにローランド・エメリッヒ監督のＳＦ映画「２０１２」のネタともなった本書だが、実際には氷河期は、地球の公転軌道のずれ、自転軸の傾き、自転軸の歳差運動という三つが組み合わさって起きる、約十万年周期の「ミランコビッチ・サイクル」に沿って訪れる、というのが定説だ。自転軸のブレに目をつけたまではいいが、地殻全体が九十度横倒しになるという破滅的状況を想定せずとも、十分に氷河期の説明は可能なのだ。

さて、右のハンコック理論には、地殻の九十度横倒しという仮説こそ登場するものの、宇宙人や異次元の文明といった派手なキャラクターは登場せず、トンデモ本としてはやや寂しい。だがハンコックのネタ元としてよく言及される、ドイツの作家、エーリッヒ・フォン・デニケンの『未来の記憶』は、大変派手な出来栄えとなっている。

曰く、ナスカの地上絵はＵＦＯの滑走路である（ＵＦＯのくせに滑走路が必要なのか？）。曰く、シュメール人の巨石文明は、宇宙人からの贈り物である。ソドムとゴモラは核爆発で消滅した。サハラ沙漠のタシリで見つかった岩壁画は、実は古代の宇宙飛行士を描いたもの。古代インドの叙事詩マハーバーラタには航空機や核爆発の出現が書き込まれ、世界中の神話に登場する「空飛ぶ乗り物」はＵＦＯである……。要は人類を進化させテクノロジーを教えた「神々」の正体とは、実は宇宙人だったという主張である。

我らが「矢追ＵＦＯ史観」も、基本的にはデニケンの「神々＝宇宙人説」を踏襲したものだ。だが文字文明が始まってしまうと「矢追ＵＦＯ史観」には事件らしい事件がなくなってしまう。私だったら、ヤマタノオロチは実は宇宙人が遺伝子操作で作った怪物だったとか、飛鳥の石舞台の巨石はＵＦＯが運んできたものだったとか、役小角《えんのおづぬ》は反重力技術で投入堂を作ったのだとか、武田信玄の影武者はクローン人間だったという話をでっち上げてしまいそうな気がするが、こういう話は出てこない。矢追本では、一気に話は近代に飛んでしまう。

そんな矢追ＵＦＯ史観では、近代で最初にＵＦＯが登場した場所は、ロシアのシベリアだったという。先に見た通りシベリアには百万年前、宇宙人が基地を構築していた（ことになっていた）が、一八五九年になって、この超古代遺跡が発見されたのだと同書は述べる。その後ＵＦＯはしばしばシベリアに飛来し、一九〇八年には中央シベリアのツングースカで、爆発事故を起こしたのだという。これぞ、いわゆる「ツングースカ謎の大爆発」だと矢追は語るのである。

その後ロシアでは革命が起こり、国名が「ソビエト連邦＝ソ連」と改められるが、一九三七年にはソ連政府が、墜落したＵＦＯを発見、回収するという事件が起こっていたそうだ。のちに米国で起きたと言われるロズウェル事件を彷彿とさせる話だが、おそらくはこのＵＦＯの残骸からその原理を学んだのだろう。ソ連政府は七〇年代に、ＵＦＯ開発に着手したのだという。

奇妙なことにこれ以降、ソ連政府とＵＦＯの関係は、激しく迷走を重ねていく。たとえば一九七四年には、ソ連政府はシベリアの宇宙人遺跡に対して核攻撃を加えたと同書は言う。だが、かと思えば一九七七年には、ソ連政府はＵＦＯ攻撃禁止を全土に命令したと語る。ところが一九八七年になると今度は一転、ソ連は米政府と共同で、宇宙人の侵略を世界に警告する。さらにのちには、さっきまで「侵略者だ」と言っていたＵＦＯに、ソ連の科学者が搭乗するという珍事が起こる。ところが一九九〇年になると、ソ連政府はＵＦＯから無線局を攻撃されることになる。まさにＵＦＯの飛行を思わせるかのような、ジグザグの迷走ぶりである。

矢追の『未報道事件』によれば、地球を訪れている宇宙人は、少なくとも四種類はいるという。どうやらソ連政府はシベリアに居座る侵略的宇宙人とは戦闘を続ける一方、友好的な宇宙人のＵＦＯには搭乗させてもらい、交流を深めて来たらしい。技術交流も含めた宇宙人との交流は、ソ連が崩壊しロシア共和国となったあとも続いたようだ。一九九五年、ついにロシア政府はＵＦＯの製造に成功。さらに一九九七年にはフランスと共同で、その後継機の製造にも成功したという。

だが、地球製ＵＦＯが完成したと言っても、地球の守りは盤石ではない。既に二〇〇二年には、宇宙人は月面に都市を建造しており、ロシア政府はその写真を公表。二〇一三年にはロシア上空でＵＦＯが爆発事故を起こすなど、不穏な事態は続いている。油断ならぬ状況は続いているのだ。

以上はロシアに関しての記述だが、ロシアに先んじてＵＦＯ開発に取り組んでいたのは、実はナチスだったらしい。同書によれば一九二二年、一説にはナチズムの源流となったとも言われるドイツの神秘主義団体「ヴリル協会」が、ＵＦＯの開発に着手していたのだという。さらに一九二九年、ヴリル協会はＵＦＯの製造に成功。一九三八年にはＵＦＯで南極を探検し、南極の地下に住む地底人（！）とも接触したという。

一九四二年になると、ヴリル協会は米本土上空にＵＦＯを飛ばすことにも成功したと、同書にはある。こうして開発されたナチス製ＵＦＯは、レーダーでも捉えられない性能を持ち、幽霊戦闘機（フーファイター）と呼ばれて全米を震撼させる。だが一九四五年、連合軍の前にナチスは敗戦。地底人とナチ残党はＵＦＯに乗って、火星へ飛び去ったのである。地底人の正体は、南極の地底に潜伏していた異星人だったのかもしれない。

さて、なぜか親ナチだった異星人たちは、いったんは火星へと去ったものの、ナチスの敗戦にもめげず、戦後になっても米英への敵視政策を続けたようだ。同書によれば一九四六年、英米軍が南極でＵＦＯと交戦。次いで一九四七年、かの有名なロズウェル事件が起こる。ニューメキシコ州ロズウェル付近で墜落したＵＦＯと宇宙人の遺体を、米軍が秘密裏に回収したとされる、ＵＦＯファンなら誰もが知る有名な事件である。

この話はいまや「ロズウェル史観」とでもいうべき擬似歴史観となっており、関連書籍も数多いが、ここではチャールズ・バーリッツ、ウィリアム・Ｌ・ムーアの共著『ロズウェルＵＦＯ回収事件』を見てみよう。同書は事件の目撃者や家族に取材したインタビューを中心にしたもので、訳者は『ＳＦマガジン』の編集長や『ムー』の編集顧問も務めた南山宏。訳文も流麗、読みやすく迫真性がある。特に事件の第一報を報じた地元ラジオ局内部の描写など、読んでいて年甲斐もなくワクワクしてしまう。

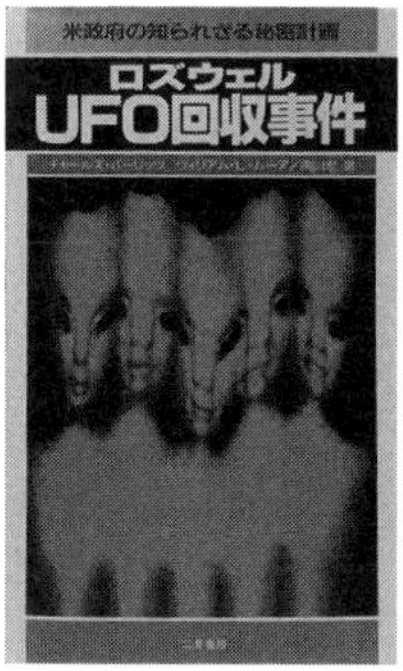

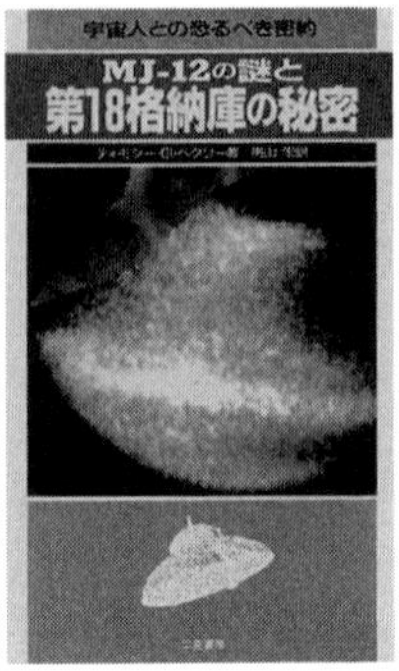

同書は事件当日の報道や目撃情報に始まり、続いてＵＦＯの残骸や、宇宙人の死体の目撃証言を紹介。さらにアイゼンハワー大統領がＵＦＯの残骸と宇宙人の死体を確認したエピソードや、基地内で秘密裏に行われた地球製ＵＦＯの開発を報じる。面白いのはロズウェル事件の最初の研究者であるフランク・スカリーが、その研究内容自体でなく、人柄や金銭スキャンダルなどを論拠に「信用ならない人物」とレッテル貼りをされるくだりだ。このあたり「ポスト・トゥルースの時代」と呼ばれる現代とも重なり興味深い。

またこの事件ののち、ＵＦＯの情報を統制する秘密機関「ＭＪ－12」が設立されたというストーリーも「ロズウェル史観」のスピンアウト的設定としておなじみだ。こちらも類書は多数あるが、前掲書のいわば姉妹編として邦訳書が出版されたものに、ティモシー・Ｇ・ベクリー『ＭＪ－12の謎と第18格納庫の秘密』がある。訳者は前掲書に同じく南山宏。前掲書の著者の一人、ウィリアム・Ｌ・ムーアとも連携しながら書かれたもので、「ＭＪ－12文書」が全文掲載されているというのがセールスポイントである。

同書では軍関係者や情報機関、研究者など、ＭＪ－12に参加していた人々の顔ぶれを名指しで紹介。ロズウェル事件とは別のＵＦＯが墜落、回収されていた一九五〇年の事件や、「ＭＪ－12文書」の出所、さらには宇宙人と米政府の密約についても報告している。つい笑ってしまうのが、当時スティーブン・スピルバーグ監督の撮ったいくつかの宇宙人映画は、宇宙人情報の公開を行うための地ならし的キャンペーンだった、というくだりだ。だが結局のところ宇宙人は地球に敵意を持ち続けており、実は米国内の軍事基地は、既に宇宙人に乗っ取られていることなどを語る、衝撃的な一冊となっている。

同書の刊行は一九八九年だが、いまのところ宇宙人が乗っ取った米軍基地から世界に核ミサイルが発射されたという報道はない。おそらく宇宙人と米軍上層部は、キューバ危機を回避したケネディ大統領のように、核戦争を回避したのだろう。

さて、ここで再び矢追の『未報道事件』に戻ろう。基本的には同書の視点は、どちらかといえばバーリッツ＝ムーアに近く、ベクリーの報じる「宇宙人による米軍基地乗っ取り」には言及していない。ただし矢追が説く米政府のＵＦＯ政策は、ロシアのＵＦＯ政策の迷走と同様、ジグザグ状に蛇行している。幾度となく政府高官や軍関係者が宇宙人と面会を重ねる一方、一九八〇年にはＵＦＯがＮＡＴＯの核基地を攻撃。同年には米軍機がＵＦＯと空中戦を展開してもいる。米政府と宇宙人の間にめまぐるしい和解と反発があったとする内容はいっけん不可解に見えるが、これもおそらく四種類の宇宙人が存在し、異なる地球政策を持つせいだろう。

また矢追は一九六五年、米軍人十五名が「惑星セルポ」に移住したという話題も、同書の中で紹介している。惑星セルポと言われた時点で正直「もう知らんがな」という気分になるが、実はこの惑星セルポのトピック、ロズウェル史観の外典的ストーリーとして定着しつつある物語である。

この話が出回り始めたのは二〇〇五年のこと。情報源は匿名のアドレスから、世界各地のＵＦ

O研究家に送られて来たメールだったという。この匿名のメールによると、ロズウェル事件で生き残った宇宙人が、米軍兵十数名を、セルポ星への交換留学に連れて行ったというのである。交換留学という語に脱力しそうになるが、いちおうロズウェル事件との整合性は保たれているので良しということにしておこう（いいのか？）。

UFOとその隠蔽工作は、米政府の根幹を左右する重要なファクターであるようだ。矢追によれば一九四七年にCIAが設立されたのは、実はロズウェル事件の隠蔽のためであったという。ケネディ大統領が暗殺されたのは米政府と宇宙人との交渉を公開しようとしたからであり、逆にオバマ大統領がノーベル賞を受賞したのは、UFO関連の情報公開に踏み切ろうとしたからだそうだ。実はUFOの存在は、アメリカの戦後史と切っても切り離せないのである（なんだかフォレスト・ガンプみたいな話ではあるが）。

矢追UFO史観において、大きく話の整合性が損なわれているのは「アポロ一一号の月着陸は捏造だった」という、例の都市伝説を取り込んでいるあたりだろうか。もし右が真実であるとするなら、米政府は宇宙人と会見したり外惑星と交換留学したりできるほどの宇宙テクノロジーを持ちながら、月に行く程度のことができず、しかもそれを偽造せねばならなかったことになる。しかも同書の別の箇所では「アポロ一一号がUFOと遭遇した」というエピソードが紹介されているのだから、この矛盾はいささか苦しい。

とはいえ「月着陸捏造説」の部分を除けば、矢追UFO史観はほぼ一貫した体系を保っている。事実との整合性はさておき、論の内部では概ね矛盾がない。好意的に読めばという留保付きではあるものの、デニケン以降の超古代宇宙人説に始まって、ロシアやドイツにおけるＵＦＯ事件のトピック、二〇〇五年の惑星セルポ関連の話題まで取り込み、史実ともほぼ矛盾なく同居させる手腕は、さすがＵＦＯ界の巨匠といえよう。

だがもう一点だけ、あまりにも大筋で史実と食い違う部分が、矢追ＵＦＯ史観には存在する。ナチスの項に関する部分がそれだ。矢追説によれば、ナチスはＵＦＯを自力で建造する技術を持っていたわけだが、にもかかわらず戦争に負けたことになる。また矢追の説によると、ナチス残党は戦後、火星へ逃げたことになっている。だが、こうした「ナチ残党健在説」の背後には、おそらくその情報提供者が持っていた「ドイツ敗戦への否認」が透けて見えるように思う。

実際には負けているくせに「でもここがスゴイ」と言い張る態度は、自分の過去の、あるいは現在の欠点を認めようとしない認知的不協和の産物、つまりは負け惜しみである。こうした態度が悪化すると、やがては陰謀論や歴史修正主義に至る。まあ、ネットにはこういう類の主張をする人物がゴロゴロいるので、あえてここでは例示を挙げない。各自「ああ、ああいう人ね」と思っていただければよろしいかと思う。

トンデモ話にもいろいろあって「ナントカ還元水はガンに効く」とかいったタイプの健康トンデモ話や、あるいは「ユダヤ人の陰謀で世界が破滅する」とか「日本のマスメディアは韓国人に乗っ取られている」とかいったヘイト系トンデモ話は、放置すれば深刻な事態を引き起こす。ナチス系トンデモ話の背後には、そうした危険性が（わずかながらではあるが）感じられる。そういう部分は同じトンデモ話であっても、あまり無責任に楽しむことはできない。

そうした陰謀論的な部分を除いて、という条件付きだが、デニケン以来の宇宙系トンデモ話は、嘘であろうが本当であろうが、基本的に誰も困らないし、傷つけることもない。話として陽性で、差別や誹謗中傷の暗さがない。私がUFO話を好きなのは、こうした陽性の響きがあるからだ。

実際こうした宇宙系トンデモ話は、古来さまざまなハリウッド映画の骨格になってきた。先に紹介したエメリッヒ監督の「2012」や「インディペンデンス・デイ」のほか、スピルバーグ監督の「未知との遭遇」や「ET」、さらには「インディ・ジョーンズ　クリスタル・スカルの王国」など、私は基本的にこの種の映画が大好きである。人間のせせこましい政治的思惑から解放され、人知の及ばぬ宇宙の世界に、思い切り空想を遊ばせることができるからだ。要するにエンターテインメントの材料として、宇宙系トンデモ話は絶好の素材なのである。

矢追の自伝的著作『ヤオイズム』によれば、彼がこうした世界を取り上げるようになったのは、視聴者に星空を見上げて欲しかったからだそうだ。もちろん、これは物理的に星空を見ろという意味でなく、世俗の約束事や常識に縛られず、大きな世界を見ろという意味である。この気持ちは私は非常によくわかるし、まったくもって大賛成だ。

私自身は宇宙飛行士にも天文学者にもならず、それどころか数学自体さっぱりで、美術を扱う仕事に就いてしまったので、宇宙は文字通り遠い彼方の世界である。とはいえ、アートという日常を超えたものに日々接し、美術作家という宇宙人の亜種のような人々と働くことになったのは、もしかすると幼い頃にテレビから注入された、ヤオイズムの影響なのかもしれない。

なにかと世知辛いこのご時世、本書をお読みの読者の皆様も、日々の雑事に追われ、星空を見上げることが少なくなっているのではないだろうか。子どものころ、ハーマンのジングルに胸躍らせた原点に立ち返り、たまには星空を見上げながら、家路に就くことをお勧めしておきたい。

矢追純一『「矢追純一」に集まる未報道ＵＦＯ事件の真相まとめ ―巨大隕石落下で動き出したロシア政府の新提言』（明窓出版、二〇一四）

グラハム・ハンコック『神々の指紋』上・下（角川書店、一九九六）

エーリッヒ・フォン・デニケン『未来の記憶』（角川文庫、一九七四）

チャールズ・バーリッツ、ウィリアム・Ｌ・ムーア『ロズウェルＵＦＯ回収事件』（サラブレッドブックス、一九九〇）

ティモシー・グリーン・ベクリー著『ＭＪ‐12の謎と第18格納庫の秘密』（サラブレッドブックス、一九九〇）

矢追純一『ヤオイズム』（三五館、二〇一五）

三

パラフィクションとしての『地獄変』

今から四十年以上も前、私は典型的なイジメられっ子だった。いわゆるオタクのはしりみたいな子どもで、毎日本を読むか絵を描くかしかしていなかったから、まあイジメられるのもわからなくはない。だが、そんな私に突如として、イジメっ子連中が頭を下げてくることがあった。連中が絵を描いて欲しいときである。その頃の私は滅法絵がうまく、ゴジラなんかの怪獣の絵を、やすやす描き上げることができたからだ。

連中はその絵が欲しいばかりに擦り寄るのだが、実は私はゴジラの都市破壊の光景を彼らのために描きながら、内心では自分の絵の中の怪獣たちが、連中を家もろとも踏み潰すところを思い浮かべていた。いま思うと実に陰気な復讐法で「そんなんだからイジメられるんだよ！」と自分にツッコミたくなるのだが、まあそれはよろしい。

中上健次の短編『十九歳の地図』は、新聞配達をしている予備校生が、気にくわない家があると地図に×印をつけていくという話である。この作品の主人公の行動はやがて次第にエスカレートして、予想外の結末に結びついていくのだが、想像力の中でだけ暴力を振るうこの話の前半部は、当時の私のメンタリティーとやや似ている。

とはいえ、いくら内心だけのものであっても、暴力は人をすさませるし、結局相手に伝わってしまう。中上の名作短編同様、私の場合も想像力の暴力は、現実の暴力の前に敗れ去るほかなかった。描き上がった絵を奪うや否や、イジメっ子連中は私を殴って走り去ったからである。

そんな私が自殺したり暴力沙汰を起こしたりせずに済んだのは、ひとえに藤子不二雄Aの『魔太郎がくる!!』という漫画のおかげである。タイトルから察せられる通り「魔太郎」というイジメられっ子がこの漫画の主人公だ。同書は浦見魔太郎なる主人公が、昼間は毎日凄惨ないじめを受けるものの、夜になるとイジメっ子に対して、毎回しっぺ返をするしという物語である。

……と書くと、読者の脳裏に浮かぶのは、藤子不二雄Aの相方であった藤子・F・不二雄による『ドラえもん』かもしれない。確かにこの作品にも同様に、イジメられっ子の野比のび太が登場し、ドラえもんの助力にすがる。だが、のび太が頼るのは未来から来た猫型ロボットであり、解決の道具も未来の「ひみつ道具」というポジティブな色彩を帯びたものだ。これに対し魔太郎は、夜な夜な大魔王サターンの肖像に祈りを捧げ「うらみ念法」で復讐を遂げるのである。この復習の仕方が凄まじく、陰惨というほかない。

たとえば、いじめた相手のハンカチを着せた泥人形を小突き回して呪いをかけ、登校できないほどの重症を負わせる。やはり泥人形で呪いをかけ、女子生徒の顔を醜く変形させる。さらにはパワーショベルで轢き殺して生コンで埋めたり、スリの指を強力なネズミ捕りで切断したりといった具合。子ども向けの漫画とは思えない過激さで、ちょっと読むのが後ろめたい気分もあったが、そのぶん爽快感もあったのは事実である。

だが、今回久々に本書のために読み直そうと、一九九九年刊行の少年チャンピオンコミックス版で読み直したところ、妙にマイルドになっている。イジメっ子二人を工事現場におびき寄せ、パワーショベルで轢き殺す話は「うらみ念法　怪獣変わり」という復讐法に変わっていた。パワーショベルが怪獣に変化して、いじめっ子たちが震え上がるというだけの、他愛のない復讐だ。

奇妙に思って調べたところ、のちに内容が大幅に改変されていたことがわかった。少年犯罪の過激化に配慮して、復讐法をマイルドなものに改めた、というのである。改変は作家自らの意思によるものらしく、作家の意思は尊重されるべきだとは思うものの、正直これは納得がいかない。少年犯罪に走るのはイジメる側の方であって、イジメられる側ではない。復讐法が無残なものだからこそ、イジメっ子はこれを読んで震え上がり、イジメられっ子は快哉を叫べたのではないか。

とはいえ、そんな改変がなされるよりとっくに早い時期から、私はこの漫画を読まなくなっていた。理由は単純明快で、自分が魔太郎でないことに気づいたからだ。ドラえもんも魔太郎も、私が泣こうがわめこうが、この現実の世界に助けに来てくれることはない。そうした冷厳な「虚構の限界」に、あるとき私は気づいたのである。

本当に問題を解決しようと思えば、自分自身が虚構の中に入り込むか、あるいは虚構世界の呪術的な力を、現実世界へ溢れ出させるほかはない。虚構と現実の境界は、一体どうやったら越えられるのだろう。私はそんなことばかり考えていた。

その後どういう理由によるものか、ある日突然イジメは終わった。具体的には小学校三年に進級したとたん、すべてのイジメが嘘のようになくなったのである。以来私はそれまでの苛烈なイジメがまるで虚構の産物だったかのような小春日和の日々を過ごすのだが、良いことばかりは続かない。中学に上がって二年目の一九八一年、今度は突如「校内暴力」の嵐が訪れたのである。

いまもって不思議な話なのだが、一九八〇年代前半は、日本中の中学、高校に「校内暴力」と呼ばれる原因不明の暴力の嵐が吹き荒れた時期だった。実際私のいた中学でも、窓ガラスが割られ校舎中にゴミがぶちまけられ、授業を公然と無視して生徒が歩きタバコをふかし、学内では暴力が常態化していた。卒業前の数ヶ月間など、ほとんど授業がなかったほどだ。不良連中が他校の不良たちと大規模な決闘をするというので、それを防ぐために先生たちが街じゅうを駆け回っていたため、学校がカラになってしまったのである。なんであんな状態になったのか、いまもって理由がよくわからない。

私たちより前の世代、つまり七〇年代に青春を送った人々が経験したのは学園紛争といって、やはり学園内に暴力の嵐が吹き荒れ、最後はほとんど授業がなかったそうだが、これにはいちおう建前的に、学費の値上げ反対とかベトナム戦争反対とか、なにがしかの大義名分があった。だがインテリ学生が主導した学園紛争に対し、校内暴力を主導したのは頭の悪いヤンキーだったから、動機も目的も何もない。誰がいつ、どういう理由で暴力に晒されるか予測不可能という、ロシアン・ルーレット状態が続いた。

日野日出志の名作ホラー漫画『地獄変』と出会ったのは、そんな一九八二年のことだ（Wikipedia に八四年とあるのは誤り）。

内容的には戦中から戦後にかけての、ある絵師の一家の物語なので、八〇年代とも校内暴力とも何の関係もないわけだが、にもかかわらず私はこの本から、絶望的な校内暴力から逃れる一縷の光を見出し、のちに私自身の人生を変えていくヒントを得ることになるのだが、まずは同書の梗概を紹介しよう。

同書の語り手である「ぼく」は血の色の美しさに魅せられ、地獄絵を描き続ける絵師である。彼は自らの体を切り刻み、塩酸を飲んで血反吐を吐き、それを赤い絵の具にして世界の終末を描く日々を送っている。美しい妻や母、弟や子どもたちとともに、死刑場と火葬場、墓場に囲まれた家に住む絵師。だが妻が営む居酒屋では死体を切り刻み、墓場から這い出した首なしの亡者たちに食べさせ、子どもたちは死体を弄ぶのだ。

「ぼく」の一家は祖父の代から三代にわたって刺青を背負った荒くれ者で、祖父は上州ヤクザの博徒であった。祖父は賭場を求めて放浪し、酒を飲んでは暴力を振るい、最後は賭場のいざこざに巻き込まれて刺殺される。祖母も近所の変質者に惨殺され、孤児となった父もまた博徒となってしまう。いったんは一念発起して満州に渡り、博打とは縁を切った生活を送ろうとした父だったが、やがて泥沼の日中戦争が始まる。結局、戦火で全てを失い、母は引き揚げ時の疲労と恐怖で発狂。辛くも帰国した一家は屠殺業で身を立てながら、赤貧の中で暮らすことになる。

狂人の妻を抱えての極貧生活を送るうち、やがて父は酒浸りとなり、家族に暴力を振るうようになる。そうした陰鬱な日々のなか、「ぼく」は地獄絵ばかりを描き続ける子どもとして成長。いっぽうその弟は、祖父や父と同様に、背中一面に刺青を背負い、血みどろの喧嘩に明け暮れる不良少年となっていく。そしてある雪の朝、弟は誰かに殴られたのがもとで寝たきりとなり、刺青を背負った肉塊と化してしまう。

そんな血塗られた生涯をもとに、地獄絵を描き続けた「ぼく」は、ある日、自分自身のなかに、恐るべき呪力を発見する。血まみれのキノコ雲を粘土の塑像で作った「ぼく」は、このキノコ雲の粘土像に念じるだけで、近所の家を火事にする力を宿していたのである。さらに地獄絵の大作を描き進めるうち、「ぼく」の呪力の及ぶ範囲も次第に拡大。ついには飛行機事故や国際紛争も引き起せるまでになっていくのだ。

この部分には同作が描かれた当時の、実際の事故や紛争の記事がコピーして使われており、同作は一気に「読者のいる現実」とのリンクを強めていく。つまり虚構の枠組から溢れ出て、現実を侵食し始めるのだ。そして物語の終盤に至って「ぼく」は最後の計画をぶちまける。彼はその呪力によって、世界中の核兵器のボタンを一挙に押させ、世界を本当の地獄に変えようとするのである。

続く場面で「ぼく」は「愛する家族にだけは本物の地獄を見せたくない」と叫び、手斧で家族を惨殺していく。だが、手斧で無残にバラバラにされる妻はハリボテの人形であり、子どもたちは指人形、年老いた母はからくり人形。寝たきりの弟に至っては、腐った豚の死体でしかない。つまり、これまで「ぼく」が営んでいた家族生活は、すべて彼の妄想だったのである。狂気に取り憑かれた「ぼく」は、血を吐きながらこう叫ぶ。

「誰もいなくなったこの地上に地獄絵だけが限りなく続く……ああ…なんと狂おしい風景だ！　そんな素晴らしいこの世の終わりが……このぼくの力によってやって来るのだ!!（略）その日はいつか!!　（略）今日かもしれない!!　明日かもしれない!!　あるいは……つぎの瞬間かもしれない！　それは確実にやって来る!!」

そして彼はいま現在、その漫画を読んでいる読者を指してこう叫ぶ。

「きみは死ぬ!!　あなたも死ぬ!!　おまえも死ぬ!!　きさまも死ぬ!!　貴兄も死ぬ!!　貴女も死ぬ!!　てめえも死ぬ！　そっちも死ぬ!!　あっちも死ぬ!!
みんな……!!　死ねえ〜〜っ!!」

そう叫んで「ぼく」は手斧を、読者に向かって投げつける。ラストはページいっぱいに描かれた、この手斧のアップである。もちろんページから本当に斧が飛び出してくるわけではない。だが現実の問題として、今日、明日、あるいは次の瞬間に、自分の頭上に核の雨が降り注がないとは、誰にも断言できない。そして本当に「それ」が起こった場合、それが「ぼく」の呪いによるものではないという証明は不可能なのである。

このように同作は、少年時代の私が心から乞い願った虚構の現実化、つまり虚構の呪いを現実世界に溢れ出させたいという願望を、ものも見事に作品化したものだった。私は当時この作品に取り憑かれたかのような状態になり、寝ても覚めても同書のことばかり考えていた。それから四十年近く経ったいま、再び同書を振り返るとき、この作品が典型的なメタフィクションの骨格を持っていることに、いまさらながら私は気づく。

メタフィクションとは一言で言えば、多層性を持つ虚構のことである。たとえば虚構の中に虚構を配した入れ子状の構造は、メタフィクションの典型的特徴だ。実際この『地獄変』でも「ぼく」が語る家族の物語という形で、家族それぞれの物語が配されている。同作はまさにメタフィクショナルな入れ子構造の物語なのである。

また多くのメタフィクションでは、虚構と現実という二つの階層を意図的に混同し、たとえば作中に作者が顔を出すなどの手法を取ることがある。この作品でもマンガ家である作者自身に似せた「ぼく」という絵師が語り手として登場し、家族の三代記を語ってみせる（実はこの部分、作者本人の家族の実話に基づいている）。つまり同作はメタフィクションの王道的構成を取っているのだ。

しかも終盤の部分では、「ぼく」の家族の物語が、全て妄想による一人語りの劇中劇であったという結末へと進んでいく。このように語り手が物語世界の中の「現実」として語ったことが、嘘や誤認、妄想による虚構であったという構成は、文芸理論の世界で「信頼できない語り手」と呼ばれるものだ。「信頼できない語り手」はメタフィクションと同義でこそないものの、きわめてメタフィクションと親和性の高い手法なのである。

たとえば夢野久作の『ドグラ・マグラ』などは、信頼できない語り手によるメタフィクション

と解して差し支えない作品の一つといえよう。いちおうは一人称の地の文を持ちながらも、語り手の「わたし」は記憶喪失で、自分が誰かわからない。つまりは典型的な「信頼できない語り手」である。しかも同作は途中から、阿呆陀羅経や新聞記事、劇中劇や偽論文、映画台本などが入り乱れる混沌とした叙述形式となっていく。さらには地の文が地の文を引用する自己言及が始まり、無限にループする部分さえある、といった具合。まさに「信頼できない語り手」によるメタフィクションなのである。

　とはいえ、右に述べたことはすべて後知恵による分析に過ぎない。『地獄変』を読んでいた当時の中学生の私は、文学理論書どころか文芸書をようやく手にし始めたばかりだったし、『ドグラ・マグラ』を初めて読んだ高校生の頃でも、文学理論の知識はほぼ皆無に等しかった。ちなみにアメリカの文芸評論家、ウェイン・C・ブースが「信頼できない語り手」の概念を唱えた『フィクションの修辞学』の原著が刊行されたのは一九六一年のことだが、同書の日本語訳は一九九一年刊行。いわんや八〇年代前半当時の中学生が、そうした概念など知るはずもない。つまり私は文学理論などのガードなしで、直球でこの作品の衝撃を受け止めたのである。

　そしてもう一つ『地獄変』における、最大級のメタ性を持つ場面といえば、最後の大詰めで「ぼく」が読者を指差しながら「きみは死ぬ!!」と叫ぶ場面である。このように読者自身を巻き込みながら語られるタイプのメタフィクションは、のちに日本の文芸評論家、佐々木敦によって「パラフィクション」と名付けられるが、佐々木がパラフィクションの概念を提示するのは、なんと二〇一四年になってから。彼の『あなたはこの文章を読んでいる：パラフィクションの誕生』の刊行を待たなくては、この概念は現れないのである。

佐々木が同書の中で中心的に論じているのは、谷川流や円城塔、伊藤計劃といった、まさに現代の作家たちだ。だが佐々木は同書のなかで「パラフィクションは（略）フィクションの歴史と同じだけの歴史を持っている」とも書いている。実際これはその通りで、私もパラフィクションは、昨日今日始まったものではないと思うのだ。

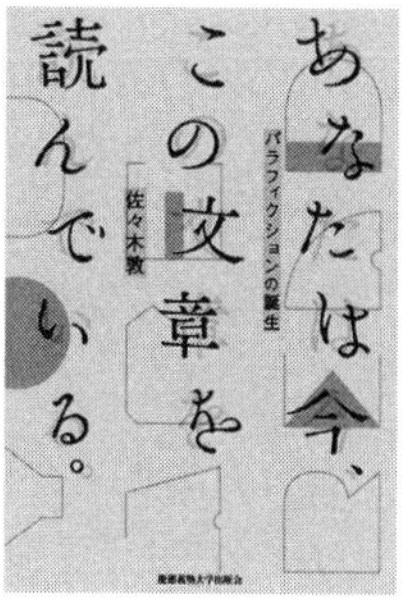

既に見たように『地獄変』は、そうしたパラフィクションの典型だが、パラフィクションの作例はこの作品にとどまらない。たとえば乱歩の『人間椅子』などは、読みようによってはパラフィクションの一種と言えるだろうし、マンガで言えば永井豪の『デビルマン』なども、終盤で主人公が突如、読者に向かって「やぁ諸君とうとうここまでわたくしの話を聞いてしまいましたねぇ」と語りかける。あるいはフランスの作家、マルグリット・デュラスの『死の病い』など、デュラスの二人称小説の多くは、まさにパラフィクションの傑作と言えるだろう。

さらに映画や演劇、美術にまで視野を広げれば、パラフィク

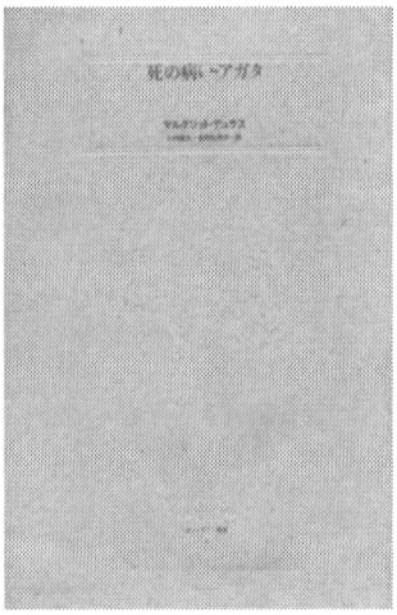

ションの作例はいくらでも見つかる。たとえばＪ・Ｌ・ゴダール監督の映画「気狂いピエロ」（一九六五）では、主人公とその恋人が、急にカメラに向かって話しかける場面が出てくるし、メキシコの映画監督、アレハンドロ・ホドロフスキー監督の映画「ホーリー・マウンテン」（一九七三）では、まさにパラフィクショナルなドンデン返しが描かれ、我々観客自身に向かって、監督本人が語りかける場面が出てくる。

演劇では寺山修司の多くの作品がこれにあたる。寺山作品については後の章で触れるのでここでは簡単に済ましておくが、たとえば観客席に俳優が紛れ込んでいて、観客を巻き込みながら物語を展開していく「観客席」などは、パラフィクション構造を持つ演劇として考えられよう。このほか美術の分野では、六〇年代の日本のアート集団、ハイレッドセンターの活動なども、きわめてパラフィクショナルな性格を持つものだ。

それにしても不思議なのは、右に挙げたパラフィクショナルな作品の多くと、なぜか私は十代後半以降のしばらくの時期に、集中して出会っている。なぜだろうか。

ありていに言えばパラフィクションとは「飛び出す絵本」のようなものである。虚構の受け手／作り手が、虚構を現実世界に溢れ出させ、現実に拮抗する力を持たせたいと願うとき、そこにパラフィクションへの欲望が発生する。フィクションが本来的に現実にあらざるもの、現実に拮抗し得ない宿命を帯びたものである以上、パラフィクションは必然的に「フィクションの発生と同時に生まれてくる」（佐々木敦）はずなのだ。

パラフィクションは、その話を読んでいる読者、その話を聞いている聴衆を繰り込んだ虚構を作れば成り立ってしまう。つまり「お化けがいますよ」という虚構のあとに「あなたのうしろに」、と付け加えるだけで、立派なパラフィクションができてしまうのである。つまりそれは小説の発生どころか、文字文化が始まる前から、おそらく存在していた虚構の形式なのだ。

実際、既に見た通り、一九二〇年代の乱歩作品や三〇年代の夢野久作作品の中にも、パラフィクションの構造は見て取れる。もし佐々木の言うように、パラフィクションが「フィクションの歴史と同じだけの歴史を持っている」とするなら、もっと古い文学作品の作例も見つけられるかもしれない。ちょうどメタフィクションや「信頼できない語り手」という概念が生まれたことで、A・E・ポーの諸作品が、そうした作品の嚆矢として読まれるようになったように。

したがって私が思春期にパラフィクショナルなものに惹かれた理由は、実際にこの時期に作例が多かったからではなく、もっぱら私自身にパラフィクショナルなものを求める欲望が募っていたからだろう。ではなぜ私はパラフィクションに惹かれたのか。その最大の理由は、私が当時直面していた、あの校内暴力による不安にあったと言える。

肉体的に虚弱だった私は、日々ロシアン・ルーレットのように襲ってくる暴力に、現実的な暴力で対抗できず、絵画や文学という虚構の防御壁の中に引きこもるほかなかった。そう、まるで『地獄変』の語り手の「ぼく」と同じように。そうした自分自身の限界、想像力で作った虚構の壁を突破しようと、私はなかば無意識に、パラフィクショナルな作品群を希求したのである。

こうした議論を踏まえた上で、再度『地獄変』を読み直すと、改めてこの作品の凄みが見えてくる。この作品は単にパラフィクショナルな構成を持つだけでなく、こうしたパラフィクションがなぜ、どこから生まれてくるのか、その起源を捉えているからだ。虚構の中でしか生き得ない絵師が、現実世界に対抗しようとするとき、そこには「読者に向かって斧を投げる」という、パラフィクショナルな光景が生まれる。同作の視線はこうしたパラフィクションの起源、その原理的光景を捉えているのである。

さて、このように『地獄変』そのものは陰鬱な話だが、私がこの作品によって「虚構を現実化する絵師」というイメージを植え付けられたのも事実である。確かに本作は見た目上、忌まわしい悪夢を描いたものだが、悪夢もまた夢のうちであり、そして本作主人公の「ぼく」は、ラストで見事にその夢を叶えてしまう。つまり私はこの作品から「(悪)夢は必ず叶う」というメッセージを、強烈に刷り込まれたのである。

現在私はギャラリーを経営しているが、その背景には思春期に読んだ『地獄変』の影響が大きく作用しているように思う。というのもギャラリーとは、個人的な幻想から生まれた「絵画」という虚構を、現実の世界に「商品」として流通させ、現実の経済活動、社会活動の中に組み込んでいくという仕事だからだ。いわば私は私なりの方法で「読者に向かって斧を投げる」行為を、自分の仕事にしたのである。

日野日出志の投げた斧は、ページから飛び出すことはなかったし、その後も世界は(いまのところ)滅亡していない。だがその作品の衝撃は、私の中で長い間かかって熟成し、現実の仕事として結実したのである。日野日出志の『地獄変』は私にとって、ホラー漫画の形をとった、いわば大恩人だと思う。それは血となり肉となって、いまの私を形作った一冊なのである。

中上健次『十九歳の地図・蛇淫 他』（小学館文庫、二〇〇〇）
藤子不二雄Ａ『新装版　魔太郎がくる!! ①』（秋田書店、一九九九）
藤子・Ｆ・不二雄『ドラえもん①』（てんとう虫コミックス、一九七四）
日野日出志『地獄変』（青林堂、一九九三）
夢野久作『ドグラ・マグラ』上・下（角川書店、一九七六）
ウェイン・Ｃ・ブース『フィクションの修辞学』（書肆風の薔薇、一九九一）
佐々木敦『あなたはこの文章を読んでいる：パラフィクションの誕生』（慶應義塾大学出版会、二〇一四）
永井豪『デビルマン４』（集英社、一九九七）
マルグリット・デュラス『死の病い・アガタ』（朝日出版社、一九八四）

四

七〇年代カタストロフィ文化

私が子どもだった一九七〇年代頃、終末論ブームというのがあった。テレビを見ても本を読んでもマンガを読んでも、とにかくどっちを向いても世界の終末ばかりが描かれるという状況があったのである。

マンガで言えば楳図かずおの『漂流教室』という作品などは、そうした七〇年代終末論文化の代表作のような作品だった。物語は主人公の通う小学校が、ある日突然見知らぬ砂漠へ、学校ごとワープしてしまうところから始まる。理由も何も説明されないまま小学生たちが無人の荒野に、突然放り出されるのである。

あたりは一面、見渡す限り何もない砂漠で、すぐに食べ物や水の奪い合いとなり、学校全体が殺し合いとなる。ストレスに負けた子どもが集団自殺を始め、先生たちが発狂し、子どもを襲いだす。そんななかで主人公は病気になり、麻酔なしにカッターナイフで手術する羽目になる……。とにかく同書では最初から最後まで、良いことというのがほとんど起きない。こんなエピソードが冒頭から最終章まで、ノンストップで綴られるのである。私たちは夢中になって、それこそ貪るようにこの漫画を読んだものだ。

とはいえ、この作品が突然ポツンと出てきただけなら「まあそういう作品が出てくる時もあるよな」で済んだだろう。ところが『漂流教室』連載の真っ最中だった一九七三年、SF作家の小松左京の手になる大ベストセラー『日本沈没』（上・下）が刊行される。当時単行本で四百万部近くを売り上げ、のちには映画化、さらにテレビドラマ化までされて、社会現象となった作品だ。この作品は最近もNetflixとTBSの共同制作でテレビ番組化されたから、ご覧になった方も多いと思うが、ブームとしては当時の方が格段に大きかった、という印象がある。

ただし私がリアルタイムで接したのは、このうちテレビ版のみで、映画版を見たのは大人になってからの話。原作を読んだのはつい数年前である。何せ『日本沈没』という究極の出オチ的タイトルだし、本当に面白いのかと半信半疑で読み始めたら、まあ面白いと言ったらないのである。文字通り地震によって日本全土が海面下に没するまでの過程を克明に描いたこの作品は、現在もなお輝きを失せない、驚くべき魅力を秘めている。たとえば地球物理学における「プレートテクトニクス理論」を、いち早く取り入れた点は、その一つであると言えよう。

では、プレートテクトニクス理論とは何か。地球の内部には「マントル」と呼ばれる、溶岩の対流がある。地球の内部では岩がドロドロに溶けて流体となり、これが渦を巻いて流れている。いっけん不動の大地に見える地表も、実はマントル対流の上に乗っかった、プレートというタマゴの殻のようなものに過ぎない。プレートはマントル対流によってゆっくりと移動を続けており、プレート同士が押し合いへしあいする継ぎ目には、時の経過とともに歪みが溜まる。この歪みのエネルギーが一気に放出されるのが、地震という現象なのである。

以上のメカニズムを説明したのが、プレートテクトニクス理論だ。いまでは中学一年で習うプレート理論は、一九六〇年代も後半になってから提唱されたもの。『日本沈没』が刊行された当時は、まだほとんどの日本人が知らなかった。小松はこの当時最先端だった理論を、いち早く小説中で紹介。その結果国民の多くがプレート理論を知るようになり、ついには義務教育でも学ぶほどの常識となったのである。

とはいえ、この理論を正確に踏まえると、日本列島は幾つものプレートどうしが押し合いへし合いするうち、逆にどんどん高くなり、他の陸地の多くは温暖化によって水没することになる。したがって最後は「日本だけが浮いていて他は全部沈む」という状態、つまり筒井康隆が書いたパロディー小説『日本以外全部沈没』の方が「正しい」ことになるのである。小松はこうした「日本隆起」の仕組みは先刻承知で、にもかかわらず日本が沈没するメカニズムを説明するため、作中で架空の科学理論を提示した。それが「ナカタ過程」という理論である。

小松はマントル対流のふるまいを考えるにあたり、気団どうしのふるまい、つまり温暖前線や寒冷前線の挙動をモデルとして考えられるはずだと、登場人物に語らせている。こうした気団などの流体は、ゆっくり漸進的に変化するだけでなく、ある局面で予想外の変化を起こすことがある。上昇気流が突如竜巻に変わったり、ゆっくり熱せられた水が、ある時点で沸騰したりするように、である。こうした劇的な変化のことを、作中で小松は「ナカタ過程」と名付けた。小松はこのナカタ過程によって、マントルの運動が突如変化し、隆起するはずだった日本列島が沈んでいくというアイデアを得たのだ。

こうした劇的な変化に関する理論を当時、実際に唱えた科学者としては、フランスの数学者、ルネ・トムがいる。トムはもともと位相幾何学《トポロジー》、つまり形の変形を扱う数学の専門家だ。彼は六〇年代後半に、小松の創作したナカタ理論のような、形態の劇的《カタストロフィック》な変化についての理論を提唱した。この理論は「カタストロフィー理論」と命名され『構造安定性と形態形成』という著書にまとめられる。では、この本の内容はどういうものなのかというと、何せ数学者の書いたものだけあって、文系の私には理解が決して容易でない。拾い読みしながら朧げながら憶測した内容は、およそ次のようになる。

……自然界には「どうしてそこだけこんな奇妙な形になったのか」と首を傾げたくなるような不思議な形が、生物、無生物を問わず現れる。たとえばキノコの傘のフチの部分は、なぜか砕ける波頭の部分に似ている。キノコは生物、波は無生物なのに、どうして同じような形態になるのか。全体の形は違うのに、局所的にこうした特異な形態が現れるのはなぜなのか。トムはこうした局所的で不連続な形態を「カタストロフィー」と名付け、トポロジカルな数学モデルで説明しようとした。つまりはのちのカオス理論やフラクタル幾何学の先取りである。

私の見立てが正しいなら、という留保条件付きではあるが、トムの理論は小松のナカタ過程と、非常によく似たことを言っているように思える。小松が問題にしたのは、流体のふるまいが起こす突発的変化であり、いっぽうトムが問題にしたのは、生物、無生物を問わず自然界に共通して見られる、局所的で不連続な変化

である。つまり安定した系がある時間、ある場所で劇的変化を起こすメカニズムを考えようとした点で、両者の興味は表裏一体の関係にあるのだ。

ちなみにトムの著作ではさらに思索を進め、二つの系の間の競合や共鳴状態を取り上げる。そこではモノの振動の共鳴から人間のコミュニケーションまでが一気通貫で考察され、言語活動や社会現象までも数学的原理で解明しようとする壮大な構想が示唆されている。このあたりのスケールの巨大さも、地震という地理現象から日本人論、人間論へとつなげようとした、小松作品の壮大さとの並行関係が感じられないだろうか。

それではトムのこの原著がいつ刊行されたかというと、実は『日本沈没』刊行の直前、一九七二年のことである（日本語訳は一九八〇年）。さて、小松左京はルネ・トムのこの本を、果たして原著で読んだかどうか。SF作家のイマジネーションが数学者の理論を先取りしたのか、それとも最先端の数学研究がSF作家に霊感を与えたのか、あるいは両者が同時に似たようなことを発想する共鳴現象だったのか。いずれにせよ小松のこの作品が、世界最先端の科学論文とタメを張る構想力に支えられていたことは間違いない。

さて、小松左京はこの超弩級の作品によって、六年がかりで日本を沈没させたわけだが、同書の刊行と同じ一九七三年には、もう一つきわめつきのカタストロフ本が大ベストセラーになっている。かの有名な五島勉の『ノストラダムスの大予言』である。五島は東北大学法学部卒のエリートであるにもかかわらず、女性週刊誌のルポライターになったという変わりダネだ。当初はスパイ小説などを書いていたが、オカルト系ライターに転向。四十代半ばとなったこの年『ノストラダムスの大予言』で大ブレークしている。

ルネサンス期フランスの予言者ノストラダムスが、その予言書『諸世紀』のなかで「一九九九年七月に人類は滅亡する」と説いた、とするこの書物は、当時約二五〇万部を売り上げ、翌七四年には物語仕立てにアレンジされて映画化された。この映画は諸般の事情で公開中から幾つかのシーンがカットされ、ＤＶＤなどのソフト化も現在に至るまでなされていない幻の作品だが、私はこの映画を封切り時にノーカット版で見ている。

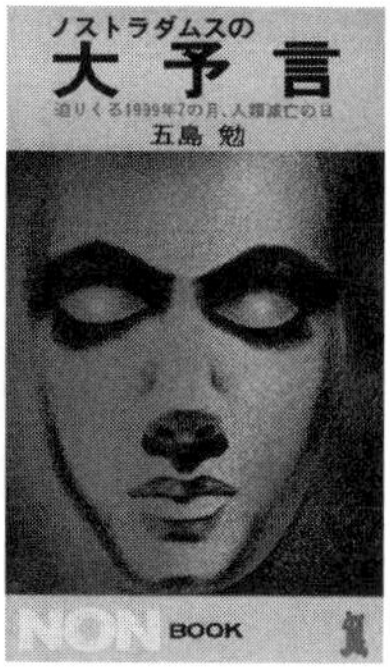

　細かな部分は忘れたが、劇中ではノストラダムスの予言が次々に的中していく。東京の空を蜃気楼が覆い、エジプトのピラミッドが雪で覆われるなど、世界中で異常気象が頻発。さらに地震などの天変地異が立て続けに起こる。絶望した若者たちは死に急ぎ、全国各地で暴動が頻発。最後は核戦争が起こり、世界中が不毛の砂漠と化す。さらには突然変異で怪物のように退化した人類が、わずかに生き残った蛇の肉を、血みどろになって奪い合うという場面でこの映画は終わる。まったく何の救いもない作品である。
　原作となった単行本は、続編、さらにその続編と次々に刊行され、最終的に計十冊が刊行された。私の手元にあるのはその第一弾だが、奥付を見ると「四二〇版」とある。まさにモンスター級のベストセラーだが、いま読み返してみると思わず「んなアホな」とツッコミたくなるような、牧歌的なまでのトンデモ本となっている。

たとえば五島はペルシア湾岸の一地方を指す「Carmanie」という地名を、なんと「カーマニア」と訳している（!）。著者は「自動車マニアの出現を予言したもの」と主張するが、いくらなんでも無理な主張と言わざるを得ない。このほか「Hyster」という単語を無理やりヒトラーのことと解するあたりも、かなり強引なこじつけである。

もっと言えば、そもそも五島が『諸世紀』と訳したノストラダムスの予言書の原題自体、間違いではないかという指摘もある。この書物の原題は『Les Prophéties de M. Michel Nostradamus』、つまり『ミシェル・ノストラダムス氏の予言集』だからだ。

とはいえ後年この本は「レ・サンチュリ（Les Centuries）」という通称で呼ばれるようになる。これは英語読みでカナ書きすれば「センチュリーズ」、つまりは「たくさんの世紀」の意だから「だったら『諸世紀』でもいいじゃないか」と思われる方もおられるかもしれないが、仏語のサンチュリというのは「百」を意味する言葉で、ここでは四行詩を百篇集めたもの、というほどの意味らしい。ノストラダムスは予言を四行詩の形で書いたから、このようなタイトルになったわけだ。したがって「百詩篇」、あるいは「百詩篇集」とするのが正しいらしく『諸世紀』という五島の訳には、どうも無理があるようである。

ただし現在「サンチュリ」を辞書で引けば、そこには「世紀」と出てくるわけで、仏文研究者どころか仏文卒でさえないフリーライターの五島が、サンチュリを『諸世紀』と訳すのも無理はない。それをあとから寄ってたかって揶揄する状況には、私は違和感を覚えざるを得ない。だいいち五島のこの著書以前に、日本人でノストラダムスのことを知っていた人間がどれだけいたのか。たしかにヤクザな成り立ちの本ではあるが、反面、巨大な功績もあったのだ。

そんなわけでこの本は、細かな部分はどうでもよく「どうだ怖いだろう！」と大見得を切るかのような、見世物小屋の呼び込みみたいな書物である。さてこのセンス、本書冒頭でも取り上げた『世界妖怪図鑑』とも、何やら通じる部分があるなと思って見返すと、なんとこの『世界妖怪図鑑』も『日本沈没』や『ノストラダムス』と同じ、一九七三年の刊行であった。まったく驚くべきコインシデンスである。

しかも同じ年には先に紹介したカタストロフィー理論の数学者、ルネ・トムも学会のために来日していたという。もっともトムの唱えたカタストロフィーの概念には「世界の破滅」といった意味はないのだが、当時のマスメディアはこれをごっちゃにして報道し、終末論ブームを煽ったらしい。ことほどさように一九七三年は、終末思想とオカルトの当たり年だったのである。

さて、そんな賑やかながらも破滅的だった七〇年代を遠く過ぎ、世界滅亡のタイムリミットであったはずの一九九九年がとうに過ぎた現在になっても、五島勉の『ノストラダムスの大予言』はKindle版で販売され、いまなお読み継がれているらしい。七〇年代の終末論ブームを懐古的に振り返って楽しむ人が多いからかもしれないが、やはりどこか現状の世界に不安を抱き、世界の滅亡を思う人が多いからではないかと思う。

実際、ここ十年の世界情勢を振り返ると、温暖化やゲリラ豪雨、巨大化する台風や干ばつ、日本列島での地震の頻発、原発事故や北朝鮮のミサイル発射、さらにはコロナ禍やロシア軍のウクライナ侵略といったニュースが相次ぐ。その状況をこの本に重ねてみると、半分くらいは当たってるな、と思わざるを得ない。何せ映画版「ノストラダムスの大予言」には、原子力発電所が地震で爆発するシーンが描かれているのだ。

ところがamazonのサイトで同書のページを見てみると、やたら居丈高な筆致で同書を批判するレビューが散見される。私はそんなレビューを見ると、胸の痛い思いがする。実際に同書を読めばわかるが、五島の基本的スタンスは「戦争や公害をなくし、物欲まみれの生活を改めよ」という、非常に素朴なメッセージを発信しようとするところにある。そんなに責めなくとも良いじゃないか、と私は思うのだが、どうだろう。

実際一九七〇年代当時、日本は現代と同様かそれ以上に、危機的な状況にあった。公害病や異常気象が頻発し、偶発核戦争の危機が高まり、石油不足によるパニックが起こったのがこの時代だ。そんななかで「行き過ぎた文明生活を改めよ」と説いた同書には、それなりの意義があったと私は思う。だいいち、ここで批判している人たちは、みんな後出しジャンケンじゃないか、と。

東大を経てパリ大学で博士課程を取得した、フランス在住の評論家、竹下節子の手になる『ノストラダムスの生涯』によれば、どうももとの予言書を書いたノストラダムス自身も、そうした警世家だったようだ。同書によればノストラダムスは、一五〇三年に南仏の改宗ユダヤ人の家系に生まれた人だったそうである。曽祖父は医師、実家は裕福な商家で、長じてノストラダムスはモンペリエ大学に進学、そこで医学を学んだという。

当時猛威を振るったペストの予防法をノストラダムスが説いて回ったというエピソードは、どうもこの本によると事実であるらしい。とはいえ、これも何か神秘的な能力で未来の治療法を予見したわけではなく、当時の最先端の医療を学び、その成果を啓蒙して回ったというのが真相のようだ。

現代の常識から見ると奇妙なことだが、ノストラダムスの生きたルネサンスの時代には、占星術は天文学と未分化の状態にあった。そのころ占星術は「宗教」というより「科学」の一分野で、医学とも密接な関係があるとされていたのだ。というのも当時は星の運行と健康状態の間には深い関係があるとされていた。薬草をいつ摘み、いつ煮立てるかといった判断をするには、暦と星の知識が不可欠だからだ。近代的な製薬メーカーもなかったその時代、薬を処方するには医師が自分で薬草を摘んで調剤しなくてはならず、結果こうした考えが生まれたのだろう。

ノストラダムスもおそらくはそうした経緯から、医学だけでなく占星術を学び、ホロスコープを立てて占いをし、近隣の農家に農事についてのアドバイスをした。同書によれば、当時は医師のところで農事の助言をもらったり、ホロスコープで占ってもらったりということは、ごく一般的に行われていたらしい。ノストラダムスもこうしたマルチな活動で成功を収め、やがて「アルマナック」と呼ばれる暦の本を出版。一五五五年には『化粧品とジャム論』を刊行している。

美白やシミとりなどの美容術も含めた化粧品論のほか、ペストの治療薬の調合法までも含む「生薬としてのジャム」について書かれたこの本は、商業的に大きな成功を収め、ノストラダムスは著述家へと変貌していく。こうしたなかで刊行されたのが、かの『予言集』であった。やがてこの書物は時の国王夫妻からの注目を浴び、パリで謁見に預かることに。のちに国王の身に起こった重大な異変が『予言集』に書かれていたことから、彼は宮廷の全幅の信頼を勝ち取るに至る。さらに「国王の侍医兼顧問」の肩書きを得たノストラダムスは、フランス各地の宮廷に出入りする名士になっていくのである。

このようにノストラダムスの履歴を振り返ると、確かに彼は一方で、怪しげな占いで身を立てつつ、どうとでも取れる予言書を刊行し、その予言がいくつか的中したおかげで出世を遂げた、胡散臭い人物だったと言えるかもしれない。だがノストラダムスとは、科学と神秘主義が未分化だった時代の人物だった。つまり彼が生きたルネサンス期の状況を考えるなら、彼が当時の「科学」的知見に基づいた、それなりに筋道だった未来予測を行なったのもまた事実なのである。

彼は天文学と本草学に通じたルネサンス的な「万能人」だった。彼はその能力で当時猖獗を極めたペストの予防と治療に果敢に挑んだほか、農業振興や製薬に貢献し、生薬としてのジャムについての著作を刊行し、今でいうセルフメディケーションに先鞭をつけた人物でもあった。しかも彼はこうした多忙な生活のなかで、故郷の運河建設のための出資まで行なった。ペストや冷害、戦争が次々に襲う危機の時代に、当時としては最高水準の（疑似）科学で戦った人物、それがノストラダムスだったのである。

そうしたノストラダムスの事跡にひき比べると、五島の活動がやや寂しいものであったことは、確かに否めないかもしれない。ただ、五島の仕事をそれ単独で捉えるのでなく、先に挙げた棋図かずおや小松左京の仕事と共時性を持った「七〇年代終末論的作品群」の一つとして捉えるとき、そこにはペストの時代を生きたノストラダムスの仕事との、時空を超えた並行性のようなものが伺えるのではないか、と私は思う。

有機水銀に汚染された魚を食べた人が水俣病にかかってどんどん亡くなり、光化学スモッグという毒物が空を覆い、海はヘドロで汚染され、日本の赤軍派が世界中でテロ事件を起こし、阿蘇山が噴火して原子力船が放射能漏れ事故を起こすという、まさに世紀末的様相を呈していた七〇年代、だが多くの人々は万博の成功に酔い痴れ、日々の生活を悔い改めることはなかった。そうしたなかで彼らカタストロフィー論の作家たちは「このままいくと大変なことになる」という危機感を共有し、その作品を世に問うたのだ。

年限を区切って破滅を解く「予言」というスタイルには一長一短があり、その期限を過ぎれば「のど元過ぎれば熱さ忘れる」の言葉通り、元の木阿弥と化す副作用がある。だが一方でそれは「この年までに手を打たないと」という無意識的切迫感を、日本人の多くに植え付けた。いまの私たちの社会が抱える様々な危機がこの程度に収まっているのは、彼らが私たちの無意識に植え付けた危機感のおかげかもしれないではないか。

確かに一九九九年はとうに過ぎたし、いまのところ世界は滅亡してはいない。だが当時警告された諸問題のうち、手付かずの問題はいくらでもある。核の問題、地震の問題、食糧危機や有毒物質の問題。そしてもう一つ、小松左京は『日本沈没』のなかで、興味深い指摘を行っている。小松はその作中人物に、関東大震災後に治安維持法が施行され、言論弾圧が始まったことを再三語らせ、大規模災害後に起きる言論の危機について、読者の注意を促しているのである。

さて、この小松による「大予言」は、当たっているだろうか、外れているだろうか。そんなものは七〇年代のトンデモSF作家が生んだ妄想に過ぎない、現在の社会には言論の危機など一切ないというなら、それはそれで幸いなことなのだが。

楳図かずお『漂流教室①』（小学館スーパービジュアルコミックス、一九九三）
小松左京『日本沈没』上・下（小学館文庫、二〇〇六）
筒井康隆『日本以外全部沈没』（角川文庫、二〇〇六）
ルネ・トム『構造安定性と形態形成』（岩波書店、一九八〇）
五島勉『ノストラダムスの大予言——迫りくる1999年7の月、人類滅亡の日』（祥伝社、一九七三）
竹下節子『ノストラダムスの生涯』（朝日新聞社、一九九八）

五

心霊写真の父、中岡俊哉

七〇年代というのはいま思うと、とにかく怖いものばかり流行っていた時代で、これまで本書で取り上げた書物は、ほとんどがこの十年に刊行されたものだ。そしてこの時代は活字ばかりでなく、ライターの前田亮一（ケロッピー前田）氏による『今を生き抜くための70年代オカルト』に活写される通り、テレビの世界でも様々な怪奇現象特番が流行した時代だった。

ＵＦＯ特番をはじめとする「木曜スペシャル」については、すでに第二章でご紹介した通りだが、こうしたＳＦ的な流行と並行して、心霊関係のコンテンツも、この頃大いに流行した。「エクソシスト」（米、一九七三）や「オーメン」（英米、一九七六）など、海外では立て続けにホラー映画の名作が生まれ、日本でも心霊ホラー漫画の名作が山ほど出た。つのだじろうの『亡霊学級』（一九七三）や『恐怖新聞』（一九七三～七五）、古賀新一の『エコエコアザラク』（一九七五～七九）。第三章で取り上げた日野日出志が、ひばり書房から立て続けにホラー短編集を出版していたのも、やはり同じ時期のことである。

ちなみにホラーというより伝奇ものに近い作風だが、古代の神話をしばしばモチーフにすることで知られる漫画家、諸星大二郎がデビューしたのも七〇年代のことだった。デビュー作は「生物都市」という作品で、身の周りの金属と生物が、接触感染するかのようにどんどん融解して混じり合っていくというＳＦ仕立ての作品だったが、その後彼は古代史をモチーフにした、独特の伝奇物語の世界を開拓していくことになる。

諸星はその初期作品『妖怪ハンター』のなかで、屍体が蘇る現象を幾度か取り上げているが、屍体復活の原動力となっているのは隠れキリシタンの秘儀であったり、日本古来の反魂の術であったりする。今日では屍体が蘇る話というと、もっぱら宇宙光線やウイルスで蘇る怪物、物理的ゾンビの姿が描かれることが多いが、諸星大二郎が描くそれは物理的ゾンビとは違って、心霊的原因で蘇生する。こうした心理的、心霊的な描き方は、当時のオカルト界の雰囲気を伺わせて興味深い点と言えるかもしれない。

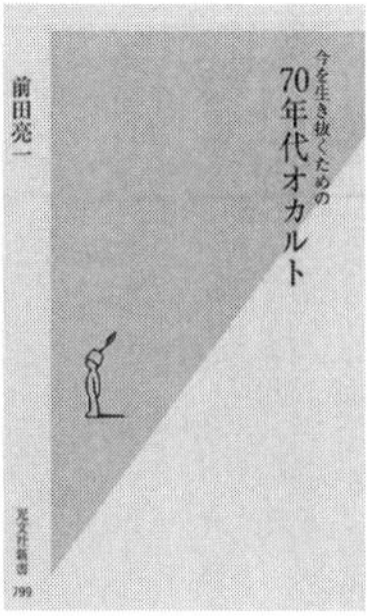

そんな七〇年代心霊ブームのなかでも忘れられない大スターが中岡俊哉である。中岡が編集を手がけた『恐怖の心霊写真集』（一九七三）は、当時十五万部を超える大ベストセラーとなり、次々と続巻が刊行された。かの有名な東京帝国大学教授、福来友吉《ふくらいともきち》による念写実験とその失敗、いわゆる「千里眼事件」（一九一〇〜一一）以降、すっかり日陰の存在となっていた心霊現象と写真との関係を、日本において復権、定着させたのは、中岡のこの一冊である（ただし大衆文化の中に、ではあるが）。

実を言うと中岡の心霊写真集というのはかなり怖くて、今回この本の執筆のために買い直したが、ページを開くのもおっかなびっくりの状態で、正直、手に取るのも嫌やなくらいだった。大人でもやっぱり心霊写真は怖いのである。特に、中岡の手がけたものの場合には、一段と怖いのだ。

もっとも、中岡の功績は心霊写真ばかりではない。この時期の心霊ブームの背景を探ると、実に頻繁に中岡の名前とでくわす。たとえば本書では第一章で佐藤有文の『東北ミステリー伝説』を取り上げたが、こうした地方の土俗的ミステリーを最初に渉猟して活字化した先駆けこそ、この中岡俊哉なのである。髪の伸びるお菊人形や恐山のイタコ、座敷わらしなど、いまでは日本の伝奇的心霊譚の定番となったネタの数々は、六〇年代に中岡が雑誌誌上に発表したオカルト記事が、多くはその元ネタだったのだ。

七〇年代当時大流行した超能力ブームの背後にも、中岡の姿はあった。UFOの章でも紹介したが、矢追純一の招聘によって来日した「超能力者」、ユリ・ゲラー来日の際のこと。彼の来日と前後して日本人からも、清田益章や関口淳といった「超能力少年」が出た。このうち関口少年が、その当時に師として私淑していたのが中岡だった。中岡はこのとき既に『テレパシー入門』（一九七二）を上梓していたほか、オカルト番組の監修やコメンテーターを務めていたからである。

さらには、当時幾度目かの大流行をした占い「コックリさん」を後押ししたのも、やはりこの中岡である。よく知られる通りコックリさんとは、文字盤の上に乗せた硬貨を指で押さえると、硬貨が勝手に文字盤上を動いて質問への答えが返ってくるという占いである。当時既に小中学生を中心に流行していたコックリさんを題材に、中岡は『狐狗狸さんの秘密・君にも心霊能力を開発できる』（一九七四、一九八四増補改訂）を上梓。そのブームを加速させたのである。

また中岡は、ゼロ年代にちょくちょく放送されていた「超能力捜査特番」の先駆け的存在でもあった。この種のテレビ番組では、自称超能力者が盛んに力んで失踪者や犯罪者を探し出そうと

するものの、実際に見つかることは稀であった。が、中岡が一九七六年にオランダから招聘した

ジェラルド・クロワゼットは、行方不明となった少女を超能力で透視。この透視結果に従って現地を訪ねたクルーが、警察より先に少女の遺体を発見、このニュースは翌朝の新聞の一面トップ記事となったのである。その後、彼の「能力」には疑問符がつくことになるのだが、ともあれ遺体を実際に発見したという例は、日本のテレビでは空前絶後かと思う。

以上のように中岡は、先述した矢追純一と好一対をなす、七〇年代心霊ブームの仕掛け人であったといっても過言ではない。ただし、もとからテレビ局に勤務していたディレクター矢追純一は、良くも悪しくも興行師的な生粋のテレビマンで、真偽より面白さを追求するタイプであった。これに対して中岡は、活字の世界からテレビに転じた人で、一貫して実証的な検証を重んじた。座右の銘は「七疑三信」、自分の目で確認したものでなければ信じないという、ある意味で愚直と紙一重の姿勢であった。

中岡の実子で演芸評論家である岡本和明と、中岡に師事した放送作家、辻堂真理《まさとし》の共著『コックリさんの父　中岡俊哉のオ

カルト人生』によると、中岡の母方の祖父は、草創期の浪曲師、桃中軒雲右衛門《とうちゅうけんくもえもん》という人だったそうだ。その娘で小唄歌いであった千代は一九二六年、妻子ある男性との間に一児をもうける。本名・岡本俊雄、のちの中岡俊哉である。

さて、そんな中岡の祖父、雲右衛門は、右翼結社「玄洋社」と深い関わりを持つ人だったらしい。玄洋社は大アジア主義、つまり「アジアは一つに団結して欧米列強に対抗すべし」という思想をスローガンに掲げた団体で、オッペケペー節で有名な川上音二郎、小説家の夢野久作の父、杉山茂丸らが在籍していたことで知られる。おそらくその血筋を引いたのか、思春期を迎えた中岡は、満州で馬賊になることを志し、一九四三年に渡満。国策製鉄会社、昭和製鋼所に勤務する。

だが中岡がそこで目にしたのは、内地で聞く五族協和や大アジア主義の理念とは似ても似つかぬ、満州人や中国人への苛烈な差別と酷使だったという。実際、そこからわずか二年足らずで日本は敗戦。同僚の日本人が次々と現地の人々に殺害され、あるいは自害する中、中岡は足繁く通っていた満人食堂の主人に救われる。実は中岡はかねてから、日本人の出入りが禁じられていた満人食堂に出入りしていた。中岡の中の差別に反する心が、彼の命を救ったのである。

こうして助命された中岡は、中国人民解放軍の前身、八路軍《はちろ》に抑留される。当時は国共内戦の時代、つまり現在の台湾政府につながる国民党と、現在の中共政府につながる共産党が、激しい内戦を繰り返した時代である。中国名「東峰輝」を名乗った中岡は、農村部で農民たち相手に共産主義思想を説き、民兵の訓練を行うという任務にあたった。どうやらこの頃にはネイティブ並みに、中国語を話せるようになっていたらしい。

やがて共産軍が勝利を収めたのち、中岡は中国国内で自動車工場に勤務することになるが、一九五一年に転機が訪れる。この年、中岡は北京放送の試験を受けることとなり、日本向け放送のアナウンサーとして選ばれたのである。前掲書によると、面接の呼び出しは全く唐突で、試験でもしどろもどろ。どういうわけで自分が抜擢されたのか、まったくわからなかったという。

当初はアナウンス原稿をどうにかこうにか読み上げるだけの中岡だったが、やはり雲右衛門の遺伝子のなせる技か、彼はこの北京放送で大ヒット番組を手がけることになる。孫悟空を自分なりに脚色して講談調で語る連続ラジオドラマ「孫悟空」である。中岡はこの番組の企画、台本演出、アナウンスを一人で担当したが、日本からのファンレターはなんと年間約二千数百通に達したというから、血は争えないものである。

ちなみに中岡の最終的な肩書きは「対外放送部日本語課アナウンサー局長」、つまり日本向けプロパガンダ放送の責任者である。こうして共産中国での生活を軌道に載せた中岡は、余暇の時間を、中国各地の奇譚蒐集にあてることになる。これが彼の後半生の大きな糧となっていくわけだが、そこまで中岡自身が予想していたかどうかは、当人が故人となった現在では知るよしもない。

やがて一九五八年、中国在留邦人の引き揚げ事業が終了する直前、中岡は日本へと帰国する。既に終戦から十年あまりを経て、中国での生活も軌道に乗りかけていただけに、当人にも周囲にも迷いはあったようだが、やはり人の子、望郷への想いは断ち難かったようだ。中国人、東峰輝は再び日本人、岡本俊雄として生きることになる。

さて、帰国後の中岡は一転、公安の監視対象に置かれることになる。共産中国で対日プロパガンダ放送の責任者を務めた人物だったのだから、これはまあ当然と言えば当然である。だが、そんな中岡を雇ったのが、一般財団法人ラヂオプレスだった。この法人は現在も存続しており、形式的には外信の翻訳記事を報道機関や中央官庁に配信する小さな通信社だが、もとはといえば外務省ラジオ室がその出発点。当時は共産圏の番組、記事の翻訳を主な業務としていた。つまり対共産圏の諜報機関である。ラヂオプレスは中岡の前歴を知っていればこそ、中国の内情を知る人物として起用したのだった。

とはいえ、どうやら当時のラヂオプレスというのは薄給であったらしい。足りない生活費を補うため、まずは地方紙の『千葉日報』に記事執筆の提案を持ち込んだ。この時ネタにしたのが、北京放送時代に蒐集した中国各地の怪談、奇談である。次いで演劇雑誌『テアトロ』に現代中国の演劇事情を執筆。さらに一九六二年、少女漫画雑誌『少女フレンド』に、怪談ものの連載記事の執筆を開始する。石原豪人をはじめ三人の画家が持ち回りで挿絵を制作する形式で、これが怪奇作家、中岡俊哉の始まりとなった。

この連載で好評を得た中岡は、以後『少年マガジン』や『少年キング』『少年サンデー』といった漫画雑誌を中心に、婦人雑誌や学年誌など、各種雑誌に怪奇ものの記事を執筆するようになる。この間、ラヂオプレスの仕事はきっちりこなし、睡眠時間は三時間程度。おそらくはこのすさまじい仕事量のためだろう、一九六七年、中岡は四十一歳の若さで脳梗塞に倒れてしまう。

わずか十日ほどラヂオプレスを休んだだけで、奇跡的に仕事に復帰した中岡だったが、医師からの忠告を容れて同社を退社。以降はフリーランスとして活動した。その後の中岡の活躍は、既に概ね述べたとおりだ。活字とテレビ、両方の世界に活動の幅を広げた中岡は、超能力、コックリさん、心霊写真を中心に、怪奇と心霊の世界の語り部として、縦横無尽の活躍を見せていく。

だがしかし、どうしてここまで中岡は、心霊的なものにこだわったのか。実は彼は中国時代に、三度も臨死体験を経験しているのだ。中岡の著書『心霊大全―20世紀の超自然現象世界』には、その詳細が記述されているが、おそらくはこの経験が、中岡の心霊志向を決定づけたのではないか。

最初に中岡が臨死体験を経験したのは、中国内戦の真っ只中だった。おそらくは戦闘のストレスと栄養不良が重なったためだろうか、中岡は戦闘中に高熱を発して倒れ、幾度か心停止すら経験する。そんななか中岡は、地獄のような光景を見たという。洞窟のような谷間のような、岩だらけの暗がり。異様な臭気、強い風。白骨化した少年の死体をつかんで飛び回る鳥の群れ、鬼のような格好をした、人間とも獣ともつかない怪物の襲撃。気がつくとベッドの上で、このときは五日間に渡って四十二度の高熱を発し、二度の心臓発作と心停止があったという。

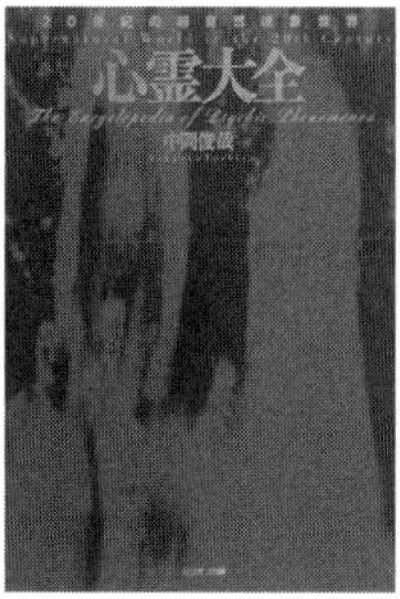

二度目も内戦中の出来事で、今度は移動中に友軍のトラックと衝突。弾薬を大量に載せていたため大爆発し、あとは絵に描いたような臨死体験の記述が続く。一面に広がる花畑、そこを進むうち懐かしい人々と出会い、こっちへ来るなと言われて目を覚ます

とベッドの上、という体験である。このときは十二時間に渡って仮死状態にあり、蘇生したのは奇跡だと言われたそうだ。

三度目は国共内戦終結後、工場に勤務していた時代で、今度はタンクの爆発で仮死状態に陥ったという。見渡すと半ば白骨化した人間がさまよう谷底に、一本のロープのような橋が渡されている。この橋に必死にしがみつき、千尋の谷を渡りきったところで目が覚めたらしい。今度の仮死状態は五時間に渡ったという。中岡の心霊志向の背後には、こうした戦中戦後の時代に体験した、三度の臨死体験があったのである。

そんな困難な体験がバックボーンにあるだけに、中岡の語り口には「優しさ」のようなものがいつもあったと私は思う。心霊、オカルトの世界を語るのに優しさとは面妖な、と思われる読者もおありかと思うが、こうした姿勢は一貫していた。

たとえば中岡が『狐狗狸さんの秘密』を出版した背景には、全国から寄せられた、コックリさんにまつわる悩み相談の手紙があった。曰く、コックリさんに死を宣告された。あるいは、コックリさんに取り憑かれた。さらにはコックリさんが帰ってくれない、などなど。手紙の山は段ボールに山ほど届いたといい、同書はこうした手紙の紹介から始まっている。中岡は読者のコックリさんへの不安を払拭しようと、その歴史や原理を可能な限り調べ、同書を執筆したのである。

立命館大学国際平和ミュージアム名誉館長の安斎育郎の著書『こっくりさんはなぜ当たるのか』(二〇〇四)によれば、コックリさんは明治期に西洋から日本に流入した「テーブルターニング」と呼ばれる占いにその起源があり、つまりは狐とも狸とも関係がないという。また、この種の占いが霊的なものと無関係であることは、ファラデーの法則や『ロウソクの科学』で知られる物理学者ファラデーの、緻密な実験によって証明されていることも、同書では紹介されている。

中岡はその自著のなかで、入念な調査に基づいて、ほぼ同様の結論に辿り着きながらも、頭からコックリさんを否定することなく、むしろ科学だけでは十分解明できない部分があると説いた。つまりコックリさんに魅了されている読者のために、逃げ道を残してあげたようなものである。そうした上でコックリさんと丁寧に付き合う方法を説き、コックリさんにまつわる読者の悩みを解消しようとしたのである。

ちなみに『狐狗狸さんの秘密』によると、コックリさんはしばしば戦争の前後に流行するのだという。古くは日露戦争勃発前、第一次、第二次世界大戦の前、そして日米開戦の前。中岡が同書を刊行した七〇年代がいかに深い社会不安に覆われた時代であったかについては、本書で幾度となく触れてきた。心霊写真であれコックリさんであれ、人がオカルトに傾倒するのは、基本的には不安が引き金になっているのだ。

立命館の安斎も前掲書『こっくりさんはなぜ当たるのか』で述べるとおり、不安を抱える相手に科学論議をぶつけても、あまり役に立つものではない。むしろそうした不安をどう抱きとめ、相手の心を鎮めるかが、不安解消の鍵となる。中岡はそうした不安払拭の名手であったと言えるだろう。

あるいは中岡の最大のヒット作になった『恐怖の心霊写真

集』が出版された背景にも、やはり同様の事象があった。この本の企画が立ち上がった当時、既に怪奇もののライターとして著名だった中岡の許には、段ボールが一杯になるほど心霊写真が寄せられていた。そうした写真に付された手紙には、異様な写真を撮ってしまったことへの不安や恐怖が、しばしば縷々綴られていたのである。中岡はそうした不安を払拭するために、この一冊を世に問うたのだ。

> 「心霊写真が話題になるとき『お化けが写っていた』『幽霊が写っていた』などと言われる。そして一般の人からは『不吉なもの』『気味の悪いもの』と考えられ、一部の宗教家や霊能力者には、写真を持っていない方がよいなどという人もいる。
> 　しかし、どうして霊魂を恐ろしいもの、不吉なもの、不気味なものとして扱わなければならないのだろうか。私は、自分が殺したり、死に追いやった霊魂以外には、何ら恐ろしいものではないと考えている」（中岡俊哉『恐怖の心霊写真集』）

とはいえ、実際にはタイトルからして『恐怖の心霊写真集』だし、写真の合間には中岡の採集した実話怪談が入ったりしていて、中岡の本は結構怖い。だが、それはそれである。本書冒頭にも述べた通り、我々はわざわざ不快な感情を味わうために、恐怖をもたらす記号に接近する。おそらく中岡が感じていたのは、そうした恐怖の二重性、不快さと魅力の両義性であったのだろう。

中岡が繰り返し強調したのは、心霊現象は単に恐ろしいものではないのだから、まずはその目でしかと見よということだった。実際彼は、心霊写真を懐に持ち歩くことさえあったという。のちに彼は、それでも不安を訴える投稿者のために「霊障が強い」心霊写真のみ寺院に納めて大供養会を開き、霊能力者に頼んで除霊を行なっている。いっけん恐怖を煽るかに見えて、その実、彼は常に読者の不安の払拭を心がけてきたのだ。

あるいは別の言い方をしてみるなら、中岡は死者や霊魂へのヘイト、差別をしなかったのだ、とも言えるかもしれない。中岡にしてみれば自分自身、三度も霊魂になりかけたわけで、霊であるというだけで忌み嫌うような態度に納得がいかなかったのだろう。嫌悪感は不安を生み、不安は恐怖に変わる。生きた人間が相手でも、死者や動物霊が相手でも同じことで、実はヘイトスピーチやヘイトクライムと心霊現象への恐怖は、同じ心理的メカニズムに根ざしているのだ。

中岡はその中国時代に、満州人とも分け隔てなく付き合っていたことが幸いし、一命をとりとめた。また彼は三度の臨死体験をする中で、「死者」に命を救われた。おそらくはこうした体験がきっかけとなり、死者の霊をも含む他者に心を開くことの重要性に、彼は目覚めたのではないか。

中岡は国境はもちろんのこと、生死幽冥、虫魚禽獣の区別を超えて、魂どうしがわけへだてなく信頼しあうことを説いた。私が中岡に見る優しさとは、そうした種類の優しさ、おおらかさである。その背景には、満州国滅亡、国共内戦という困難な体験を経たことで育まれた、彼の豊かな人間観、死生観があったのではないだろうか。

前田亮一『今を生き抜くための70年代オカルト』（光文社新書、二〇一六）
諸星大二郎『妖怪ハンター』（集英社、一九七八）
中岡俊哉『恐怖の心霊写真集』（二見文庫、二〇〇三）
中岡俊哉『テレパシー入門』（ノン・ブック、一九七一）
中岡俊哉『狐狗狸さんの秘密・君にも心霊能力を開発できる』（二見書房、一九八四）
岡本和明、辻堂真理『コックリさんの父　中岡俊哉のオカルト人生』（新潮社、二〇一六）
中岡俊哉『心霊大全―20世紀の超自然現象世界』（ミリオン出版、二〇〇〇）
安斎育郎『こっくりさんはなぜ当たるのか』（水曜社、二〇〇四）

六

恐怖の美術館

本書では幾度となくお話ししている通り、私は現在、ギャラリーを経営している。店では新人、中堅作家の絵を掛けているが、身近な作家のものばかり見ていると「目がナマってくる」とでも言おうか、だんだん作品への判断基準が甘くなってくる。そんなわけで休みの日には美術館へ出かけたり、画集をひっくり返したりして、古今の傑作に接することがちょくちょくある。本書のテーマは恐怖だが、ここではそんななかで見かけた怖い美術作品と、それらを論じた書物をご紹介していこうと思う。

まず取り上げてみたいのは、例の《叫び》の絵で有名なムンクである。実際ムンクという人は《叫び》以外にもずいぶん恐ろしい絵を描いている。ここでは『エドヴァルト・ムンク』(パルコ美術新書)と『ムンク』(新潮美術文庫38)の二冊に依りながら、彼の作品を振り返ってみてみよう。

ムンクの描いた吸血鬼

ムンクには《吸血鬼》というタイトルの作品がある。首をうなだれた男の姿と、その男に覆いかぶさるような女の姿が描かれた作品だ。女は男の首許に顔を埋めて男の首に牙を突き立て、血を吸う瞬間のようにも見える。しかも覆い被さる女の髪は、男の顔と言わず背中と言わず、至る所を這い回っていて、まるで男の体液を吸い上げる樹木の根のようにも見える。もしかすると男は既に事切れているのだろうか、その顔色は青黒く陰った色合いに変色しているのである。

ムンクはお気に入りのモチーフを幾度となく描き直した画家で、《吸血鬼》にもいくつかのバー

★ムンク《吸血鬼》

ジョンがある。パステルで描かれたものやリトグラフ、木版画によるものもあるが、一八九五年制作の油彩のものが、この構図の最初の作品である。だが実はムンクはこの作品を、当初は《吸血鬼》ではなく「愛と苦しみ」という題名で呼んでいた。実際、彼は知人宛ての手紙のなかでこの絵のことを「男のうなじにキスをする女の絵に過ぎない」と紹介していたのである。

《吸血鬼》というタイトルでこの絵を呼び始めたのは、ムンクの友人だったポーランドのアナキスト詩人、スタニスラフ・プシビシュフスキという人物だったそうだ。作家で編集者でエッセイスト、さらには戯曲作家でもあったというこの反体制派詩人の眼には、ムンクが「恋人どうしの抱擁」のつもりで描いた絵が、なぜか吸血鬼の凶行の場面に映ってしまったのである。

なーんだ、そうか。それじゃこの絵を《吸血鬼》と見立てたのは、ひねくれた詩人の的外れな解釈だったのね、というと、決してそうとも言いきれない。ムンクにとって愛とは死に魅入られていくことであり、彼にとって恋人に抱擁されることは、吸血鬼の毒牙にかかるようなものだったからである。

ムンクがこの作品を手掛けた一八〇〇年代の終わりごろは、いわゆる「世紀末」と言われた時代だ。つまりブラム・ストーカーが『ドラキュラ』(一八九七)を書くより、少し前の頃である。当時ロンドンなどの欧州諸都市は、産業革命による史上空前の繁栄に沸き返るいっぽう、工場の煤煙で空は暗く煙り、過酷な労働環境で多くの人々が酷使された、阿鼻叫喚の状態にあった。

この時代には不思議なことに、過剰なくらいに厳格な性的倫理、いわゆる「ヴィクトリアン・モラル」の嵐が吹き荒れた。だがこうしたタテマエで抑圧された男たちの性欲は、もっぱら夜の世界に捌け口を求めた。産業革命で稼ぎだしたカネで、大都市は周囲の農村部から膨大な性的労働者を吸引し、街の至る所に売春婦が溢れかえったのである。結果的に世紀末の諸都市では、性病が猖獗を極めることになった。

世紀末における女性は、男の欲望と憧憬を一身に集める存在であると同時に、死病をもたらす恐怖の源泉ともなった。このため当時の文芸には、女性への憧憬と恐怖の綯い交ぜになった表象が溢れ返ることになった。男を魅了し呪縛する女、「運命の女=ファム・ファタール」である。

ムンクの《吸血鬼》が描かれたのはそうした時代、男を魅惑しつつ憑き殺す、魔性の女の表象が世に溢れた時代だったのである。

ムンクは一八六三年、ノルウェーのオスロ郊外にある小さな港町、リョーテンに生まれた。二十代前半から彼は数回に渡ってパリに留学、《吸血鬼》を仕上げた頃には既に《叫び》（一八九三）をはじめとする作品で成功を収め、ベルリンやパリの画壇で活躍していた。そんな彼がパリの街で出会ったのが、オスカー・ワイルドその人である。いわずと知れた戯曲『サロメ』（一八九一）の作者。男の首を狩り取る美少女、サロメの姿を描いて世の男たちを震撼させた人物である。

★ムンク《サロメ・パラフレーズ》

ムンクは当然のことながらこの戯曲のことを知っていたし、《サロメ・パラフレーズ》（一八九四／九八）と題するリトグラフも制作していた。彼が世紀末の「ファム・ファタール現象」から大きな影響を受けていたことは、まず間違いないだろう。とはいえムンクは単に当時流行のモチーフを借り物のようにアレンジして《吸血鬼》を描いたというわけではなかった。《吸血鬼》は彼自身が実際に体験した、数々の不幸な恋愛の結晶のような作品だったのである。

実際、彼はどう考えても不毛な相手への恋愛ばかりを繰り返していた。なにせ最初の恋愛は十代の頃、相手は年上の人妻だったミリー・タウロヴという女性である。しかもミリーは見ず知らずの人の妻ではなく、ムンク自身の従兄弟の妻だったのだ。どう考えても不毛というほかない。

次の相手はノルウェーの女流作家、ダグニー・ユール。この女性を巡ってはムンク以外に作家のストリンドベリも絡み、幾人もの男が錯綜した奪い合いを演じていたが、彼女は全員と乱倫に等しい交際関係を結んでいた。のちに彼女はそのうちの一人――ムンクではない――と結婚するが、結婚後も全員と乱倫を続けていく。

ムンクは彼女をモデルに《マドンナ》(一八九四ほか)と題する絵を幾度か描いているが、その容貌はまるで死霊のように描かれている。しかも実際、彼女はこののちの一九〇一年、愛人の一人に射殺されて亡くなってしまうのだ。画家の直観がモデルの行く末を透視してしまったかのような話だが、不毛と言えばこれほど不毛な恋愛もない。

さらにムンクは一八九八年、ノルウェーの裕福なワイン商の娘、トゥラ・ラルセンと交際している。この女性はどうも富裕な家庭でスポイルされきって育ったらしく、交際中は諍いが耐えなかったと言われている。そればかりか、のちには彼女はムンクとの痴話喧嘩の最中、彼の左手中指をピストルで吹き飛ばしてしまった。ここまでくるとムンクにとっての恋愛とは、一種の自罰行為ではなかったかとさえ思えるほどだ。

翌年に出会ったヴァイオリニストのエヴァ・ムドッチとだけは、例外的にムンクは幸福な交際関係を結んだようだ。とはいえ結局は長続きせず、独身のまま彼は生涯を終えている。ムンクの

★ムンク《マドンナ》

恋愛遍歴を振り返ると、どうも彼は不毛な結果に終わりそうな相手ばかりを選び、うまく行きそうになると逃げ出したのではないかと思えてくる。

ムンクはもともと半死半生の状態で生まれて来た子どもで、このため生来が病弱だった。気管支炎と関節リューマチが、子ども時代の彼の持病だったのだ。彼の母親も早世していて、ムンクが五才になった年の暮れ、肺結核で亡くなっている。十三歳のクリスマスには、彼は吐血して死にかけるほどの重病を患うが、病から快癒したとたん、今度は姉が結核で亡くなった。ムンク自身の快癒と姉の死は偶然重なったに過ぎないのだが、彼は以降、彼女の死に対して自責の念を抱いて生きていくことになったのである。

こうした事実を念頭に置いて《吸血鬼》を見直すと、女の胸に顔を埋める男の姿は、まるで幼い少年が、母に、あるいは姉に甘えているようにも見える。おそらくそれは幼少期の傷ついた心を宿したまま大人になった、ムンク自身の姿なのだろう。そんな彼を包み込むように伸びるのは、触手のような真紅の髪だ。ムンクの生き血を吸い上げる赤い髪の持ち主は、おそらく彼の母であり、同時に姉でもある「冥界の女」なのだろう。だが、その危険で優しげな抱擁は、彼を一体どこに連れて行こうとしているのだろう。幸福だった子ども時代か、退廃的な性愛の世界か、それとも荒涼とした死の世界か。

おそらくムンクという人のなかでは、幸福な幼少期と自堕落な性愛、そして無明の死の世界とが、不可分に融合していたのだろう。彼にとって「誰かを愛する」ということは、幼児期に彼を愛した二人の死者と再会すること、つまりは死の世界に魅入られていくということだった。ムンクにとって恋人との抱擁とは、すなわち吸血鬼の毒牙にかかることと同義だったのである。

ダ・ヴィンチにおける愛と死

こうした「愛と死が重なる領域」に惹かれていった画家というのは、ひとりムンクだけではない。かのレオナルド・ダ・ヴィンチもまたその一人である。以下、『レオナルド・ダ・ヴィンチの手記』(上・下、岩波文庫)を手がかりに、この天才画家における愛と死の姿を考えてみたい。

さしあたって彼の《洗礼者聖ヨハネ》(一五一三〜一五一六)という作品などはまさに、そうした仄暗い領域から生まれた作品と言えるかもしれない。光のない真っ黒な瞳は外斜視気味で、どこを見ているのかわからない。両性具有的な体型と顔立ちは美しいが、首の後ろにはたるんだ肉の皺がはっきり見える。天を指し示す指、だが頬には酷薄な微笑を浮かべ、暗闇からぬっと浮かび上がる洗礼者聖ヨハネの姿。そこには、どうにも不気味な印象が伺えてならない。

★ダ・ヴィンチ《洗礼者聖ヨハネ》

レオナルドは一五一九年に亡くなって

いるから、右は最晩年の作品である。この作品は《モナリザ》や《聖アンナと聖母子》とともに、彼が終生、手許に置き続けた作品の一つであって、作者がこの作品に強く執着していたことは間違いない。

《モナリザ》はいわゆる「謎の微笑」で有名だが、《聖アンナと聖母子》も奇妙さでは劣らない。そこではイエスの母マリアと祖母アンナが、まるで同世代の女性のように描かれており、イエスに二人の母親がいたかのように見えるからだ。このようにレオナルドが晩年に手許に置いていた絵は、いずれも謎めいた印象で共通する。だが《洗礼者聖ヨハネ》の印象は、前二者とは比べものにならないほど暗く、異様である。

洗礼者聖ヨハネは、のちにイエスの弟子となる使徒ヨハネとは別人だ。洗礼者聖ヨハネはイエスが出現する以前から神の裁きの近いことを説き、悔い改めよと説いて回った預言者だった。この苛烈な求道者は荒野で一人生活し、イナゴと蜜だけを食べ、多くの民衆に洗礼を授けた。イエスもその一人として洗礼を受けたため、ヨハネは「イエスの先駆者」と位置付けられている。だが、そうした聖人の姿を、なぜレオナルドはこれほどまでに異様な姿に描いたのか。

理由の一つはヨハネが辿った、過酷な運命にあるかもしれない。彼は時の権力者であったヘロデ王夫妻の不品行を非難したかどで投獄され、のちに斬首刑に処されている。その首を盆に載せて運んだのが、オスカー・ワイルドの戯曲で有名なサロメである。このことを念頭に置くなら、彼はやがて我が身に降りかかる災厄を予期しつつ、自分は地獄でなく天上に行くのだと、不敵な笑みを浮かべているかに見える。また首元のたるんだ皺は、やがて斬首となる運命を予告しているかのようだ。だが、この絵の不気味さは、本当にそれだけが理由だろうか。

実はこの絵のモデルになった人物は、ほぼ特定されている。画家のジャン・ジャコモ・カプロッティ。通称サライ、つまり小悪魔。レオナルドよりも二十八歳年下で、十歳で住み込みの弟子として入門してきた美少年だ。この作品が描かれた時には三十代前半、全身の肉付きや首のたるみは、中年期に差しかかった青年を描いたものと解すれば、なるほど自然なものだとも思える。

レオナルドはサライを愛し、衣服や靴をしょっちゅう買い与え、亡くなる直前まで共に暮らした。実はこの老画家には、男娼の買春容疑で二度も捕まった前歴があった。いずれも嫌疑不十分で無罪放免となったものの、彼が同性愛者であったことは疑いを容れない。のちにサライはレオナルドのワイン用ブドウ畑などを相続している。彼がこの老画家の年若い愛人だったことは、まず間違いないだろう。だとするなら《洗礼者聖ヨハネ》の指差す天上とは、快楽渦巻く官能世界ということになるかもしれない。

★ダ・ヴィンチ《快楽と苦痛の寓意(アレゴリー)》

サライをモデルにしたと思しきレオナルドの作品はほかにもある。通称《快楽と苦痛の寓意《アレゴリー》》(一四八五〜八七)と呼ばれるドローイングがそれであ

★ダ・ヴィンチ《人間の姿をした天使》

る。そこではサライと見られる若い男と、レオナルドと思しき老人が、複雑に絡み合い溶け合っている。どう見ても同性愛の寓意としか見えず、「快楽と苦痛の寓意」というタイトルや「しばしば命取りになるあの喜び」という走り書きが、さらにそれを裏打ちしている。

ちなみに当時のフィレンツェでは、男色はなかば黙認されていたものの、建前的には重罪とされ、下手をすれば死刑、すなわち「しばしば命取りになるあの喜び」であった。サライが誘う天上世界が、こうした禁断の性愛世界なのだとすれば、彼が暗闇から姿を表す構図にも合点が行く。つまりここに描かれているのは、死と隣り合わせの快楽へと誘う、悪魔的天使の姿なのである。

そうであるなら、レオナルドがサライを洗礼者ヨハネに見立てた理由も想像がつく。ヨハネはのちに斬首に処される自身の運命を予期しつつ、ヘロデ王夫妻を非難し続けた。死を乞い願うように天上世界を説き続けたヨハネの姿は、「しばしば命取りになる」危険性を十分知りつつ、執拗に肉の天上世界へとレオナルドを誘い続けたサライの姿と、二重写しに見えたのではないか。

同じくサライをモデルとしたと思しいレオナルドの作品に、通称《人間の姿をした天使》

（一五一五）と呼ばれるドローイングがある。一説にはレオナルド工房の作とも言われる本作は、ヨハネと同じく長髪の巻き毛で天を指すポーズを取る美青年を描いているが、そこにはたわわな女性の乳房と、隆々と勃起した男根の双方が描かれているのだ。

両性具有者は約二千人に一人の割合で、必ず生まれてくるものだそうだ。したがってサライが両性具有であったと考えたとしても、そう不合理な推測とは言えない。男性でもあり女性でもある肉体を駆使した美青年が、老画家を虜にしていったという想像は、さほど突飛ではないように私は思うが、読者諸氏はどう思われるだろう。

しかしこのように解釈してもなお、この作品の周囲には濃霧のように、不可解な気配が漂っている。いや、それはむしろポーの「盗まれた手紙」（『ポオ小説全集4』創元推理文庫＝所収）のように、解き得ない謎を公然と我々の前に投げ出している。この絵が指し示す謎とはこういうことだ。人はなぜしばしば死と隣り合わせの危険な愛に魅了されていくのか、という問いである。この問いは相手が異性であれ同性であれ、はたまた両性具有者であれ、同じような難問として残る。そして、この問いには答えがない。

しかもサライという人物は、レオナルドのような天才が交際すべき人物とは思えない、サイコパスじみた人物だった。レオナルドの言葉を借りるなら、彼は「盗人、嘘吐き、強情、大食漢」であり、しょっちゅう町中や工房で金品をくすねていた。彼は外見こそ美しかったが、中身は空っぽのゴロツキ同然、画家としての才能も中途半端な「まがいもの」だった。だが、そんなサライにレオナルドは、終生振り回されたのである。

かつて推理小説家の江戸川乱歩は、英米の短編推理小説を数多く渉猟する中で、そこには我が国のそれとは異なるテイスト、すなわち「奇妙な味」を持つものがあることを発見した。彼のエッセイ「英米短篇ベスト集と『奇妙な味』」（『江戸川乱歩全集 第26巻 幻影城』光文社文庫＝所収）は、そうしたテイストの作品群について論じたものだ。

「奇妙な味」の作品群は、単にトリックの奇抜さを競うものとも違うし、怪奇幻想趣味に走るのでもない。犯罪者が犯行に走る際の精神構造の異常性、その犯罪者心理の「ヌケヌケとした」不可解さを描く。それが「奇妙な味」の作品群の特色である。

推理小説が犯罪を描くものである以上、犯人やトリック、動機の解明は自ずとその主眼となる。だが、そうしたあれこれを解明してもなお残るのは、常人とはまるで異なる、犯罪者たちの思考回路の異様さである。こうした異様さはトリックや動機を解明したのちも、理解しがたい異常な謎として読者の前に残される。こうした「解き得ない謎」を、犯罪小説の形を借りて示すもの。つまりは人間心理の不条理性を描いたものを、乱歩は「奇妙な味」と呼んだのである。

私が《洗礼者聖ヨハネ》に感じるのは、乱歩の言う「奇妙な味」に似た、人間存在の謎である。なぜ人間は時として、ロクでもないクズのような人間に魅了され、嬉々として振り回されるのか。なぜ自ら求めてまで地獄のような苦悩を味わい、それを天上の快楽のように錯覚するのか。こうした人間が本来的に持つ不可解な謎、どこにも答えのない問いを、レオナルドの《洗礼者聖ヨハネ》は、闇の彼方から投げかけているのである。

フュースリ、エロスの悪魔

ヨハン・ハインリヒ・フュースリもまたエロスの暗部を描いた作家で、女性に淫夢を見せて苦しめる夢魔、インキュバスを描いた《悪夢》は有名だ。ここでは一九八三年に開催された『ハインリヒ・フュースリ展』の図録に依りながら、フュースリにおけるエロスと恐怖を考えてみよう。《悪夢》にはいくつかのバージョンがある。まずは一七八一年の油彩、横位置で悪魔がこちらを向いているものだ。次いで有名なバージョンは、トーマス・バークに彫らせた一七八三年制作の版画で、最初のものとほぼ同一の構図である。そしてもう一枚有名なものとして、一七九〇～九一年に制作された、縦位置の油彩の作品がある。私が一番好きなのはこの最後のバージョンだ。

いずれも横たわる女性像を描いているが、この図柄は伝統的にヴィーナスを描く際に採用されてきたもので、性的な興奮や法悦、喜悦を暗示する。背景には赤黒いカーテンをかき分けて、夢魔が乗ってきた黒い馬が描かれているが、これはおそらく巨大なペニスの象徴だろう。実際、一七九〇～九一年の縦位置バージョンでは、黒馬がかき分けるカーテンの形が、より明確に女陰を思わせるものに改変されている。

のちに精神分析学者のフロイトは、馬恐怖症の少年ハンスを分析するにあたって、馬を父親のペニスの象徴として解釈した。有名な「症例『ハンス』」（『フロイト全集〈10〉』所収）にみられる事例だが、そのフロイトはフュースリの《悪夢》の版画版を、自邸に飾っていたという証言がある。彼がハンスの夢を分析するに際して、この作品に影響を受けていたことは、まず間違いない。

さて、これら《悪夢》シリーズくらい、ホラー作家たちから愛された絵画も珍しいのではないかと私は思う。たとえば英国の映画監督、ケン・ラッセルの手になる映画「ゴシック」(一九八六)には、まさにフュースリのこの作品そのものが登場する。この映画はメアリー・シェリーが『フ

★フュースリ《悪夢》1781

★フュースリ《悪夢》1783

ランケンシュタイン』（一八一八）を着想した怪談会、かの有名な「ディオダディ荘の一夜」に想を得たものだが、そこではシェリーの寝室に《悪夢》が掛けられ、そこから夢魔が現れる。

我が国のホラー映画にも、同様の例はある。劇場版「呪怨」（二〇〇三）のなかで、ベッドに横たわるヒロイン役の奥《おき》菜《な》恵《めぐみ》が、亡霊の「伽椰子」と「俊雄」に襲われる場面がそれで、フュースリ作品とほぼ同一の構図が再現されている。このほか「ひょっとすると」と思わされるのが、ドイツのヴェルナー・ヘルツォーク監督による吸血鬼映画「ノスフェラトゥ」（一九七九）だ。クラウス・キンスキー演じる吸血鬼が、イザベル・アジャーニ演じるルーシーののどに牙を立てる場面がそれで、真っ白な喉元を観客の方に向かって拡げるヒロインの姿は、やはりどこ

★フュースリ《悪夢》1790-91

となくフュースリの作品を連想させる。
こうした「ホラー作家のフュースリ好き」は、さらに古い時代、映画の登場以前からあったもののようだ。たとえばポーの「アッシャー家の崩壊」（一八三九）には、次のようなくだりが登場する。

「抑えがたい戦慄が次第次第にわたしの五体にしみわたり、ついにはまったく言われのない恐怖の夢魔が、私の心臓の真上にどっかりと坐りこんできた」（創元推理文庫版、河野一郎訳）

「恐怖の夢魔が、私の心臓の真上にどっかりと坐りこ」む。まさにフュースリの作品そのままだ。
さらに遡れば、先述したシェリーの『フランケンシュタイン』にも、やはりフュースリの影響を感じさせる一節がある。フランケンシュタインの怪物が、主人公ヴィクターの妻を殺害する場面である。

「エリザベートは息絶えていた――ベッドの上に投げ出され、頭はたれさがり、青ざめた歪んだ顔が髪毛に半ばかくれていた」（角川文庫版、山本政喜訳）

まるでフュースリの絵から書き起こしたような一節で、シェリーがフュースリの絵をどこかで見たことは、ほぼ間違いないと思われる。してみると、のちにケン・ラッセル監督が「ゴシック」でディオダディ荘の一夜におけるシェリーたちを描いた際、フュースリ作品を作中に引用した背景には、この一節があったのかもしれない。

さて、そのディオダディ荘で生まれ落ちた『フランケンシュタイン』の物語で、怪物が主人公の妻を殺害する背景に、怪物の嫉妬心があったことは、本書のような本を手に取る読者諸氏であれば、先刻ご承知のことだろう。この怪物は、自らを作ったヴィクターが、被造物である自分を置き去りにして、自分だけ美しい妻と結婚するのが許せずに、彼の妻を殺害したのである。

自然界の掟に逆らい「生きた屍体」として暮らしてきたこの怪物は、せめてもう一体の生きた屍体を作り、自分の妻としてくれるよう、創造主たるヴィクターに懇願していた。そうすれば世界の片隅でひっそりと、誰にも知られぬよう生きていけるから、と。ところが頼まれた方のヴィクターは「作ってみたら気持ち悪かったから」という超勝手な理由で、怪物妻の創造を中断する。そのくせ自分は綺麗な妻を娶って幸せに暮らそうというのだから、怪物が怒るのは当然だ。

実を言えばフュースリが《悪魔》を描いた理由もまた、嫉妬に根ざしたものだった。画中に描かれた悪魔はおそらくフュースリ自身、悪魔に取り憑かれて横たわる女性のモデルは、フュースリが懸想していた女性、アンナ・ランドルトだろうと言われている。アンナはフュースリの友人の姪にあたる女性だが、なぜ彼女がモデルだと断言できるのか。実は最初の油彩のカンヴァスの裏には、アンナの肖像画が描かれているのである。

この作品を制作する数年前、フュースリはくだんの友人との旅の途中で、アンナに恋をしたと言われている。フュースリが友人に宛てた手紙には、アンナとの性交を妄想した文面が、異様なねちっこさで綴られている。正直、常軌を逸した内容で、受け取った友人の心中察するに余りある。実際、彼のプロポーズは、アンナの父によって破棄され、彼女は間もなく他の人物と結婚している。当然と言えば当然の結末だろう。

アンナの肖像を裏側に持つ、最初の《悪夢》が制作されるのは、そんな出来事のあとである。他の男に走ったアンナの枕元に、夜毎インキュバスとなって現れて、黒馬のようなペニスで責め立てる。おそらくそんな自分の姿を妄想しながら、彼はこの作品を描いたのに違いあるまい。

ちなみに、この作品にインスパイアされて『フランケンシュタイン』を書いたメアリー・シェリーは、妻子ある身の詩人、パーシー・シェリーと不倫関係を結んだ人であることは、これもまた本書読者なら先刻ご承知のことだろう。嫉妬に狂った男の淫夢を描いた作品から着想を得て、人間に嫉妬する怪物の物語を描いた女流作家は、他人の夫を略奪し、その妻を嫉妬の地獄に突き落とした女性でもあったのである。

のちにフロイトはこの作品を見ながら、少年ハンスの馬恐怖症が「父のペニスで母を盗られてしまう」という嫉妬心に起因することを見出す。さらにそこからフロイトは、父と母に対して子が嫉妬する三角関係、すなわちエディプス・コンプレックスの概念に辿り着くのだ。本作をめぐる影響関係は、さながらアラベスク模様のように、嫉妬の悪夢のつづれ織りを描くのである。

悪夢には様々なものがあって、悪鬼羅刹に魑魅魍魎、老病死苦など、さまざまな凶事が現れる。だが本作を眺めるとき、人間が見るもっとも恐ろしい悪夢とは、嫉妬の感情が見せるものなのかもしれないな、と私は思う。さて、読者諸賢にとって最も恐ろしいのは、一体どんな悪夢だろうか。

ゴヤに魔術の自由を見る

ムンクやレオナルド、フュースリが「性の暗部」を描いた作家であったとすれば、ゴヤはそのものずばり、魔術を幾度となくテーマに描いてきた作家である。だが彼が魔術を描くとなぜか、どこか捉えにくいものになる。いっけん明快な主張をこめているようで、そのくせいつも両義的で、矛盾するメッセージを放ってくるのである。

何かを語ったと思ったら実はその逆、あるいは裏の命題を伝えるその画面に、見るものは幻惑させられる。まさに魔術的絵画というほかないが、ここでは堀田善衛《ほったよしえ》の手になる長編伝記『ゴヤ』(朝日文芸文庫)に依りながら、その作品と生涯を振り返ってみよう。ちなみに同書は四巻本で、ここで取り上げるのはゴヤが悪魔や魔女をテーマにし始めた時期を描く第四巻である。

ゴヤは一七九八年に、そのものずばり《魔女の夜宴(魔女の集会)》という作品を描いている。薄曇りの三日月の夜、バフォメットと思しき悪魔を囲み、魔女たちが赤ん坊を生贄に捧げているという図である。赤ん坊には馥郁と肥えたものもあれば、病み衰えて土気色となったもの、なかば骨と化したものもある。なかにはまるで串団子のように、三体まとめて槍に結わえられた赤子もいるが、よく見ると赤ん坊を結わえているのは、紐ではなく臍の緒である。

この作品をゴヤに依頼したのは、第九代オスーナ公爵という人物で、彼は夫人の居室の装飾用に、制作を依頼したらしい。公爵はこの作品ばかりでなく都合六点も、夫人のために魔女や魔術

★ゴヤ《魔女の夜宴（魔女の集会）》

の絵を依頼している。それではこの公爵やその夫人、そしてゴヤ自身が悪魔崇拝者だったかというと、十中八九、悪魔信者ではなかったと私は思う。なぜか。時代的に言って、そうした素朴な悪魔信仰を持った人がいたとは、いささか考えにくい時代の作だからである。

ゴヤがこの作品群を描いたのは、十八世紀も末のこと。既にスペインの隣国フランスでは大革命の時代を経て、悪魔崇拝どころか理性崇拝、さらには共和制の時代が訪れている。フランス発の啓蒙思想も、この頃にはスペイン国内に浸透し、魔術や妖術といった類は、遠い過去のものとなっていた。

そうした状況を考えると、オスーナ公爵やその夫人がゴヤに魔術の絵を依頼したというのは、現在の我々がホラー文学やホラー映画を楽しむのと同じ、一種の怪奇趣味だったと考えるのが妥当だろう。魔術などこの世には存在しないことは重々承知しながら、怪奇趣味を楽しんでいたわけだ。

ゴヤはこの作品とほぼ同じ時期、《理性の眠りは怪物を生む》(銅版画集『気まぐれ』一七九九=所収)という作品を世に問うている。机に突っ伏した一人の男を、無数の蝙蝠やフクロウが襲う光景を描いたものだ。確かに周囲の鳥たちは怪物めいて見えるものの、よく見ればどれも単なる鳥である。そこからは「単なる野鳥の羽ばたきを怪物の襲撃のように感じるのは、理性の欠如のせいなのだ」という主張が読み取れる。いっけん怪奇幻想の世界に見えて、その実は理性の崇高を説く。啓蒙主義の見本のような作品である。

さらに踏み込んで解釈するなら、本作はゴヤ一流の、教会批判と解することもできるかもしれ

★ゴヤ《理性の眠りは怪物を生む》

ない。というのも当時のスペインでは、いまだに異端審問所が残存しており、反教会的、反政府的言動を取り締まり、情け容赦なく拷問にかけていたからである。まるで中世の魔女裁判さながらに、言いがかりに近い理由をつけ、無実の人間を拷問にかける。その姿はまさに「理性の眠りが怪物を生む」光景そのものだ。大革命の時期を経てなお繰り返される魔女狩り同様のこの行為を、ゴヤは痛烈に批判したのである。

このように一面では啓蒙主義的な作品とも思える本作だが、他方でこの作品は単なる理性賛美の枠内にもとどまっていない。実際この男の突っ伏した机の上をよく見てみると、そこには銅版画制作の道具と思しき画材が散らばっているのがわかる。理性の眠りはいっぽうで怪物を生むが、いっぽうでは芸術家の想像力の源泉ともなる。ゴヤはフランス革命で急進的な役割を演じたジャコバン左派のような理性崇拝に走ることなく、反理性の価値をも称揚したのである。

蒙昧な非合理主義を批判すると同時に、一面的な合理主義をも批判して、反理性の価値を認めたゴヤ。だが皮肉なことにこの銅版画集は、異端審問所の注視するところとなったらしい。ゴヤはわずか二十七セットのみを販売して、残りをお蔵入りにせざるを得なかったという。それにしても異端審問官が問題視したのは、彼の合理主義だったのか、それとも反合理主義だったのか。

ゴヤはその晩年にも、魔術をテーマにした連作を描いているが、そこでは彼の怪奇趣味は、いっそう過激化を遂げている。冒頭に紹介したのと同じ《魔女の夜宴》（一八二〇〜二三）という通称で呼ばれる作品は、そんな晩年の作の一つだ。この連作は自宅の一階の食堂の壁に、油彩で直接描かれたもの。同じ部屋にはあの有名な《我が子を食らうサトゥルヌス》（制作年は前掲作に

★ゴヤ《魔女の夜宴》

★ゴヤ《我が子を食らうサトゥルヌス》

同じ、以下同様）も描かれている。魔女集会だの人肉食だのの場面を見ながら食事をするという発想は、もはや常人の域を超えている。

《魔女の野宴》と反対の壁には、やはり壁全体を覆うかのように《サン・イシードロの巡礼》が描かれている。タイトルには「巡礼」とあるものの、このタイトルは後世の美術史家たちが、

★ゴヤ《サン・イシードロの巡礼》

あれこれと想像して勝手につけたものだ。が、しかし、そもそもこの暗黒の大作が、巡礼の光景に見えるだろうか。誰もが苦悶に顔を歪めて絶叫し、互いを押し退け合いつつ組んず解れつ、真っ暗な曇天下を果てしなく歩く。どう見ても葬列か冥土への道行きにしか見えないではないか。

さらに玄関のドアの上からは、ほとんどミイラか白骨のような姿に成り果てた老人たちが、住人たちを睥睨している。あるいは敵将の寝首を掻いた猛女ユーディットが、陰鬱な表情で佇んでいる。二階に上がれば飛行中の魔女たちを描いた壁画が一面に踊り、別の壁面では荒野で二人の男が殴りあう。とどめは《自慰する男を嘲る二人の女》だ。ここまで醜く情けない光景を画いた画家は、古今東西稀れなのではないか。

人間の醜さ、愚かさをあますところなく描いたこれらの地獄絵図は、もはや「美術」というより「絵筆による魔術」と言った方が良いかもしれない。この連作におけるゴヤは、もはや啓蒙の意図などかなぐり捨て、絵画による魔術によって、この世のすべてを焼き尽くそうとするかのようだ。

実際、ゴヤがこの連作を描いた十九世紀前半のスペインは、

★ゴヤ《自慰する男を嘲る二人の女》

国全体がもはや地獄と化したような混迷状態にあった。いったんは革新的な啓蒙主義者が政権に就いたものの、いざ政権を取ってみると、現実の政治手法ではまったく無能であることを露呈。彼らが政権から滑り落ちたため、前より反動的な絶対王政が復権し、内乱と異端審問の嵐が吹き荒れたのである――と書くと、まるで二十一世紀のどこかの国と、そっくりに思えてしまうのが不思議なのだが。

彼はほぼこの連作を最後に、スペインからフランスへと亡命し、そのままボルドーで客死している。彼はこの自邸の地獄絵図を描き終えたあと、身内以外には誰にも見せずに封印し、そのまま亡命して死を迎えたのである。彼が魔術的世界を自由に謳歌できたのは、自邸内の密室だけだったのだと言えよう。けだし魔術とは自由な場所にしか存在し得ないものなのかもしれない。

そう思って見直してみると、しばしばゴヤの作品に登場する魔女の飛行は、自由そのものの軽やかな飛翔のように見えてくる。ゴヤにおける魔術の姿は、かように変幻自在にその意味を変え、美意識の夜空を駆け巡るのである。しかしさて、現代の我々の頭上の夜空に、魔女たちは飛んでいるだろうか？　答えは闇の彼方に霞んでいる。

幻視者、ウィリアム・ブレイク

吸血鬼やらインキュバスやら魔女集会やらといった危険な魔物ばかりでなく、預言者や聖人の亡霊を描いた画家もいる。それも想像で描いたのではなく、眼前に現実の人物のように存在している霊を見て、そのまま描いてしまったという画家である。

十八世紀英国の画家で詩人だったウィリアム・ブレイクは、まさにそうした画家の一人で、彼は生来「見える」体質の人だったようだ。以下、推理小説家で批評家だったG・K・チェスタトンの手になる伝記（『ウイリアム・ブレイク　ロバート・ブラウニング（G・K・チェスタトン著作集）』所収）、そして一九九〇年開催の『ウィリアム　ブレイク展図録』（国立西洋美術館）に依りながら、ブレイクについて振り返ってみよう。

もっとも早いブレイクの心霊体験は、彼が子ども時代のことで、彼は「木の下にエゼキエルが座っているのを見た」と話していたそうだ。エゼキエルは旧約聖書に出てくる紀元前六世紀ごろの預言者で、そもそもこの人物自身が幻視者なのだが、ブレイクは彼を見たと母親に告げた。当然母親は相手にしなかったが、以来、彼はこうした幻視を終生見続けることになる。

ロンドンの裕福な靴職人の家に生まれたブレイクは、霊たちをまざまざと眼前に見ることができた。彼は知人とともに降霊術まで行い、そこで「降ろした」霊たちの肖像を残してさえいる。一連のこの作品は「Visionary Heads」――幻視肖像、とでも訳せばいいだろうか――と呼ばれ、そこではハロルド二世やジョン王のようないにしえの王侯貴族のほか、古代エジプトでピラミッドを建てた人物、さらには《ノミの幽霊の頭》(一八一九頃)などという妙なものまで描かれている。

人間の顔こそしているものの、口の部分が蛇のように尖ったノミの幽霊の絵は、この「幻視肖像」のドローイングのほか、全身像を描いたテンペラ混合技法の作品もあって、そこではゴリラみたいな体型の異様な化け物が描かれている。彼はこうした亡霊たちをごく日常的に、まるで生きた人間がそこにいるかのように見ていたらしい。

ブレイクはこうした亡霊との出会いを知人たちに、日常茶飯事のように語っていた。このあいだイザヤ――これまた旧約の預言者だ――に会ってきたよ、とか、十三世紀のスコットランドの騎士と話していたら、その頃のイングランド王が割り込んできたんだ、といった具合である。

幼い頃から画才を発揮した彼は、十代で銅版画の職人になった。絵画を銅版画に彫り込んで出版したり、本に挿絵をつけたりする職人である。やがて三十代になろうとする頃、彩色銅版画の

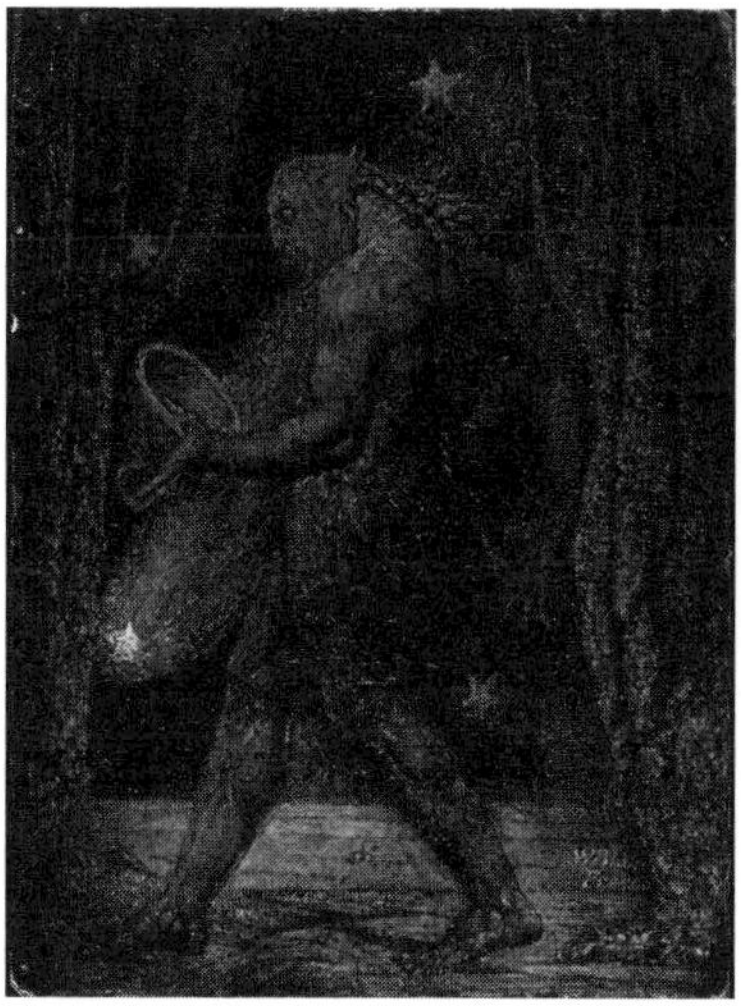

★ブレイク《ノミの幽霊》

★ブレイク《ノミの幽霊の頭》

手法を独自に編み出し、自分で書いた詩のテクストに挿絵をつけて出版する、という試みを始めた。かくてブレイクは「詩人にして画家、銅版画家」という、一人三役の作家となったのである。

自分でテクストも書き視覚情報も準備するそのスタイル、もし現代に生まれていたらYouTuberにでもなったのではないかと思えるブレイクだが、現代の軽妙なネタ動画とは違って、彼はその総合芸術、詩と版画と出版のアマルガムを通じ、仄暗い神秘主義的な作品を発表した。

あるときにはダンテの地獄めぐりを、あるときにはシェイクスピアの悲劇における亡霊の出現を彼は描いた。そして自作の難解な詩、狂気の産物にさえ見えるほど意味の取りにくい詩作品を、彼は発表し続けた。ブレイクはマルチなメディアを駆使した、神秘主義芸術家だったのである。

そんなブレイクを美術史年表に照らしてみれば、ロココ時代の典雅な美意識が残る頃に生を受け、的確な描写を至上価値とする新古典主義の時代に活躍した人であると同時に、ロマン派の先駆けでもあったと言えるだろう。非現実の世界や怪奇幻想、激情と悲劇性、崇高な自然美への感性、擬古典的世界観など、彼の作品の特徴は、ロマン派のそれにほぼ重なるものだからだ。

だが私にとって最もぴったりくるのは、彼を「ゴシック・リバイバルの画家」と捉える見方だ。ウィリアム・ブレイクの生年は一七五七年。つまりはゴシック・ホラーの生みの親、作家のホレス・ウォルポールが、ゴシック風の古色蒼然とした自邸「ストロベリー・ヒルズ」を建てて周囲を驚嘆させた、まさにその年にあたるのである。

ブレイクが活動したその時代は、ウォルポールによる世界初のゴシック小説『オトラント城』(一七六四)をはじめ、ベックフォードの『ヴァテック』(『ゴシック名訳集成 暴夜(アラビア)幻想譚』伝奇ノ匣8』学研M文庫、一七八六=所収)やルイスの『マンク』(一七九五)、さらには『フランケンシュタイン』(一八一八)など、初期ゴシック小説が次々に書かれた時代、つまりゴシック・リバイバルの時代にほぼ重なっている。しかも彼は十代で弟子入りした彫版画家の下での修行時代、ゴシック聖堂で古碑の写しなどを作るという経験を積んでいるのだ。

実際、彼の銅版画や水彩画を見てみると、こうした古いゴシック美術の影響があちこちに伺える。石のように鈍い色合い、そして硬直したように不自然な姿勢の、やや寸詰まりの人物がそれだ。見ようによってはデッサンを取り損ねているようにすら見えるその姿は、ゴシック聖堂内部の柱頭に刻まれた、奇怪な石像群に実に似ている。おそらく彼は近代的、合理的な解剖学的知見に基づくデッサンに背を向け、亡霊や聖霊が人間と同等に闊歩していたゴシック時代の人体像を、自作のなかに蘇らせようとしたのである。

ブレイクはこうしたゴシック的世界観を描く一方で過激な共和主義を唱え、ところかまわず王政廃止論をぶちあげる人物だった。晩年には自宅の庭に入ってきた近衛兵と乱闘騒ぎを起こし、国家扇動罪で逮捕までされている。十八世紀はフリーメイソンの時代であると同時にフランス革命の時代でもあった。近代社会と神秘主義が同居し、衝突したり混淆したりしていた十八世紀。ブレイクはそんな時代の申し子だったのである。

初期ゴシック文学は文学史的には「前ロマン派」とか「ロマン派の嚆矢」として片付けられることが多いが、ブレイクもまた「早すぎたロマン派」とされることが多い。実際、彼の描くいびつな人体や難解な詩句で語られる神秘主義は、当時それほど多くの人を惹きつけたとは言えない。しかもブレイクは激しやすい性格で、せっかく絵を買い上げてくれるパトロンや出版社が出てきても、彼らを「人殺し」だの「ケチで陰険」だのと、自作の詩で罵倒していた。これではビジネスとしてうまくいくはずがない。

チェスタトンは、そんなブレイクの思想や人となりを評して「彼にはカリオストロのような部分がある」と論じている。アレッサンドロ・ディ・カリオストロ、ブレイクとはほぼ同時代を生きた、フリーメイソンの山師である。彼は降霊術や錬金術の知識を駆使して、インチキ商売を繰り返した人物だった。ブレイクは詐欺師ではなかったが――それどころか馬鹿正直が過ぎてビジネスでは失敗続きだったが——、一種のトラブルメーカーであったという意味では、カリオストロと似ていたかもしれない。
　もう一人チェスタトンが挙げているのが、神秘主義者のスヴェーデンボリだ。エマヌエル・スヴェーデンボリは十七〜十八世紀に活躍した思想家で、ブレイク同様の幻視者だった人である。彼は霊界の模様を克明にメモに残していたほか、イエスと出会ったとも語っていた。思想の内容

★マティス《ダンス》

★ブレイク《オベロン、ティタニア、パックと踊る妖精たち》

の詳細はともあれ、幻視体質という意味では、ブレイクとは共通する部分が多い人物と言えよう。

あまりに激しい幻視体質が災いし、商業的成功を収めたとは言い難いブレイクだが、その影響は後世、二〇世紀に花開いた。たとえばアンリ・マティスの名画《ダンス》（一九一〇）には、ブレイクの《オベロン、ティタニア、パックと踊る妖精たち》（一七八六頃）の明らかな影響が見られるし、その詩句はロックバンドのザ・ドアーズや、我が国の小説家、大江健三郎にも影響を与えている。

ブレイクは困窮のうちに、一八二七年に亡くなった。だが彼はその晩年を、貧しい暮らしにもかかわらず、すこぶる上機嫌で過ごしたという。彼は過去の霊ばかりを幻視したのでなく、未来から来たマティスやジム・モリソンといった芸術家の魂とも、密かに交霊していたのかもしれない。

ルドンの顕微鏡的世界

ルドン（一八四〇～一九一六）もまた、見えない世界を描こうとした画家だった。印象派の画家たちが、発明されて間もないチューブ入りの油絵具を携え、屋外の明るい風景へ飛び出していった十九世紀後半、ルドンは彼らとまったく逆に、肉眼では見えない世界へと、モノクロの版画で沈潜したのだ。

仏文学者の粟津則雄の手になる『ルドン』をめくりながらルドンの銅版画を改めて振り返ると、我々が見たこともない奇妙な生き物が登場するのに驚かされる。眼球を備えたウミユリのような生物、猿の顔を持った蜘蛛、鳥の雛のような顔とオタマジャクシのような尾を持つ生き物などな

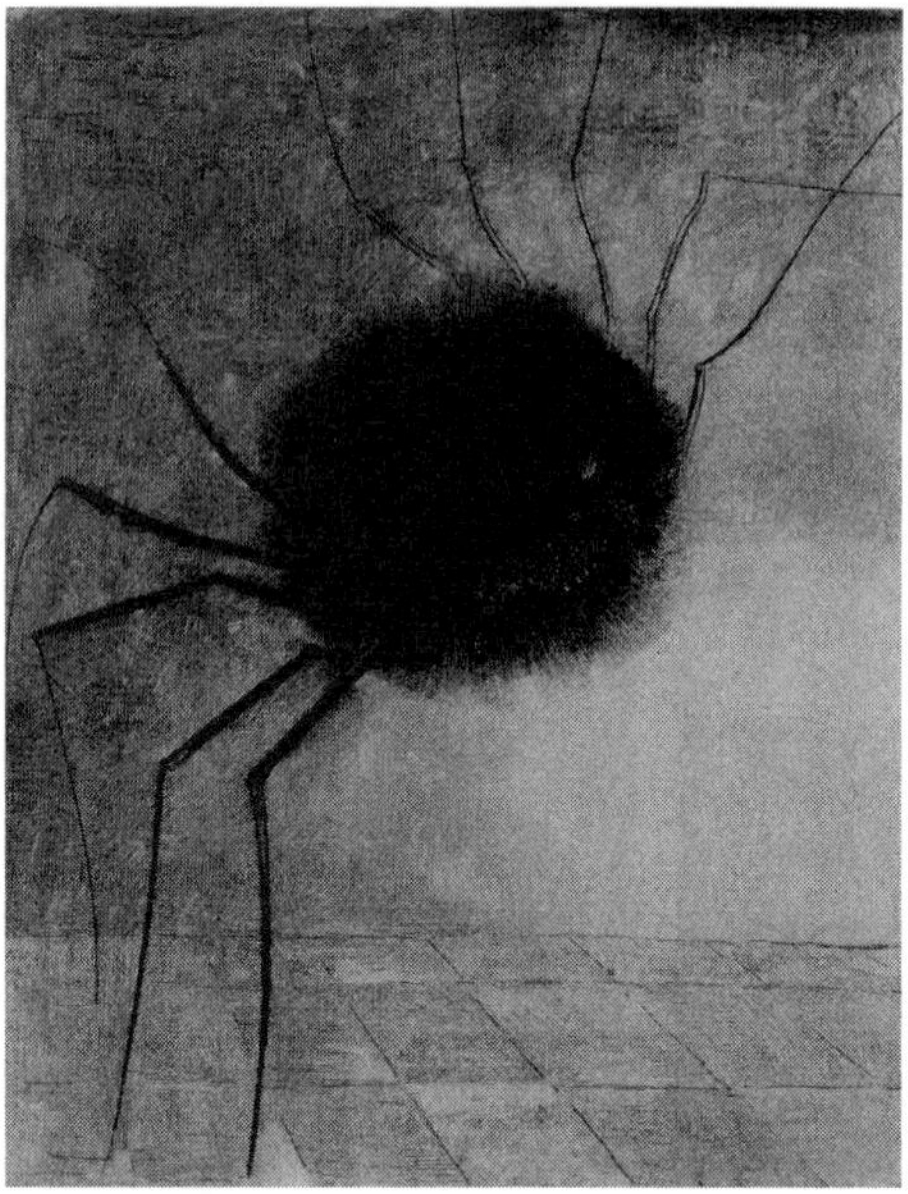

★ルドン《笑う蜘蛛》

ど。水中の微生物やプランクトンのような、ルドンのこうした奇怪な生物たちは、当時ボルドーの植物園に勤務していた植物学者、アルマン・クラヴォー（一八二八～一八九〇）との出会いから生まれたと言われている。

　ルドンは二十歳の頃、この一回り上の研究者と出会ったが、クラヴォーの資質は植物学者というより博物学者に近いものだった。インドからギリシャ、西洋全般に及ぶ、広範な地域の美術、哲学、文学の知識。植物の仔細な形象を記録する、ボタニカルアートの描き手としての腕前。クラヴォーはその該博な知識と自身の手になる細密な植物画、そして顕微鏡を通じた微生物の姿によって、若きルドンを魅了したのである。

　当時最先端の文学にも通暁していたクラヴォーは、さまざまな幻想文学もルドンに紹介した。エドガー・アラン・ポーの作品群や、ギュスターヴ・フローベール――自然主義文学のさきがけ『ボヴァリー夫人』の作者というよりも、『ヘロディア』（工藤庸子『サロメ誕生―フローベール／ワイルド』所収）や『聖アントワヌの誘惑』といった幻想小説の書き手としてのフローベールをルドンに紹介したのは、この博覧強記の人物である。

やがてルドンは、異端、奇想の小説家、J・K・ユイスマンスに見出されることになる。『現代芸術』誌上などで美術評論を執筆していたユイスマンスはルドンに注目。自身の長編小説『さかしま』（一八八四）のなかで、彼の作品を取り上げたのである。

ご存知の読者も多いと思うが『さかしま』は、没落貴族の末裔であるフロルッサス・デ・ゼッサントが主人公だ。デ・ゼッサントは全世界を軽蔑しつつ郊外の自邸にひきこもり、ありあまる遺産で豪奢な家具調度や美術品、宝飾品や稀覯本を買い集めていく。『さかしま』はこの怠惰な男の耽美生活を綴った長編で、主人公が自邸からほぼ一歩も出ることなく物語が進行する、元祖ひきこもり小説ともいうべき奇書である。ユイスマンスはこの主人公の蒐集品として、ルドンの銅版画を取り上げたのだ。

「作者は多くの場合、絵画の限界を飛び越えて、きわめて特殊の幻想、病気と精神錯乱の幻想を創始していた。（略）ポオの読書に伴う幻覚と恐怖の印象とを、オディロン・ルドンは別の芸術に置き換えたのであった」（『さかしま』澁澤龍彦訳）

だがルドンは後年になって一転、パステルや油彩で描かれた、色彩豊かな神話的世界の光景に向かう。山並みの彼方からこちらを覗き込む一つ目の巨人、キュクロプス。太陽の神アポロンの乗る、四頭だての天馬の馬車。海底の巨大なシャコ貝に抱かれて眠るヴィーナスの姿……。かつて顕微鏡の中の極小の世界や、自身の幻覚の内奥の世界に向かったルドンの目は、同じ不可視の世界といっても、色鮮やかな光渦巻く、極大の神話世界へと向かったのである。

こうしたルドンの画風の変遷は、彼の個人史と深く関わっている。母親に疎まれて里子として育ち、病弱で内向的な少年時代を過ごしたルドンは、国立美大に入学するも中退、不遇のうちに青年時代を過ごす。ユイスマンスらに注目されて、やっと画業を軌道に乗せるも、それから間もない一八八六年、今度は誕生したばかりの長男を、生後わずか半年で亡くしている。一連の陰鬱な銅版画は、そうした時代に生まれたものだ。

彼の人生に転機が訪れるのは、次男が誕生した一八八九年。ルドンの絵が色彩の奔流で満たされだすのは、翌年以降のことである。ある意味、ルドンはきわめてストレートな画家だったと言える。暗く陰鬱な青年時代には黒白のみの銅版画を、愛情あふれる家庭生活を営んだ時期には、色鮮やかなパステルや油彩を描いたからだ。彼はこうしたストレートな感情を、博物学や幻想文学の知識で彩りながら描いたのである。

このようにルドンは実人生を制作の基盤に据えつつ、多彩な教養でそれを裏打ちして制作してきた。そんな彼の教養の源としては、既に見てきた博物学と幻想文学の二つが筆頭に挙げられるのが通例だ。だが私はもう一つ、ブレーズ・パスカル（一六二三〜一六六二）の哲学もまた、ルドンの制作を支えた重要な影響源だったのでは、と考える。というのも彼には《この無限な宇宙の永遠の沈黙が、わたしをおびやかす》という作品があるが、実はこのタイトル、パスカルの『パ

★ルドン《キュクロプス》

★ルドン《眼＝気球》

★ルドン《ヴィーナスの誕生》

★ルドン《アポロンの馬車》

ンセ』の一節から取られているからだ。

ちなみにパスカルの「無限な宇宙」という言葉には、二通りの意味がこめられている。一つは文字通り無限遠点まで広がる、極大の世界の無限性。もう一つは極小の世界の無限性で、分子、原子、さらに小さな世界へと分け入っても、またもや小さな世界が現れるという、ミクロな方向への無限性だ。こうしたパスカルの無限観は、顕微鏡のなかの極小の世界と神話的な極大の世界、双方を描いたルドンのそれと、どこか似ているように思えないだろうか。

★ルドン《沈黙のイエス》

パスカルといえば中学で習う「パスカルの原理」の発見者で、物理、数学に通じた天才哲学者だ。こうしたプロフィールだけ見ると、なにか超合理主義的な理系哲学者のように思えるが、山上浩継『パスカル「パンセ」を楽しむ』によれば、彼は決して無神論者ではなく、むしろ敬虔なキリスト教徒だったそうだ。くだんの言葉も「神なき宇宙の恐ろしさ」を述べたもの、というわけではなかったようである。パスカルにとっての神とは、存在するかどうか

★ルドン《この無限な宇宙の永遠の沈黙が、わたしをおびやかす》

さえ人智では知り得ない、沈黙の彼方の存在だったのだ。

誰にもその存在を確かめることができず、無限に、永遠に沈黙を続けるもの。それこそがパスカルにとっての神だった。面白いことにルドンにも《沈黙のイエス》と題された作品があるが、そこでは指を口に当てて沈黙を示唆するイエスの姿が描かれている。ルドンもまた神を沈黙の存在、語り得ぬ存在として捉えていたのである。

実際、私たちの日常の中で、神はその姿を簡単には見せない。神も仏もあるものか、という気分になることもしばしばだ。だがパスカルはこう考えた。もし神がいない方に賭けた場合、神が存在してもしなくても、どちらでも何も得られない。だが逆に神がいる方に賭けた場合、神がいなくとも失うものは何もないが、神がおられた場合、得られる幸福は無限大ではないか、と。

ルドンが《この無限な宇宙の永遠の沈黙が、わたしをおびやかす》を制作したのは一八七〇年。ユイスマンスによって脚光を浴びる前の不遇時代だ。これはなかば空想だが、ルドンはこの時期、二百年も前のパスカルの著作と出会い、神がいる方に賭け、自分を鼓舞して制作を続けたのではないか。

パスカルを持ち出すまでもなく、宇宙の時空は無限であり、人間がその目で見られるのは、そのごくわずかな部分に過ぎない。不可視の世界、不可視の存在は我々のすぐそばにあるが、ふだんはじっと沈黙している。ルドンはそうした不可視の世界を信じ、命を賭けて描き続けた。そして彼はこの賭けに、生涯をかけて「勝った」のである。

ゲオルギオスの龍退治

しかしこのように改めて振り返ってみると、絵画における恐怖、恐ろしさとは、私たちが本書で考えようとしている恐怖よりも、少々「魅惑」のニュアンスが強いような気がする。それらはいずれもこの世ならざるものの恐ろしさを主題に描いてはいるが、同時にそれは私たちを魅惑する、ロマンティックな色彩を帯びた何ものかなのでもある。

幼児期に彼を愛した二人の死者と再会するような、死と愛の世界を描いたムンク。それが死と隣り合わせであるにもかかわらず、サイコパスまがいの愛人、サライへの愛に溺れ、それを描いたレオナルド。叶わなかった恋愛の対象を、自らの絵画の中で、執拗に夢魔に責め立てさせたフュースリ。いずれもそこにはエロスが関わっており、そこに描かれたものは、私たちを怖れさせると同時に魅了するものでもあるのだ。

ゴヤになると、彼の描いた悪魔や魔女たちは、醜く妖しいグロテスクな存在でありながらも、同時に愚かしい人間世界の束縛から解き放たれた、自由な存在としての輝かしさを帯びる。ブレイクに至ってはまるで隣人か何かのように、霊的存在を幻視し、描いてみせた。顕微鏡のなかの極小の世界の奇怪な生物や、神話的な極大の世界を描いたルドンでは、そうした幻想世界の住人たちは、もはや「神」の存在に近いものとして描かれている。いずれにせよそれは、単に「ぞっとするもの」というよりも、私たちを魅了する、魅惑する性質が強いのである。

英語の「enchant」という言葉には「魔法をかける」という意味と「魅了する」の意味の両方があるが、「enchant」する力を持つ絵画には、どちらかといえばこの「魅了する」方の力が強いのではないかと思う（ちなみに魅了の「魅」という字には鬼偏が入っているが、これはいにしえの中国人たちもまた、魅了することと魔術にかけることの共通性を感じていたからではないか）。

ほんらいは一瞬で過ぎ去る時間、その刹那的な時間のなかの光景を、絵画は永遠にとどめるメディアだ。つまり絵画は本来的に、死よりも不死と関わりの深いメディアなのである。いささかレトリカルな形容になるが、絵画とは死を禁じられた、いわば不死者のメディアだと言えよう。その絵画が死を、恐怖を描こうとするとき、そこには死への憧憬、魅惑のニュアンスが、必然的に漂ってしまうのではないか。そんなふうに私は推測しているのだが、どうだろう。

そんなわけで本章では怖い絵画ばかり取り上げてきたので、最後に毒消しの代わりではないが、美術史上最強の、魔物退治の勇者を描いたモチーフをご紹介して締めくくりたい。竜退治で有名な聖人、聖ゲオルギオス。いわゆるドラゴンスレイヤーの先駆け的な人物である。以下、ヤコブス・デ・ウォラギネ『黄金伝説〈2〉』所収の「聖ゲオルギウス」と、伊東一郎の『ヨーロッパ民衆文化の想像力―民話・叙事詩・祝祭・造形表現』に依りながら、この西洋美術史上で最も有名なヒーローについて考えてみたい。

聖ゲオルギオスは東はロシアから西はスペインまで、ほぼヨーロッパ全域で信仰を集める聖人だから、各国の言葉で訛って呼ばれる。イタリア語だと聖ジョルジョ、フランス語だと聖ジョルジュ。英語だと聖ジョージ、ドイツ語だとゲオルク。リトアニア語だとユルギス、スペイン語だとホルヘという発音になってしまう。ちなみにゲオルギオスはギリシャ語読みの発音である。

自国の守護聖人として崇拝するところも多い。たとえばイングランドはその一つ。イングランドの国旗は白地に赤い十字だが、この赤十字は別名「セント・ジョージズ・クロス」と呼ばれるものだ。ジョージア共和国も同じ赤十字を国旗にする国で、国名そのものがゲオルギオスから来ている。

だが、いつの時代の人かというと、これがなかなかはっきりしない。一説によるとローマ時代、ディオクレティアヌス帝の頃の人だと言われているが、各種異説があってわからない。ともかくキリスト教があまねくヨーロッパを覆う以前の話だというから、ローマ帝国でキリスト教が公認された四世紀よりも前、つまり三世紀あたりの人らしい。

古い時代の人なので、当然ながら容姿もよくわからない。ゲオルギオスは竜を倒して乙女を救ったモテ男なので、一般的にはラファエロやモロー、バーン＝ジョーンズの描くような優男ふうに描かれることが多いが、どっこいルーベンスの手にかかると、筋骨隆々の髭モジャ男になってしまう。

出生地についても諸説あり、いまのトルコのあたりの生まれだという人もあれば、パレスチナの生まれという説もある。昔の歌の文句ではないが、まさに「どこの誰かは知らないけれど　誰もがみんな知っている」のが聖ゲオルギオスなのである。要するに庶民が正義の味方に求めるのは、自分にとって「良い」ことをしてくれることであって、それが「どこの誰」であるかというのは、さして問題にはならないわけだ。

と、それはさておき。ゲオルギオスが倒した竜は湖の底に棲んでいて、毒を吐いて湖の水を汚染したり、村人を食べたりしていたらしい。村人は困って竜に生贄を捧げることにしたが、村じゅうの娘を生贄にしてしまった。最後に残ったのが王様の娘で、王様は泣く泣く娘を生贄に捧げるため、湖のほとりに連れて行った。そこに通りかかった若者こそゲオルギオスだったのである。

馬に乗ったゲオルギオスは、娘を食べようと出てきた竜を、簡単に槍でやっつけてしまった。それどころかこの若者は、娘の腰帯で作った首輪で竜の首を縛り上げ、まるで犬か何かのように引っ張って、娘とともに戻ってきた。これを見た国民は、上を下への大騒ぎである。そこでゲ

★バーン＝ジョーンズ《闘い》

オルギオスが切り出したのが、キリスト教への改宗だった。改宗すればこの場で竜の首を打ち落とすが、さもなければ……というわけだ。これを聞いた国民は、王様以下こぞってキリスト教徒に改宗。以後、その国は平和で文明的な、キリスト教国になったのである。

この英雄をめぐっては、もう一つ伝説がある。その後、キリスト教を禁教にしようという皇帝が世に現れて、我らがゲオルギオスは捕吏の手に堕ちてしまった。獄吏たちは英雄を拷問台にかけて八つ裂きにしたり、毒を飲ませたり鉛の風呂に入れたりしたが、いっこうに落命する気配がない。最後は甘言を用いて篭絡しようとしたが、それでも彼は言う

★ルーベンス《聖ジョルジュと竜》

ことを聞かない。最後は首を刎ねられて、さしものゲオルギオスも落命する。ところが斬首を執行したとたん、突如として空から降ってきた炎に包まれ、皇帝の宮殿は灰塵に帰してしまったのだという。

　さて、この物語における竜は、しばしば異教の象徴と解される。つまり竜とは人身供儀の儀礼を教義とする教団、ないしその指導者の象徴であり、ゲオルギオスはこの野蛮な教団を倒した英雄というわけだ。おかげで野蛮な人身御供の風習は廃止され、文明的なキリスト教国となったのだ、と。

　実際、スペインのゲオルギオス、つまり聖ホルへの儀礼では、彼の敵は竜ではなくモール人、すなわちイスラム教徒であったとする伝説があるらしい。現在ならポリティカル・コレクトネスの観点から見て問題視されそうな祭礼だと言える。かの国で盲目の巡礼たちが歌い伝える伝説では、彼の敵はアラビア人だったりモンゴル帝国人だったりもしたらしい。要するに敵は誰でもよく、「キリスト教＝文明」的なものに仇なす者なら、どんな対象でも代入可能なのである。

だが実は意外なことに、この英雄の物語は、教会からは偽典、外典扱いされ、正規の聖書の物語から除外され続けてきたという歴史がある。それどころか教会は、先のような民間でのゲオルギオスの祝祭儀礼を、幾度となく禁止してきたのである。

教会が問題視したのは、彼が「どこの誰」だかよくわからないという匿名性であった。権力者が門地や出自ばかりを重んじるのは万古普遍の現象で、中世の教会は「もとになる典拠がはっきりしない以上、正典には記載できない」の一点張りだったらしい。結果、教会はゲオルギオスの祝祭について、幾度となく禁令を出すことになった。つまりこの竜退治の伝説は、公権力が認めたハイカルチャーではなかったのだ。

逆にこの竜退治の物語は、教会に幾度禁止を食らっても、祭礼の担い手や盲目の巡礼といった民衆の力によって、幾度となく息を吹き返してきた。まるでゲオルギウスが幾度となく拷問から蘇ったように、だ。「どこの誰か」わからない昭和のヒーローと同じく、生年没年、生まれ育ちも定かでなく、姿かたちも変幻自在。民衆的な欲望＝サブカルチャー的想像力に育まれた匿名のポップスター、それが聖ゲオルギオスだったのである。

竜、ないしは大蛇と戦う英雄の話は、世界じゅうに伝わっている。たとえばギリシャ神話なら、ゴーゴンや大蛇と戦って美女アンドロメダを救ったペルセウスの物語がそれにあたるし、我が国の神話ならスサノヲノミコト、つまりは八岐大蛇を退治してクシナダヒメを娶った英雄の物語がそれにあたる。こうした神話はすべて同じ物語のヴァリアントでもあるかのように共通項が多い。実際、ゲオルギオスが倒した竜は三つ首であったという異説があり、ペルセウスが戦ったゴーゴンや、八岐大蛇を彷彿とさせる。

怪物退治の物語はかくも普遍的な広がりを持つ元型的なもので、公権力がいくら禁止しようが、幾度となく民衆の手によって蘇り、その都度に拍手喝采で迎えられる。いずこからともなく現れる正体不明の匿名性、幾度倒されても蘇る不死身の能力は、現在もなお多くのヒーローたちに継承される鉄板の要素と言えるだろう。

教会やお上や学校が何と言おうが、いや、むしろ禁止されればされるほど、孤独なヒーローはカッコよく見える。パルプマガジンや漫画、アニメに描かれたヒーローの活躍を、学校の先生に隠れて熱狂しつつ読んだ記憶は、本書読者の多くが共有するところだろう。聖ゲオルギオスはそうしたヒーローたちの、はるかに遠い祖先なのである。

マティアス・アルノルト『エドヴァルト・ムンク』（パルコ美術新書、一九九四）

野村太郎『ムンク』（新潮美術文庫、一九七四）

オスカー・ワイルド『サロメ』（岩波文庫、二〇〇〇）

レオナルド・ダ・ヴィンチ『レオナルド・ダ・ヴィンチの手記』上・下（岩波文庫、一九五四、一九五八）

エドガー・アラン・ポオ『ポオ小説全集 4』（創元推理文庫、一九七四）

江戸川乱歩全集 第26巻 幻影城（光文社文庫、二〇〇三）

『ハインリヒ・フュースリ展』（国立西洋美術館、一九八三）
フロイト『フロイト全集〈10〉』（岩波書店、二〇〇八）
メアリー・シェリー『フランケンシュタイン』（新潮文庫、二〇一四）
堀田善衛『ゴヤ〈4〉』（朝日文芸文庫、一九九四）
G・K・チェスタトン『ウイリアム・ブレイク ロバート・ブラウニング』（春秋社、一九九一）
『ウィリアム・ブレイク展』（国立西洋美術館、一九九〇）
ウォルポール『オトラント城』（講談社文庫、一九七八）
『ゴシック名訳集成［暴夜（アラビア）幻想譚］伝奇ノ匣8』（学研M文庫、二〇一三）
マシュー・グレゴリー・ルイス『マンク』（国書刊行会、二〇一二）
粟津則雄『ルドン』（新潮美術文庫、一九七五）
工藤庸子『サロメ誕生―フローベール／ワイルド』（新書館、二〇〇一）
ギュスターヴ・フローベール『聖アントワヌの誘惑』（岩波文庫、一九八六）
ユイスマンス『さかしま』（河出文庫、二〇〇二）
ブレーズ・パスカル『パンセ』上・中・下（岩波文庫、二〇一五）
山上浩継『パスカル「パンセ」を楽しむ』（講談社学術文庫、二〇一六）
オスカー・ワイルド『ドリアン・グレイの肖像』（新潮文庫、一九六二）
ヤコブス・デ・ウォラギネ『黄金伝説〈2〉』（人文書院、一九八四）
伊東一郎『ヨーロッパ民衆文化の想像力―民話・叙事詩・祝祭・造形表現』（言叢社、二〇一三）

七

ポップ異端文書としての『百億』

これからここに紹介する作品は、死ときわめて関わりが深い。にもかかわらずこの作品は、いわゆる霊的なものや死の表象に触れたときに感じる、あのぞくっとする恐怖を感じさせることは、あまりない。

むしろこの作品が私たちに与えるのは、本書冒頭の章で紹介した「崇高」、つまりはヒューマンスケールを遥かに超えるものと接した時に起こる感覚、つまり漢字なら「怖れ」でなく「畏れ」に近い感覚である。なぜかといえばこの作品は、死を根底的な主題としながらも、「それではなぜ人は死ぬのか」と、死の原理そのものを問い直し、神に肉薄していく作品だからだ。いわば本作は死を真正面から捉えつつ、そのメタレベルへと至ることで、恐怖を克服し、崇高へと至った作品と言えるかもしれない。

まずはタイトルからご紹介しよう。『百億の昼と千億の夜』。もともとは光瀬龍《みつせりゅう》の手になるSF長編だが、私が初めてこの作品に触れたのは萩尾望都《はぎおもと》がマンガ化したもので、連載が始まったのはまたしても七〇年代、一九七七年のことである。

このマンガが掲載されたのは『週刊少年チャンピオン』で、少女マンガが少年誌に掲載されるなど、当時としては前代未聞のことだった。しかもプラトンやシッタータことゴーダマ・シッダルタ（仏陀）、さらには阿修羅王やユダまでが登場し、キリストや神と戦うという奇想天外な物語だ。崇高などという概念など知るべくもない小学生の私は心底、度肝を抜かれたものである。

冒頭部分の舞台は古代ギリシャ。哲学者のプラトンが、アトランティスの伝説に興味を抱き、その痕跡を探すところから始まる。プラトンはアトランティスの生き残りの暮らす村に辿り着くが、そこでアトランティスを海中に沈めた海神ポセイドンの理不尽な怒りを幻視し、そしてその背後に仄見える、宇宙の支配者の陰謀を知ることになる。

……と書くと、なんだトンデモ系SFか、と片付けたくなる方もおられようが、実はこのエピソードには、それなりの根拠がある。というのもアトランティス伝説を歴史上最初に書物に書き留めたのは、まさにプラトンその人だったからである。

彼がアトランティスについて書いたのは『ティマイオス』と『クリティアス』という二冊の本だが、現在この二冊は我が国では『ティマイオス／クリティアス』というタイトルで、合本されたものが出版されている。同書の語るところによると、アトランティスは圧倒的な軍事力をもってアジアとヨーロッパに攻め込んだが、海に没して消え失せた島だったという。この話が現在もトンデモ話として世に流布するアトランティス伝説の、もっとも古い記述である。

もともとプラトンがこの話を記したのは理想の国家像を示すためだ。彼は理想の国家像の真逆のケース、つまりは暴力的な侵略を試みたが撃退され、海中に没した悪徳国家の例として、アトランティスを紹介したのだった。このため『ティマイオス』の方ではアトランティスの話はほどほどに、宇宙の成り立ちを探るところに話題が移る。

もし私が哲学徒であったら、その数秘術的かつ神秘主義的な内容に踏み込んで行くところだろうが、残念ながらその内容はいささか難解すぎ、私の理解を超えている。どうも古代ギリシャでも事情は同じだったらしく、同書の主題であった宇宙論より、一夜にして海に没した大陸の話ばかりがウケたようだ。このためプラトンはアトランティスの話を中心とした続編を書く羽目になったようで、これが『クリティアス』という書物となった、というのは私の推理、憶測なのだが、真相はどうであっただろうか。

ともあれ、同書によればアトランティスは、海神ポセイドンによって生み出された大陸で、そこでは優れた徳治政治が行われていたという。ところが最初は神から直接生まれた王に統治されていたこの国も「死すべきもの」との交わりによって代を累ねるにつれ、もともと持っていた神の徳を薄れさせていった。本書は未完に終わっているため話はここで途切れているが、どうやらこうした「劣化コピー」によって徳治主義が衰退した結果、アトランティスは神の怒りに触れて滅ぼされたのだ、ということらしい。

が、しかしこのプラトンの「劣化コピー説」は、私にはいささか苦しい説明のようにしか思えない。プラトンは前掲書『ティマイオス』のなかで、世界の創始者として「デミウルゴス」という創造主を想定している。もしデミウルゴスが全能の造物主だとするなら、なぜ人間を「死すべきもの」として創造したのか。本来は完全なものであるべき神の不死性が、なぜ「死すべきもの」との交わりによって劣化してしまうように作ったのか。

もし全能の神がいるのなら、そもそも人はなぜ死ぬのか。物質は、生物種は、国家はなぜ滅ぶのか。なぜこの世のありとあらゆるものは、滅びへの道を辿るよう宿命づけられているのか。これまで数多くの宗教者が、この難問に挑んできた。けだしゴーダマ・シッダルタ＝仏陀という人物もまた、プラトンとほぼ同時代に生まれ、この難問に挑んだ思想家の一人だったと言えよう。

実際、仏陀は「人はなぜ生老病死の四苦に悩まねばならないのか」という疑問から出家している。有名な「四門出遊《しもんしゅつゆう》」の故事は、彼の出家の意図がまさにこうした疑問——なぜ人は苦しまなければならないのか——に発していることを示している。

……シッダルタはもともとシャカ国の王子だった。彼の父王は息子のシッダルタに世の無常を悟らせまいと、老人や病人、葬列といった苦しみの一切が目に触れることのないよう遠ざけ、人工的な環境を作り上げて育てていた。ところがあるときシッダルタは、遠乗りをしようと城の東門から外に出て、一人の老人に出会ってしまう。

老人を見て老いの苦しみを痛感したシッダルタは、また別の時に南門から出ようとしたが、今度はそこで病人に出会う。さらに別の時に西門から外に出ると、今度は葬列に出会ってしまった。最後にシッダルタは北門から出るが、彼はそこで僧侶と出会い、その落ち着いた微笑に魅了されてしまった。かくてシッダルタは、老いや病い、死の苦しみから逃れて平穏な生を手に入れるには、出家しかないと思い定めるに至った。以上が仏典に語られる四門出遊の物語である。

右はなにせ有名な話なので多数の書物に紹介されているが、ここで一冊お薦めするなら、宗教評論家の大角修《おおかどおさむ》の手になる『ブッダと神々の物語』が良いかと思う。釈迦の生誕から入定まで

の物語のほか、多数の経典の概要が紹介されていて、しかも仏教が生まれるに至った歴史的、文化的背景までが、コンパクトにわかりやすく説明された一冊である。

さて『百億』ではプラトンのエピソードののち、一気に場面を転換させ、このシッダルタ——作中では「シッタータ」と記される——の四門出遊の場面を描く。これはいっけん鬼面人を驚かす構成のように見えるが、先に見たような哲学的問いを考えたとき、ある意味きわめて自然な流れ、論理的必然に沿った展開と言えよう。アトランティスのエピソードにせよ四門出遊の場面にせよ「なぜこの世のものはなべて滅びへの道を向かうのか」という疑問を問うものだからだ。

さて、歴史上のシッダルタはこののち苦行林での艱難辛苦を経て、ブッダとして悟りを開いていくのだが、この『百億』では一挙に兜率天《とそつてん》、つまり浄土世界の中心、須弥山《しゅみせん》の山頂にある場所へと向かう。そこで彼は宇宙の支配者である梵天王や、四天王の帝釈天と出会うのだが、このあたりの飛躍が初読時にはよくわからず、SF的設定による展開かとばかり思っていた。

ところが実はこの飛躍、仏教的世界観ではそう無理のない展開らしい。宗教学者の立川武蔵《たちかわむさし》によるエッセイ『弥勒の来た道』によれば、釈迦をはじめとする仏教世界の住人には、三つの身体があるという。一つは「化身《けしん》」、つまり歴史上実在していた、生身の肉体。もう一つは釈迦なら釈迦の死後も、肉体のないまま娑婆世界のどこかで法を説く、死後の分身のような「法身《ほっしん》」。そして娑婆世界を離れて浄土で暮らす「報身《ほうじん》」という身体である。つまり生き身の肉体は娑婆世界にありながら、同時に報身は浄土世界に遊ぶということも、仏教世界では可能なのである。

ここで再び『百億』に戻ると、シッタータは天上の兜率天に住まう梵天王に促され、天上世界を荒しまわる鬼神、阿修羅王と出会う。阿修羅王は四億年もの長きにわたって帝釈天と戦い続けているという鬼神である。ここで驚かされるのは、同作中で阿修羅が弥勒菩薩というほとけに対して見せる、すさまじいまでの敵意である。

弥勒菩薩は我が国では、京都にある広隆寺の国宝、半跏思惟像を通じて、広く知られたほとけとなっている。弥勒は釈迦の入滅後五十六億七千万年ののちに、兜率天から娑婆に現れ、衆生を救うとされる救世主とされている。だがこの作品における阿修羅は、そんな救世主の弥勒に対し、凄まじい罵倒の言葉を連ねるのである。

「なぜ弥勒は説明しない？　どんな末世が来るものか！　どんな破滅が起こるのか！／なぜ弥勒はだまって自分の出番まで待っている!?」「説明したがいい！　ついでに救いの方法も説いたがいい！／まこと救いの神ならば破滅の到来をこそ防ぐべきだ！」「ふ！　造物主が宇宙を造った／滅ぼすこともまた可能！」「彼はどこからやって来た？　何ものだ？／いや私は信じない　よく見るがいい　見るがいい！」

我々日本人にとって阿修羅といえば、馴染み深いのは奈良の興福寺にある乾漆像であって、仏法を守護する八部衆の一人、つまりは正義の味方としての阿修羅である。確かに「阿修羅のごとく」と言えば戦闘的な性格をさす形容として馴染み深くはあるものの、それは仏法を守るための戦いに獅子奮迅するのだと、多くの日本人は思っている。ところがここでの阿修羅ときたら、右のごとく弥勒の救いを、口を極めて罵倒するのだ。

京都の弥勒像といい奈良の阿修羅像といい、双方とも教科書に載っているほど有名な仏像である。その一つが火のついたような勢いで「私は信じない」と他方を論難する。その光景を漫画で読まされた小学生当時の私の衝撃はいかばかりであったか、筆舌に尽くし難い。だが、この奇想天外な設定もまた、世界の宗教史と照らし合わせると、単なるトンデモとして片付けられない背景を持つ。阿修羅にせよ弥勒にせよ、古代インドと古代ペルシャ(現代のイラン)の双方で、共通して信奉された神にルーツを持っているからだ。

阿修羅すなわちアスラの語源は、古代ペルシャで信仰されたアフラ・マズダにあるという。いっぽう弥勒すなわちマイトレーヤは、やはりペルシャで信仰されたミトラ、ミスラに淵源がある。アフラ・マズダとミトラの二柱の神は、もともと同格とされていたが、紀元前十三~七世紀のイランに出た宗教改革者、ゾロアスター(ツァラトストラ)によって「真に信仰すべき神はアフラ・マズダのみ」とされた。つまりイランでは阿修羅の方が上位の神として信仰されたのである。

ところがイランと対立していたインドでは、逆にアフラ・マズダは邪神アスラとして貶められ、逆にミスラの方が司法神としてその地位を高めて、仏教の中に組み入れられた救世主となった。つまりイランでは弥勒の方が崇められ、阿修羅は邪神扱いされたのである。このように『百億』における阿修羅と弥勒の対立は、阿修羅を奉じるイランのゾロアスター教と、弥勒を奉じるインドのヒンドゥー〜仏教の対立に重なるのだ。

さて、『百億』におけるシッタータは、阿修羅王＝アスラと出会うことで、造物主への疑念を抱くようになる。この「造物主への疑念」という考え方は、現代の我々にはひどく突飛なものに見える。なにせ凡愚の衆生の一人である我が身と世界の造物主を引き比べ「自分がいま苦しいのは造物主が間違っているからだ」と断を下すわけだから、文字通り神をも恐れぬ思考法である。ところが実はこうした「神への懐疑」という考えも、世界の宗教史の中には存在している。いわゆる「グノーシス主義」と呼ばれる宗教思想の系譜がそれだ。グノーシス主義の根幹には「人間の肉体は魂を閉じ込める牢獄である」という考え方がある。こうした滅びゆく肉体に我々の魂を封じ込めたのは悪神、ないしは過ちを犯す愚かな神であり、この滅びゆく世界を創造したのも、やはりこうした下級神だというのが、グノーシス主義の教えるところなのである。

したがって我々は正しい宇宙の姿を認識し、肉体の牢獄、現世の牢獄を逃れて、真の世界へと到達しなければならない。『百億』におけるシッタータと阿修羅王の二人が見せる現世否定の思想は、まさにグノーシス主義の思考法に重なるものだと言えよう。

古典文献学者の筒井賢治による『グノーシス　古代キリスト教の〈異端思想〉』によると、グノーシスには「グノーシス教会」とか「グノーシス教徒」といった明確な母体が存在しなかったのだという。世に広く知られるのは「グノーシス主義キリスト教」という一派だが、実際にはグノーシス主義はキリスト教だけでなく、多彩な宗教と混交、融合しながら、現世否定、神への疑念を世に植え付けてきた。いわばレトロウィルスのように既存の宗教に取り憑き、現世否定の思想で染め上げてしまう融通無碍の思想的クラスタ、それがグノーシス主義だったのである。

ここで興味深いのは、グノーシス主義の源流の大きな一つとして、古代ペルシャのゾロアスター教、つまりはアフラ・マズダ＝アスラ＝阿修羅を信奉していた教団があるという事実である。既に見た通り、古代ペルシャのゾロアスター教と、インドのヒンドゥー教〜仏教は、同一の神々を信奉しつつ真逆の価値判断を示すという、強い緊張関係にあった。もしかすると古代のインドとペルシャの宗教者のあいだでは、『百億』における阿修羅王＝アフラ・マズダとシッタータとの対話にも似た、激しい教理問答が交わされたことがあるのかもしれない。筒井賢治のグノーシスを論じた著書と『百億』の併読は、そんなことを考えさせるのである。

また、同書によればギリシャ哲学も、グノーシス主義の源流の一つであるらしい。古代ギリシャで信奉されたオルフェウス教は「肉体は魂の墓場である」という教理を持ち、プラトンはこの言葉をその著作『クラテュロス』のなかで紹介しているという。実際、訳本で『クラテュロス』にあたってみると、確かにそうした一節があり、肉体は魂の牢獄であるというグノーシス主義特有の教理も、これに続けて記されている。

のちにプラトンの教説はグノーシス主義者たちによって変形され、プラトンの説くイデアこそが天上の存在であり、この世はそのイデアの影、劣位の神デミウルゴスによって創造された、出来損ないの世界だとされるに至る。『百億』ではプラトンもまた阿修羅王やシッタータと合流し、造物主への疑念を抱いてその陰謀を暴く旅に出るが、この三人の同行は、きわめてグノーシス的

な色彩の濃いものであると言えよう。

　さらにこののち一行には、裏切り者として名高いイエスの弟子、ユダも加わる。さすがにこれには当時小学生だった私も「こりゃSFだな」と思ったものだが、驚いたことに実はこのユダもまた、グノーシス主義者に信奉されていたという事実がある。新約聖書学者でグノーシス主義研究者の荒井《あらい》献《ささぐ》の手になる『ユダとは誰か　原始キリスト教と「ユダの福音書」の中のユダ』によれば、一九七〇年代、ユダ自身によって書かれたと伝えられる『ユダの福音書』が発見され、そこではユダは裏切り者などではなく、むしろ真の神の計画を完遂するために使わされた使者とされていたのだという。

「彼らによれば、もともと人間を創った創造神（デーミウールゴス）は、この神を超える至高神に由来する『霊魂』を『肉体』の中に閉じ込めたのである。この霊魂は『ソフィア』を介して人間に与えられた。したがって、ソフィアに依って『霊魂』を、創

造神に由来する『肉体』から解放することが人間の救いとなる。（略）……ユダは、このことをよく知っていた（略）ので、『裏切りの秘儀』（略）を成し遂げた」（荒井献、前掲書）。

彼らグノーシス主義者によれば、イエスもまた肉体という牢獄に囚われた人であった。ユダはイエスから自分を告発するよう依頼され、イエスは磔刑に処せられた。このためイエスは肉体の牢獄を離れ、天井世界にその魂を戻すことができたのである。つまり正統派の教義において裏切りとされるユダの行為は、グノーシス主義者にとっては「イエスの計画を完成させるためのものだった」ということになるのである。

『百億』におけるイエスは、この世を作った下級神のしもべ、つまりは悪役として描かれている。逆にユダは、イエスと創造神の陰謀に気付きかけていたものの、イエスの計略にまんまと乗せられ、裏切り者の汚名を着せられたという筋書きだ。したがってここに描かれるユダ像は、イエスの忠実なしもべであったグノーシス的ユダ像とは、直接重なるものではない。だが「創造神への疑念」という思想を抱いたユダ像を描いたという意味で、やはり『百億』の世界観は、グノーシス主義者のものと重なっている。

既に見た通り『ユダの福音書』が発見されたのは一九七八年のことである。この文書のコプト語本文が、英訳付きでネット上で公開されたのは、二〇〇六年になってからだ。光瀬龍による原作の『ＳＦマガジン』での連載が始まったのは一九六五年、マンガ版の連載開始は一九七七年。両者はいずれもこの文書を知る由も無い。

光瀬龍と萩尾望都の両者は、どの程度までグノーシス主義についての知識を持って、この作品を書いたのか。光瀬が故人となった現在では、確かめるのは困難だろう。だが同作は空恐ろしくなるほどの緻密さでグノーシス主義の真髄に肉薄し、当時は未発見だった『ユダの福音書』とも交差する内容の物語を綴ってみせたのである。まさに神がかった構想力というほかない。

グノーシス主義の起源には諸説あるが、いまから約二千数百年前、プラトンや仏陀の登場した頃には、おそらくその萌芽となる思想が芽生えていたことだろう。つまり世界宗教や哲学の発生とほぼ同時に、この驚くべき思想は誕生していたのである。

人はなぜ死ぬのか。この世はなぜ滅びへと向かうのか。なぜ神は我がままで身勝手で、気まぐれから生物や都市、国家を滅ぼすのか。そうした途方もない疑問を、人間は数千年以上にわたって考え続けてきた。グノーシス主義そのものは異端とされて霧消したが、こうした思考法はその後も姿を変えて生き続け、十世紀にはブルガリアの異端「ボゴミール派」を、十二世紀には南仏と北イタリアに、異端教皇までいただく大異端「カタリ派」を生むに至っている。

もちろん現在ではそのいずれも異端として排斥され、文書の中にだけその姿を残すのみである。だがグノーシス主義的思考法は、人が死すべき存在である限り、そして人がものを考える生き物である限り、幾度でも蘇るに違いない。『百億』はこうしたグノーシス主義的伝統の遠い末裔として、六〇~七〇年代の日本に生まれ落ちた作品である。それはいわば現代に蘇った「ポップな異端文書」であったと言えるかもしれない。

死の危険や死の表象は、恐怖をもたらす最も強烈なトリガーだ。かつてそうした死を直視し、その背後に「愚劣な下級神」という異様な概念を見出すことで、グノーシス主義は死の恐怖を克服しようとした。だがグノーシス主義は異端として排斥され、歴史の闇に消えて行ったのである。
しかしグノーシス主義の消滅から数百年後の日本に、それは再び現れた。アンダーグラウンド文化が花開いた六〇年代から、終末論が狂い咲きした七〇年代にかけて登場した、グノーシス主義の末裔。それが『百億の昼と千億の夜』である。波乱と混沌に満ちた六〇〜七〇年代の日本文化において、死をメタレベルで捉え直し、恐怖を超えて崇高へ至った『百億』。それはこの狂乱の時代に燦然と黒く輝く、SF的異端文書なのである。

光瀬龍、萩尾望都『百億の昼と千億の夜』(秋田文庫、一九九四)
光瀬龍『百億の昼と千億の夜』(ハヤカワ文庫JA、一九七三)
プラトン『ティマイオス/クリティアス』(白澤社、二〇一五)
大角修『ブッダと神々の物語　釈迦の生涯と経典の言葉』(勉誠出版、二〇一二)
立川武蔵『弥勒の来た道』(NHKブックス、二〇一五)
筒井賢治『グノーシス　古代キリスト教の〈異端思想〉』(講談社選書メチエ、二〇〇四)
プラトン『クラテュロス』(櫂歌書房、二〇一三)
荒井献『ユダとは誰か　原始キリスト教と「ユダの福音書」の中のユダ』(講談社学術文庫、二〇一五)

八

『イグアナの娘』とマゾ的支配

前章で私は、光瀬龍原作、萩尾望都漫画の『百億の昼と千億の夜』を取り上げ、そこに見られるグノーシス主義的な現世否定の思想について論じた。「この世は間違った愚昧な神が作り上げたもので、いずれ滅ぶ肉体や物質といった存在は、すべてこの低級神の産物である」とする思想、それがグノーシス主義である。グノーシス主義は極めて異端的で過激な宗教思想であるにもかかわらず、繰り返し世界の思想史に登場した。

だが私は先の稿をまとめたあと「それでは、どうしてそうした異様な現世否定の感覚を、現代の作家である萩尾望都が抱くようになったのか」と疑問を持つようになった。もちろんこの作品には光瀬龍の原作があるのだから「最初から原作にあったのだ」という考え方もありうるが、それにしても漫画化した萩尾望都はなぜ、こんな異様な原作に共感し、漫画化しようと思い立ったのか。

原作者である光瀬龍がこうした感覚を持つに至った理由は、なんとなく想像がつく。学生時代に東洋と西洋、双方の哲学を学んだバックボーン。十代で経験した敗戦と、一夜にして戦中の価値観が一挙に崩壊、転換した戦後の体験。そうした体験のアマルガムが「この世は何者かが作ったマガイもの」という感覚を抱かせ、『百億』を書かせるに至ったことは想像に難くない。いや、光瀬に限らず、日本のSFの黄金時代を担った作家たちは、その多くが多感な少年期に敗戦後の価値観の転換を体験している。

星新一（一九二六〜一九九七）

光瀬龍（一九二八〜一九九九）
小松左京（一九三一〜二〇一一）
筒井康隆（一九三四〜）

右に見る通り、彼らはいずれも十代で敗戦を経験した。そうした彼らが世界への疑念を創作の根底に据え「こうでもありえたかもしれない別世界」を描くSFに傾倒したのは、いわば当然の成り行きと言えるだろう。総じて世界の破滅を執拗に描くのも、時代背景を考えれば無理はない。

考えてみれば戦争とは、国家が個人に死を強いることだ。まさに愚劣な下級神と変わらない行為を、神ならぬ人が行うという愚行中の愚行である。そこから神の存在を疑う『百億』のような作品が生まれたのは、ある意味で必然と言えるかもしれない。

だが萩尾望都は一九四九年生まれで、戦後生まれのベビーブーマーである。「戦争を知らない子どもたち」であるこの世代は、そうした極端な価値転換や社会の激変を体験していない。いわゆる全共闘世代でもあるこの世代には、保守的な政治体制への反発を持つ人が少なくないが、世界そのものまで疑ってかかる人は多くない。一体なぜ、という疑念を抱いて萩尾の作品を手にとるうち、短編集『イグアナの娘』に目が止まった。

一九九二年、雑誌『プチフラワー』に初出掲載された表題作は、実の娘の顔がなぜかイグアナに見える母親と、その母親から理不尽な罵倒を日常的に浴びせられて育てられた、不幸な娘の物語である。のちに菅野美穂主演でドラマ化されたこの話は、一見突飛なファンタジーに見えるものの「まったく理不尽に容貌をけなされ、親から忌み嫌われる娘」のたとえ話として読むと、心胆寒からしめるほどのリアリティーがある。

　同作に出て来る母親は、日常的に「ブス」「グズ」「つぶれたトカゲみたいな声」といった罵言を娘に浴びせ、ピンクの服は「似合わない」と言って着せない。すぐ下の妹はどんなことでも誉めそやすが、長女は常に罵倒する。テストで良い点を取っても「なまいき」だと切り捨て、誕生日のプレゼントは受け取らない。挙句は結婚すればその配偶者までけなし続ける。典型的な「毒になる親」、通称「毒親」そのものである。

「毒親」という言葉には、いまだに誤解が多いようで「自分の親を毒親と呼ぶとは、なんという親不孝か」といった意見を散見する。「毒になる親」とはアメリカの精神科医、スーザン・フォワードが、その著書『毒になる親　一生苦しむ子供』で提唱した概念で、身体的虐待だけでなく過干渉や罵倒、ネグレクトなどによって、子どもの健全な育成を阻み、成人後も子どもを支配し続ける親のことを指す。子どもを愛情たっぷりに慈しむ親を毒親呼ばわりする人など、どこにもいない。自らの子どもを虐待するような下劣な親が、ここでいう「毒親」なのだということを、まずはご承知いただきたい。

　さて、本書のテーマは「恐怖」だが、考えようによってはこの毒親ほど怖いものはない。毒親は子どもの自由や自信、自尊心を徹底して踏みにじり、下手をすると死に至らしめる存在だからである。自尊感情を破壊された子どもたちは、自罰行為として危険な遊びやギャンブル、飲酒や薬物への依存、不特定多数との性交渉や売春に耽り、自分の人生そのものを損ねていく。だが恐ろしいことに、彼らは大半が、その根底に毒親の暴力があることに気がつかない。そこでは「恐怖」という、我々の感情に組み込まれた生命維持のセンサーが機能していないのだ。

逆説めいた話だが、「恐怖」の感覚が失われてしまうことほど、実は恐ろしいことはない。バイクや車での無軌道な暴走、自傷、自罰、セックスや薬物への過剰な依存は、いずれも恐怖が失われているからこそできることで、彼ら、彼女らは怖いともなんとも思わず、平気で危険な行為を繰り返す。しかもその理由が自分でもわからないのだ。

自分自身ですらこうした問題行動の理由がわかっていないのだから、まして周囲にはまったく伝わらない。彼らの行動は周囲から見れば単なるワガママから非行に走っているだけに見えるが、実はそうではない。彼ら、彼女らは毒親によって自己肯定感を根こそぎ奪われ「自分の人生に価値などない」「自分なんか生きていても仕方ない」「自分の生命、人生なんてどうでもいい」という感覚を根深く植え付けられているのである。

ここまで説明すれば、毒親に育てられた子ども、通称「毒っ子」たちの世界観が、前章で紹介したグノーシス主義者たちのそれと紙一重であることは、おおよそおわかりいただけるかと思う。自分を取り囲むすべての世界は、下級神ならぬ下級親である毒親によって与えられた「マガイもの」であり、自分の生命や身体は、毒親に与えられた借り物に過ぎず、魂を幽閉する牢獄のようなものでしかない。だからこそ彼らは怖いもの知らずの無軌道な暴走を繰り返すのだ。

それどころか毒親は、子どもが独立したあとも、いや、親自身の死後にさえも、亡霊のように子どもに憑依し、支配し続けることがある。なかでも毒になる「母」の方には、その傾向が強いらしい。精神科医の斎藤学《さとる》の手になる『インナーマザー～あなたを責めつづける心の中の「お母さん」』によれば、こうした毒母の罵声は子どもの中に内面化され、子どもが成長して大人になっても「インナーマザー」として脳裏に響き、その行動を支配するという。ああしろこうしろ、もっと頑張れ、臭い、醜いといった罵声を浴びせ続ける、心の中の苛烈な批判者。それがインナーマザーなのである。

個人的な感想だが、毒親に育てられた人々には、自分の幸せの実現に関して不器用な半面、ある特定の分野で異様なほど優秀な才能を示す人が多い気がする。勉学や芸術、ある種の記憶力や実務能力に長けており、しばしば人を圧倒するほどの能力を示す。周囲から見れば羨ましいほどの才能だが、本人の内面はまったく幸せではない。それは心の中のインナーマザーが「こんなもんじゃ話にならない、もっと頑張れ、死ぬまで頑張れ」と、常に罵倒し続けるからである。

萩尾の『イグアナの娘』では、この斎藤の所説通り、主人公は勉学で衆目を引くほどの才能を発揮し、超がつくほどの美少女であるにもかかわらず自分を「ブス」だと信じ込んでいる。このため異性から告白を受けても「からかわれてるんだ」と信用せず、せっかく異性と付き合うようになっても、すぐに別れてしまうことになる。いわば実母による洗脳のようなものだが、インナーマザーは完全に内面化されて「自分自身の気持ち」と同化してしまうため、もともとそれが他人の植え付けた考えであることさえ意識されない。このため赤の他人による洗脳よりも、さらに強固に根付いてしまうのである。

毒母といえば忘れてならないのが、漫画家の田房永子の手になる自伝的エッセイ漫画『母がしんどい』だ。ここに登場する毒母は、四六時ちゅう娘に罵声を浴びせ殴りつける女性である。習い事や進学先を勝手に決め、本を勝手に捨てたかと思えば下着一つ買ってやらない。バイトをしても辞めさせ、そのくせ「誰の金で育った」と言い募る。別居していても職場の電話や携帯に宛てて、ひっきりなしに電話やメールを送りつけ、出れば携帯がビリビリ震えるほどの音量で罵声を発し、庭先に不法侵入して怒号をあげる。挙句、結婚して妊娠すれば「勝手に産め」と言い放つという人物である。

これだけの虐待に日常的にさらされると、骨の髄まで洗脳され、母親との物理的な接触を絶ったあとも、内面化されたインナーマザーに苦しめられる。たとえば本作の主人公は、せっかく婚約者が指輪やドレスを買ってあげようと申し出ても、逆にイライラしてしまう。傍目からみると不可解な反応だが、インナーマザーの洗脳によるものと考えると、これは理に適っている。

要するにこの主人公は、親からプレゼントをもらうときは「自分の要らないものをもらう」という経験しかしていない。逆に自分の欲しいものがあっても、それが下着のような必需品であって

さえ、欲しいものは徹底して与えてもらえない人生を送ってきた。つまり彼女の中のインナーマザーは「自分が欲しいものを人からもらってはいけない」と、彼女に命令し続けているのだ。

実際にプレゼントを贈ろうとする人が、どれだけ暖かい心でいたとしていても、インナーマザーに取り憑かれた人には関係がない。いや、贈る人の心が暖かければ暖かいほど、インナーマザーの罵声は大きく、強く響き渡る。田房の場合は下着、ブラジャーを買い与えてもらえなかったが、「イグアナの娘」で禁じられたのはピンクの服だ。ピンクの服の禁止は、カッコ付きではあるものの「女性らしさ」の禁止である。つまりは子どもが性に近づき、異性のパートナーを得ることを、毒母は直接、間接に禁ずるのだ。

毒親はこのように、しばしば子どもの性に介入し、管理し、禁止し、パートナーとの出会いを妨げる。言うまでもなく性は人間同士を結びつける、もっとも強固な絆の一つだ。子どもが自分以外の人間との間に性を介した信頼関係や人間関係を築くのを妨げ、自分だけに依存するように仕向けるのが毒親、なかんずく毒母の戦略なのである。

小学館文庫版の『イグアナの娘』に併録されている短編「カタルシス」（一九九一年『プチフラワー』初出）もやはり毒母の話だが、ここに出てくる母親の「性の禁止」は、もはや常軌を逸している。この母親は息子の初恋の相手が急死したにもかかわらず、息子が受験前であることを理由に、その葬儀への出席を禁じるのである。人間が人間として生きていく上で、人の生き死に以上の重大事は存在しない。その当たり前のことを禁じられた体験が、どれだけ彼の心を傷つけたか、想像するに余りある。

よくこんな話を考えつくものだと感じ入ったが、実は作者の萩尾望都自身、毒親に育てられた人だったらしい。精神科医の斎藤環の対談集『母と娘はなぜこじれるのか』には萩尾も登場してくるが、萩尾の母は三六五日、常に怒り続けている人だったという。勉強ができなければ叱られるが、良い点を取っても「どうして初めから良い点を取らない」と怒鳴りつける。夕食は六時からで五分遅れてもダメ、部活も禁止だったそうだ。

漫画家という職業を一切認めず、雑誌に載っても「くだらない」と断じ、早く辞めて郷里に戻ってこいと繰り返す。上京して仕事場に遊びに来るまでは良いが、自分たちが泊まりたいからアシスタントは追い出せ、編集にも仕事は休むと言え、と迫る。なぜアシスタントに金を払うのか、月謝を取れといって聞かない。萩尾が大作家となって新聞に載るのは喜ぶが、それでも「漫画家は辞めろ」と言って聞かず、萩尾が還暦を過ぎても「そろそろ辞めたら」と言ったらしい。

萩尾の両親は一貫して萩尾の収入源である漫画への道を途絶させようとした。漫画は彼女にとって経済的自立の手段であり、家の外部に出る道でもあった。だが彼女の両親はそれが「くだらないもの」であると、繰り返し彼女に信じさせようとしたのだ。

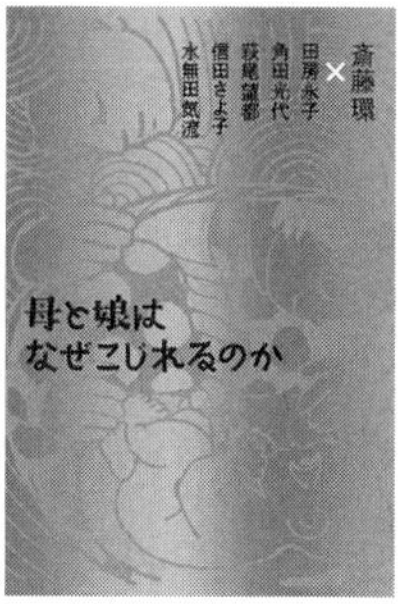

子どもにとっては両親が世界のほぼ全てだが、彼女の両親は萩尾をその歪んだ小世界に、幽閉し続けようとしたのである。

こうしたエピソードを読むにつけ、萩尾が『百億』を題材として選んだ理由が、ようやく私には腑に落ちるような気がした。つまり『百億』における神、愚劣で低級な下級神とは、毒親の象徴

だったのだ。いや逆にこの不条理だらけの狂った世界を作った神とやらは、この世で最悪の毒親ではないか、そんなふうに彼女は考えたのかもしれない。

ちなみに萩尾の対談でホスト役を務めた斉藤環は、同書の中で繰り返し、母娘関係の特異さと「しんどさ」を強調し、その理由として母娘が身体感覚を強く共有していることを挙げている。実際、同じ本で斉藤と対談している田房永子は、同じような毒親を持つ男性も少なくないのに、こうした男性は最後には母親の肩を持つことが多いことを報告し、彼らの煮え切らなさに落胆している。田房のこの発言は一見、母娘の関係の特殊さ、それゆえのしんどさという斉藤の論を、裏書きするもののように見える。

だが本当にそうだろうか。毒母に苦しめられた男性たちが、最後には母親の肩を持ってしまうのは、それだけ深く彼らの内部に、強固なインナーマザーが巣食っているからではないか。むしろ最後の最後で彼らが毒母の肩を持つのは、それだけ洗脳の度合いが深いからではないか。フィクションの例で言えば、先に紹介した萩尾の短編「カタルシス」の母親など、まさに「男性を蝕むインナーマザー」の例だが、もう一つ強力な実例がある。精神科医の岸田秀が、その最初のエッセイ集『ものぐさ精神分析』のなかで告白している、みずからの毒母体験である。

岸田は思春期にあったころ、統合失調スレスレの抑鬱状態や強迫神経症、幻覚、幻聴を体験したが、両親の死後に徹底的に自己分析を行い、みずからの親、なかんずく母親が、今日でいう毒母であったことを発見し、これにより一連の症状から快癒したという体験を告白している。つまり、毒母は娘にだけ害をなすのではなく、息子にも強烈な害をなすことがあるのである。

もう一つここで注目しておきたいのは、岸田は母の生前には、自分の母が毒親であるなどとは思ったことすらなく、むしろ自分は母親に溺愛され、献身的な愛情に支えられて育った、と思い込んでいた点だ。しかも彼が母の毒親ぶりに気づいたのは、彼女の死後になってからであり、精神分析の手法を借りた自己分析を通じてであった。これは毒母の根深いコントロールが男性に及んだ場合、母親の死後、それもプロフェッショナルな手法でなければ解けないほど巧妙であることを物語る、有力な証拠と言えまいか。

それでは、毒母はどのような手段によって、巧妙に子どもたちを騙すのか。岸田秀の母親の場合、高価なバイクをポンと買い与えたり、息子のために山海の珍味でご馳走を作るいっぽうで、自分はお茶漬けで済ましていたりしたという。ことさらに苦労して相手に尽くす様を見せつけることで「これだけ苦労しているのだから、私の言うことを聞いてくれるよね？」と、無言のうちに相手を縛る、巧みな支配の方法である。

そのくせ彼女は岸田がもっとも求めていた「本」というものを、買い与えようとしなかったらしい。このため岸田は「本を手に取ると罪悪感を覚える」という状態にまで陥ったという。実は岸田の母が息子に本を読ませまいとした背景には、岸田家の稼業である劇場経営への思惑が隠されていた。母はこの劇場を岸田に継がせるため、知的なものの一切から岸田を遠ざけようとしたのである。岸田はこのことに気づいて、母の写真を一枚残らず焼き捨てたらしい。

子どもが欲しくないものは気前よく与えるいっぽう、子どもたちがもっとも必要とするもの、外部への突破口になりそうなものは与えない。「イグアナの娘」におけるピンクの服や、田房永子のブラジャーと同じである。だがこうした毒母たちは、あらかじめ自分がまるで被害者のように振る舞っているため、子どもは自分が本当に欲しいものを欲しいとも言えず「欲しがって申しわけない」と感じてしまうのである。

田房永子の母親の場合、ふだんは娘に対して殴る蹴るのやりたい放題をやっているくせに、いざ自分が掴みかかられると、肘の先の皮がめくれた程度で「痛ったぁ〜い　痛ったぁぁ〜い」と訴えたらしい。自分の被害や努力ばかりを針小棒大に嘆き「これだけ私はお前に尽くし、虐げられているのだから、お前は私に従う義務がある」という言外のメッセージで呪縛するわけだ。

ユング派の分析心理学者である高石浩一は、その著書『母を支える娘たち　ナルシシズムとマゾヒズムの対象支配』のなかで、こうした支配のありようを「マゾヒスティック・コントロール」と名付けている。私はこれこそ毒親、なかでも毒母が、子どもたちに対してふるう、最大の支配のやり口なのではないかと思う。男性が毒母の存在を告白しにくく、またその支配から脱却しにくい理由も、まさにこのマゾヒスティック・コントロールにあるのではないだろうか。

実際、毒母に育てられた男性は、母親との対決や決別を勧められても、しばしば「でも、お母さんはお母さんなりに、俺のことを思ってくれてるんだと思う」などといった言葉を口にする、と田房永子は語っている。こうした「申しわけなさ」の感覚こそ、実はマゾヒスティック・コントロールによる呪縛の、もっとも典型的な感覚なのだ。

ただしマゾヒスティック・コントロールの提唱者である高石は、こうした支配は「母から娘へ」という一方向だけのものではない、とも述べている。母が娘に苦労する様を見せつけ、逆に娘はことさら従順に従うようすを見せつけ、それをさらに母がいたわる様子を見せつけ……といった具合に、それはしばしば無限に循環し続ける。また、こうした関係は母娘の間に限らず、上司と部下、カウンセラーとクライエントといった間でも起こりうる。つまりマゾヒスティック・コントロールとは（特に我が国では）社会に広く偏在する、心理的風土のようなものなのだ。

なかでも母と娘の二者の間は、その関係も煮詰まりやすく、しばしば互いに「お前の方こそ悪者だ」と言い募ることになる。そんな不毛な堂々巡りに入り込んだクライエントの姿を、おそらく著者は数多く目にしてきただろうし、自身も巻き込まれてきたのだろう。著者はここでは、そうした支配＝被支配のゲームを相対化した上で「他のシナリオもありえる」ということを示し、ゆるやかに両者を開けた場所へ誘導する、という解決法を説いている。この社会で幅広く見られるような軽微なマゾヒスティック・コントロールであれば、これにはまったく同感である。

ただ、本稿でいう毒親の場合、ゆるやかな相対化の試みなど、そもそも最初から通用しない。社会のどこにでも存在する軽微な支配の仕方とは違って、毒親は肉体的な暴力の行使も辞さないし、相手が精神病になっても震えていても、就職に失敗しても自殺未遂を起こしても、支配の手を緩めない。こうした人物を相手にしたとき、ゆるやかな相互の変容を待つという手法は、ほとんど危険でさえあると個人的には考える。

こうした毒親に対処する方法は、サイコパスへの対処法とほぼ同じだ。まず、物理的に逃げる。できるだけ早く、遠くに逃げる。こちらの情報は与えない。どこに住んでいるか、何をしているか、誰と交際しているかを教えず、あとは最小限の接触しかしない。実質的にこれしかない。

本書をお読みのあなたがもし毒親育ちであるならば、あなたにはいま世界が「マガイもの」のように見え、自分の体が借り物のような「実感のなさ」に囚われているかもしれない。おそらくそれは、あなたが毒親の支配に幽閉されているからだ。だが、まだ間に合う。幸か不幸か毒親育ちはサバイバル能力に恵まれている。あなたの能力をフルに活かせば、きっと大丈夫、あなたは生きていける。心の奥底に受けつけられた偽の罪悪感を断ち切って、支配を振りほどいて欲しい。あなたは決して悪くないのだから。

さらにもう一つ。ここで本書のテーマである「恐怖」に戻るなら、あなたが取り戻すべきなのは、何よりもまず「恐怖」の感覚である。あなたは既に「恐怖」の感覚をかなりの部分、破壊されていることに気づいて欲しい。自傷、自罰、ギャンブル、飲酒や薬物、逸脱した性交渉や売春は、いずれも本来恐ろしいものだ。恐ろしいものを恐ろしいと思えないこと、あるいは「本当は恐ろしい」と思っているのに、恥ずかしくて人にそう言えないこと。それは勇気の証明でも大人の証でもない。それはあなたの感覚的な防衛装置が、損壊していることを示しているのだ。

恐怖は一義的には不快な感覚ではあるが、死を遠ざけ、生命を守るという大切な役割も持っている。戦争ではしばしば国家が国民に、死への恐怖を捨てよ、死を恐れる者は臆病者だと扇動するが、しばしばそう説いている張本人は、最前線から最も遠い場所でぬくぬくと惰眠を貪る「上級国民」である。自分自身の恐怖心を取り戻し、怖いものは怖いのだと訴えることは、恥でもなんでもない。恐怖は私たちの心の杖なのだ。

萩尾望都『イグアナの娘』（小学館文庫、二〇〇〇）
スーザン・フォワード『毒になる親　一生苦しむ子供』（講談社＋α文庫、二〇〇一）
斎藤学（さとる）『インナーマザー　～あなたを責めつづける心の中の「お母さん」』（だいわ文庫、二〇一二）
田房永子『母がしんどい』（KADOKAWA/中経出版、二〇一二）
斎藤環ほか『母と娘はなぜこじれるのか』（NHK出版、二〇一四）
岸田秀『ものぐさ精神分析』（中公文庫、一九九六）
高石浩一『母を支える娘たち　ナルシシズムとマゾヒズムの対象支配』（日本評論社、一九九四）

九

寺山修司とエヴァンゲリオン

俳人で歌人、劇作家で映画監督だった寺山修司は、一九三五年生まれ。高校時代から俳句の世界で活動し、大学在学中に歌人としてデビューした人である。五〇年代末にはラジオドラマを、のちにはテレビドラマの台本を手がけるように。一九六七年には劇団「天井桟敷」を旗揚げし、一九七一年には映画監督としてデビューする。

このように寺山は生涯にわたって実に様々なメディアを転々とした人だったが、そんな彼の活動の中では、一貫して土俗と猟奇に彩られた表現が展開されていた。たとえばその俳句に、こんなものがある。

わが死後を書けばかならず春怒濤

自分の死後に寺山論など書くやつは怒涛に巻き込まれて呪われるぞ、とでも言わんばかりの歌である。実際のところ彼の作品には、実にしばしば、読んでいるこっちが呪われそうな、猟奇的語彙が頻出した。「悪霊」「仏壇」「義眼」といったモチーフがそれである。まるでホラー映画のような要素の数々が、寺山作品には詰まっているのだ。

悪霊となりたる父の来ん夜か馬鈴薯くさりつつ芽ぐむ冬
たった一つの嫁入り道具の仏壇を義眼のうつるまで磨くなり
売りにゆく柱時計がふいに鳴る横抱きにして枯野ゆくとき

『寺山修司全歌集』（講談社学術文庫）

一読しておわかりいただける通り、もはや短歌の形をしたホラーである。寺山の演劇や映画作品の多くでは、短歌、俳句作品と同様、恐山の風景や白塗りのメイクアップの集団、上海の娼館で繰り広げられるSMプレイなど、ホラーまがいの要素が散りばめられていた。そんな彼の映画、演劇を、人は「アングラ演劇」と呼んだ。アングラとはアンダーグラウンド、つまり「地下」のことで、つまりは「地下の演劇」と呼ばれたわけである。彼が映画、演劇に関わったのは六〇〜七〇年代のこと。つまりは寺山修司もまた、七〇年代の恐怖文化の一角を担ったわけだ。

私の場合は一九八〇年代に入ってから、彼の作品群と出会った。まだ存命中だった彼自身が、雑誌に書いた記事で虜になったのだ。そこでは実にさまざまな彼の演劇的実験が紹介されていたが、なかでも私が衝撃を受けたのは「書簡演劇」や「街頭演劇」など、劇場をはみだす演劇だった。西洋における劇場の舞台上には「ここからここまでが演劇空間」と示す額縁（プロセニアム）が掲げられている。ところが寺山の演劇はそうした額縁をはみだして、街頭で突如、一般市民を巻き込みながら展開したのである。

たとえばある日突然、平凡な団地の一室を劇団員が訪れて「このキャベツを預かってください」と言い出す。当然、玄関先で揉め事が起きる。このトラブルのようすを観客は「観劇」するのである。言うまでもなく、実際には出かけていく先の団地の一室にいるのは劇団員で、そこで起こるトラブルはすべて仕込みなのだが、観客にはそうした仕込みは秘密にされており、目の前で起

こっている「事件」のように見えるのである。

こうした寺山演劇について私が知ったのは、当時刊行されていた『夜想』というマイナー誌、その四号（特集：劇場・観客）でのことだった。福岡の高校生だった私は、いつか東京で生の寺山演劇を見るのが夢だった。ところが実際にその舞台を見るより前、一九八三年に、寺山修司は亡くなってしまう。その後しばらくした頃に寺山映画の連続上映があり、これで彼の映画のほとんどを見た。いま思うと彼の三回忌にあわせた特集上映だったのだろう。最初に見たのは「書を捨てよ町へ出よう」だった気がする。

上映開始早々から「映画館の暗闇に座ってても、なんも起こんないよ。お前だよお前、そこに座ってるお前！」などと、主人公が観客自身を怒鳴りつける場面で始まるこの作品は、まさに街頭演劇などと同じ「枠組みからはみだす試み」を、スクリーンに持ち込んだものだと言える。

いまではメタフィクションと呼ばれて一般化した表現技法も、当時はそんな用語の存在すら知らなかった。既に第三章でもご紹介した通り、メタフィクションとは虚構の中にさらに虚構が出てきたり、虚構かと思っていたら現実の物語がそのなかに織り込まれたりする、複層的な物語のことである。寺山作品はその典型だったのだ。

近年では娯楽映画の分野でもごく普通に使われているメタフィクションの技法だが、何せ当時はそうした便利な用語がない。寺山作品が日野日出志の『地獄変』と同じ構造を持つことすら気づいていなかった。当たり前だと思っていた盤石の日常が、あっという間に虚実反転する、そんな寺山流メタフィクションに私は魅了されたのである。

いっぽう寺山の作品についてよく言及される、故郷の青森の土俗性に関しては、さほど驚かされはしなかった。確かに彼の映画には、荒涼たる青森の枯れ田や恐山の風景が映っているが、直感的に「こんなところで生まれた人じゃないだろう」と私は思っていた。実際、彼は同じ青森でも都心部、それも米軍基地のすぐそばのアメリカ文化の影響が濃厚な町での暮らしが長かったことを、だいぶあとになって私は評伝で知った。

こうした「虚構の土俗性」に比較的早く気づいたのは、おそらくこのとき「さらば箱船」を見たからだと思う。この映画は青森ならぬ沖縄でロケが行われているが、作中で使われているのは博多弁であり、私の生地の言葉とほぼ同じだ。沖縄で博多弁が使われているはずがないことは福岡出身の私にとっては自明の話で、理屈で考えるよりも生理的な反応として「これは偽の土俗性なのだ」ということがわかってしまった。

むしろ彼の作品で圧倒されたのは、そうした土俗性の問題よりも、作中に描かれた母親に対するアンビバレントな思いだった。このテーマがもっとも濃厚に出てくるのは「田園に死す」だと思うが、この映画の終盤近くでは寺山の分身と思しき映画監督が、青森の老母の許に、手に鉾を持って忍び寄る。そこから先に何が起こるかは、未見の方のために記さない。とにかく私は寺山の描く、母子の愛憎関係に圧倒されたのである。寺山は恐怖の作家であったが、なかでも「母」という存在がもたらす恐怖を、誰よりも深く、執拗に描いた作家だったのである。

我が喉があこがれやまぬ剃刀は眠りし母のどこに沈みし
大工町寺町米町仏町老母買ふ町あらずやつばめよ
亡き母の真っ赤な櫛を埋めにゆく恐山には風吹くばかり

キリがないのでこれぐらいにしておくが、寺山が母親への愛憎を詠った詩歌は無数にあるし、同様のテーマは映画なら「書を捨てよ」や「草迷宮」に、演劇なら「青森縣のせむし男」や「毛皮のマリー」、さらには「身毒丸」などに見ることができる。こうした母親に対する殺意に近い憎悪と、それと背中合わせの近親相姦的な愛情は、当時の私の心をわしづかみにしたのである。

とはいえ、これら亡母のエピソードは、いっさいが虚構の産物である。寺山の母「はつ」が寺山本人の死後にも元気でピンピンしていたことを知ったのは、九〇年代に入って少しずつ、寺山の評伝が出版されるようになってからだ。ただし彼の母親が、周囲の劇団員さえも煙たがるほどの強烈なキャラクターだったことは事実のようである。どうやら余人には想像し難いほどの愛憎関係が、この母子の間にはあったらしい。

寺山夫人であった女優の九條映子（のち改名して九條今日子、故人）に対して、はつは二人が結婚する以前から、攻撃性を見せていたという。寺山が留守中の部屋に忍び込み、壁に掲げていた九條の写真パネルの目に、針を突き刺すといった行為に及んだのだ。彼女は結婚の際にも式場に姿を見せなかったばかりか、結婚後も二人の居宅に投石し、挙げ句は新居に放火しようとした。幸いボヤで済んだそうだが、火元になったのは寺山が幼い頃に着ていた浴衣だったらしい。はつはこれに火をつけて投げ込んだのだ。

寺山と九條はのちに離婚することになるが、離婚の遠因の一つには、こうした異様な母子関係があったことは疑うべくもないだろう。はつの息子に対する独占欲には異様なものがあり、離婚後は同じアパートの二階に寺山が、一階にはつが住むという半同居生活を送っていたし、日中は寺山の劇団の本拠地であった天井桟敷館一階の、喫茶店のレジで店番をしていたという。

また、これは当時の劇団員で、のちに編集者、映像作家となった萩原朔美が書いていることだが（『思い出のなかの寺山修司』）、あるときはつは自分で百枚近い放送台本を書いて、劇団に持ってきたのだという。当初は寺山に局への売り込みまで依頼していたらしい。苦りきった寺山が「読んどいてくれ」と押し付けたために萩原が読むことになったのだが、はつはそんな萩原に、私が書いているから「修ちゃん」はものを書く人になったのだと主張したそうである。

同書によれば、はつは死去に際して元夫人の九條を枕頭に呼び、寺山作品の一切の管理を委ね、養女として寺山家の籍に迎えたのだという。寺山の戯曲「身毒丸」には「お母さん、もう一度、僕を妊娠してください」という台詞があるが、元夫人の九條はかつて夫だった人物の母の、まさに娘になってしまったわけで、事態は寺山戯曲に似た様相を呈してくる。「事実はメタフィクションより奇なり」といったところだろうか。

はつが寺山に向けた感情は、母子がそれぞれに独立した個人であるという、当然の前提を否認したところから生まれている。つまり彼女は寺山を自分の所有物か、自分の一部のように見なしていたのである。いい歳をした息子を「ちゃん付け」で呼び、息子が行くところどこにでもへばりつくようにしてつきまとい、異性との出会いや結婚を妨害し、息子が成功すれば自分の手柄のように喧伝するのは、いずれも子どもを自分自身と区別できない幼稚さから生まれている。

このように母の「柔らかい暴力」は、いっけん「子への優しさ」や「慈しみ」のように偽装するだけにタチが悪く、その洗脳が解けるまでに何十年とかかる。菩薩のような慈母の顔と、子どもを飲み込む恐るべき夜叉の顔の二面性を持つ母を、心理学者のユングは「グレートマザー（太母）」と呼んだ。寺山が味わったのは、こうした太母を中心とする複合観念であった。寺山の言葉を借りるなら、まさに「母親にもう一度妊娠されてしまう」恐怖と言えるだろう。

ご存じの通りフロイトには、父に敵意を抱き母に恋慕する「エディプス・コンプレックス」という概念があるが、フロイトにおいて重視されるのは父と子の関係である。いっぽうユングはフロイトが父子関係を特権視したようには、母子関係を別格扱いしなかった。むしろ彼は「老賢人」や「シャドウ」、「アニマ」や「アニムス」といったさまざまな元型＝アーキタイプと並列にグレートマザーを考え、こうした多様な観念の複合状態から人間を理解しようとしたのである。

だが、我が国ではこうした母子関係は、心の奥底まで根を張った、強固な心理的現象となっているように私は思う。こうした日本特有の母子関係にまつわる観念を「阿闍世《あじゃせ》コンプレックス」と名付けたのは、精神科医の古澤平作であった（小此木啓吾《おこのぎけいご》『日本人の阿闍世コンプレックス』中公新書、一九八二）。古澤によれば、阿闍世とは実母を殺害しようとした、仏典中の登場人物であるという（ただしのちにこの説は、仏典の誤った解釈であると批判されたのだが）。古澤はこのキャラクターをモデルにして、日本特有の母子関係を概念化しようとしたのである。

とはいえ、阿闍世の物語は我が国ではあまり馴染みがない。私見だが、我が国ではこうした親子間の葛藤、なかでも母子間の葛藤を描くことが、強く抑圧されているように思えてならない。父殺しのオイディプスの物語は、いまなお世界中で上演され続けているし、ハリウッドに目をやれば、父殺しや父子の葛藤のモチーフは、ごく一般的な映画にも頻繁に見られるテーマなのに、だ。

たとえば父子の葛藤を描いたハリウッド映画の古典的名作として、ジェームズ・ディーン主演の「エデンの東」が挙げられる。タイトルから察せられる通り、本作は旧約に登場するカインとアベルの物語を下敷きにしたものだ。このほか、二〇一九年に完結した大河SF映画シリーズ「スターウォーズ」、なかでもエピソード4〜6は、直球の父殺し映画である。あるいは大ヒット作「アルマゲドン」も、逆に父の側が自ら死を選ぶという結末で終わる作品ではあるものの、やはり父と義理の息子の対決を含んでいる。

やや象徴的な表現でいえば、戦争映画「地獄の黙示録」なども、こうした父王殺害のモチーフを扱った作品と言えるだろう。このほかハリウッドには「上司が裏切り者だった」というパターンの映画が多い。「LAコンフィデンシャル」や「アウトブレイク」などがその好例だが、これ

らも父殺しのテーマとどこかで響きあうものではないか。

母殺しや母の呪縛がテーマになる例はハリウッド映画でも少ないが、それでもアルフレッド・ヒッチコック監督の「サイコ」という傑作がある。このほかメキシコのカルト映画監督、アレハンドロ・ホドロフスキーに「サンタ・サングレ／聖なる血」という作品があり、これも「サイコ」とほぼ同様の骨格を持った名作として知られる。

以上の例からわかるのは、父殺しにせよ母殺しにせよ、欧米社会、なかでもアメリカ社会ではごく通常の娯楽作品として受容されており、親殺しが表現上の禁忌にはなっていないばかりか、表現上の一大テーマになっているという点である。振り返って我が国の映像表現を考えると、親殺しや親子の葛藤が大きなテーマとなった娯楽作品は、どちらかといえば珍しい部類に属している。

父子の対決を描いた邦画には「復讐するは我にあり」や「華麗なる一族」などがあるものの、いずれも「文芸映画」の色彩が強く、スターウォーズのような娯楽大作とは言い難い。母子の問題を扱ったものになると、「青春の殺人者」が思い浮かぶ程度だ。ことほどさように我が国では、親子の葛藤、対決を描くと、気楽に娯楽として済ますことのできないものになるようだ。

宗教学者の島田裕巳はその著書『映画は父を殺すためにある：通過儀礼という見方』のなかで

同様の指摘を行い、父殺しをはじめとする通過儀礼が、ハリウッド映画における一大テーマであることを述べている。また島田は同書で、日本の娯楽映画では通過儀礼のテーマが希薄であること、邦画では通過儀礼という劇的なプロセスを踏まず、きわめて緩慢なかたちで登場人物の成長が起こることを「男はつらいよ」シリーズを例に取りながら述べている。こうした同書の指摘は実に示唆に富むものと言えよう。

確かに島田のいう通り、日本の映画では親殺しや通過儀礼の表象を拒み、あたかも自然現象のように人の成熟を描いてきた。だが日本社会にそうした親子の葛藤が、まったく存在しなかったわけではあるまい。むしろ日本の映像表現は、本当は描く必要があるはずの親殺し、母殺しの表象から、徹底して逃げ回ってきただけではないのか。私にはそう思えてならないのだ。

さらにいえば、こうした否認は単に映画などの表象空間だけで起こったのではなく、現実の日本社会のなかで、恒常的に行われてきたのではないかと思う。つまり日本の男たちは、自らと母の問題を直視して対決する替わりに、自分の妻と姑に代理戦争をさせて回避してきたのである。昼ドラに代表される「嫁と姑の対決」の物語が、我が国で大量に生み出されてきたのはなぜか。日本の男が実母との対決から逃げ回り、妻にその責務を押しつけてきたからではないか。

こうして強いストレスの許に置かれた妻は、逃げ回る夫との結びつきを放棄して、子を自らのなかに取り込もうとする。ここから生まれるのが母子相姦的な密室的関係である。こうした関係に恐怖を覚えた子は、太母との対決を恐れるようになり、やがて自らの妻に母との対決を押しつける。こうして我が国における阿闍世コンプレックスは、世代を超えて再生産されていったのである。

ここで再び寺山に戻れば、彼はこうした日本社会、つまり親殺しの物語が強い禁忌のなかに置かれ、なかでも母子の問題が強固な否認によって隠蔽される社会のなかで、執拗なまでに母殺しの物語を書き綴ってきた作家ということになる。日本社会では父の威圧的な権威の重圧よりも、母の真綿で首を絞めるような呪縛の方が強いことは、複数の心理学者の指摘する通りである。いわんや寺山は自分自身が、そうした母の呪縛のなかに囚われて育った人物だ。彼はそうした日本的太母、グレートマザーの腹を引き裂くようにして、母子の問題を描いたのである。

寺山の没後以降、こうした母子の問題をもっとも深く、正面から扱った日本の映像作品としては、庵野秀明監督のアニメ「新世紀エヴァンゲリオン」が挙げられるだろう。よく知られる通り本作に登場するロボット「エヴァ」は、主人公の母親との強いつながりを持っているからである。

このロボットの制御装置には主人公の母親の魂が移植されており、操縦席は羊水に似た成分の液体で満たされている上に、臍の緒にも似た金属ケーブルで電力を補給されている。主人公はいったんペニス状のコックピットに乗り込んだ上で、さらにこのロボットに挿入されるのである。しかもこのロボットは、フルネームである「エヴァンゲリオン」と呼ばれることは作中ほとんどなく、常に「エヴァ」と呼ばれている。言うまでもなくエヴァとは創世記に登場する最初の女、つまりは太母の名だ。どこから見ても母子相姦的なイメージの集合体というほかかない。

しかも物語の終盤では、こうした異様なロボットの開発の背景には「人類補完計画」と呼ばれるグロテスクな陰謀があったことが明らかにされる。人類補完計画とは一言で言えば、全人類を自他未分のゼリー状の生命体にしてしまう計画である。同作にはいくつかのバージョンがあるが、旧劇場版の物語は、こうした母子相姦的な肉の海の一部になることを主人公が拒否し、荒涼たる世界で孤独に佇むところで終わっている。

以上のように、エヴァは一種の母殺しの物語となっている。こうした作品が突如として日本のサブカルチャーに現れ、ほぼ二十年近くに渡ってキラーコンテンツであり続けている密かな理由は、まさにここにあると私は思う。自他未分の肉の海に、我が子を飲み込む日本の太母。その母の腹を引き裂くように出現してきたのが「新世紀エヴァンゲリオン」という作品だったのである。

ちなみに監督を務めた庵野秀明には「式日」という実写映画作品があり、そこでも強烈な毒親である母親が登場する。原作者は主演を務めた女優の藤谷文子で、同作は彼女自身の家族の問題を下敷きにしているとのことではあるが、同作は庵野の毒母問題に寄せる深い関心が伺えるものとなっている。

そしてもう一つ「エヴァ」で興味深いのは、終盤部分に用意されたメタフィクションの仕掛けである。同作はテレビ版と映画版、さらに新劇場版でラストの部分が違っているが、そのどれもが虚構と現実の境が入れ子状になる、メタフィクション仕掛けとなっている。つまり母殺しのテーマとメタフィクションという仕掛けを兼ね備えている点で、寺山の諸作品とエヴァには大きな共通項

があるのだ。このことをどう捉えるか。

父親の振るう暴力は、往々にして直接的であり、肉体的なものである。このため逆に言うならば、子は父との物理的な対決によって、その支配を逃れることができるのである。たとえば「スターウォーズ」がそうであるように、父子の対決に関する心理的葛藤は、直接対決の物語によってカタルシスを得ることができるわけだ。

ところが既に述べた通り、太母のふるう暴力は、単純な肉体的、直接的な暴力の形をとらない。こうした暴力を撃退するには物理的な暴力で返してもムダな話で、向こうはあたかも自分が哀れな犠牲者のような顔をして涙でも浮かべるのが関の山である。しかもこうした母の暴力は、あたかも「優しさ」のように偽装され、それが暴力であることに子の側が気づかないのだ。

母は子を騙し、母性愛という名の虚構に呪縛する存在である。こうした「母性的暴力」に立ち向かうには、母が子の周囲に張り巡らせた「虚構の優しさ」の嘘を見抜き、そのメタレベルに立つほかかない。メタフィクションはしばしば「他人が作った虚構を見破る」という物語の構成を取るが、母の虚構から主人公が抜け出す話を書こうと思えば、必然的にメタフィクショナルな形態を取らざるを得なくなる。母殺しとメタフィクションが結びつく理由はここにあるのだ。

さらに遡って映画「サイコ」の例でも、そこではいわゆる「信頼できない語り手」、つまり叙述トリックに近い仕掛けが施されている（未見の方のために詳細は述べない）。第三章でも述べた通り、叙述トリックとは「物語を語る語り手自身が実は嘘をついている」というタイプのトリックで、いわばメタフィクションの一種である。つまりこれらの作品群は「母の虚構を暴くメタフィクション」という点で、ほぼ同型の物語なのである。

世の中には悲しいことだが、嘘つきというのが山ほどいて、嘘で人を騙して支配しようとする輩が、大小無数のカルト的集団を作っている。こうしたカルト集団のなかでも、もっともその支配が目につきにくく、隠微な支配体制を築く最小の集団が「家族」であり「母」である。虐待を受けているのに家族の許を逃れられず死に至る子どもなどは、まさにこうした虚構の犠牲者だろう。

ただし母の暴力は、肉体的な虐待という目に見える形を取るのはむしろ稀で、それだけに陰険で悪質である。人が何かしようとするたびケチを付ける。顔をしかめる。悲しそうなフリをする。始終べたべたとつきまとい、人の話に割って入る。自分の気に入らない話題になると、わざと食べ物をこぼしたり、掃除や洗い物を始めたりして、話題を強引に変えてしまう。母の暴力は殴る蹴るの暴力よりはるかに多彩で目につきにくい。そのぶんダメージはより深く沈潜し、ひどい場合には自死に追い込まれるのである。

そうした虚構の支配から抜け出すための知恵を与えてくれるもの、それがメタフィクションである。なかでも母の支配から逃れるための「母殺しのメタフィクション」を、寺山ほど執拗かつ大規模にやってみせた例は、おそらく空前絶後だろう。先に紹介した「エヴァ」にしても、結局のところ母の存在は明示的に描かれることはなかった。「切れば血の出る」ような生々しい形で「母殺しのメタフィクション」を描いた例は、結局のところ我が国では寺山くらいではないか。そんなふうに私は思うのだ。

さて、それではなぜ私がこんなに母殺しにこだわるのかといえば、逆説的な話だが、こうした「母性的虚構」で人を支配しようとするのが、母だけ、家族だけではないからだ。たとえば宗教的なカルト集団は、こうした虚構支配の最たるものである。世界じゅうで起きている一連の自爆テロや、かつて我が国を震撼させたオウム真理教事件、さらには統一教会の問題を見れば、その脅威は明らかだろう。宗教団体は生身の肉体を介して虚構世界を作り上げるため、その虚構にナマの実感が伴う。それだけに余計その洗脳が解きにくいのだ。

あるいは、社員を鬱で自殺に追いやるほど働かせたり、正社員どころか派遣としても扱わず、労働法の保護の及ばない自営業者として、低賃金でボロ雑巾のようになるまで働かせたりするブラック企業なども、やはり虚構で人を支配する集団の例と言える。だいたいこういう企業の言い分というのは決まっていて、我々は君にやりがいを与えているとか君の成長のためにとか、しまいには逆ギレして君はうちの会社に損害を与えるつもりかとか、前章で述べたマゾ的支配の典型的手法を繰り出してくるのである。

右の例は企業がカルト化した例だが、こうしたカルト化はもっと大規模な社会集団や国家の規模でも起こりうる。第二次大戦期のナチスドイツや文化大革命時代の中国、近年ではウクライナに侵攻したプーチン政権などがそうだ。三機も原発を爆発させておきながら、いまだ一向に原発をやめようとしない我が国の原子力ムラなども、なかばカルト化した社会集団と言えるかもしれない。集団の規模や性質を問わず、閉鎖的な集団はいとも容易に、カルト的な虚構空間に変容しうる。そしてこうした現実のカルト的虚構は、現実に人を殺す能力を持つのである。
こうした虚構の支配を見抜き、仮想空間の母胎を食い破るかのような技法を、母殺しを通じて教えてくれるもの。それが寺山修司の作品群である。切れば血の出る生々しさを持った「母殺しのメタフィクション」を、手を替え品を替え繰り返してみせた七〇年代の鬼才、寺山修司。その作品群には私たちがいまも騙され続けている、虚構からの出口があるかもしれないのだ。

〽死んでくださいお母さん
死んでくださいお母さん
（映画「田園に死す」より）

少なくとも私は右のように生々しい形で母殺しの歌を綴った作家を、寺山修司のほかに知らない。そうした意味で没後三十年以上を経たいまもなお、寺山作品を見る価値は大いにあると言えるだろう。彼の投げかけた問題は終わってはいないのだ。

寺山修司全歌集（講談社学術文庫、一九八一）
『夜想　四号　特集：劇場・観客』（ペヨトル工房、一九八一）
萩原朔美『思い出のなかの寺山修司』（筑摩書房、一九九二）

小此木啓吾『日本人の阿闍世コンプレックス』（中公新書、一九八二）
島田裕巳『映画は父を殺すためにある：通過儀礼という見方』（ちくま文庫、二〇一二）
押見修造『血の轍』（一）〜（十二）（二〇一七〜、小学館）

十

消えていく道化

「恨みもて我が剣の裂く踊り子の血塗らるる夢を秘めし道化師」（ヒロユキ）

アメリカの連続殺人犯ジョン・ゲイシーは別名「殺人ピエロ」として知られ、三三名もの少年を殺害する一方で、パーティーなどではピエロに扮し、地域の子どもの人気者となっていた。服役して以降も彼は獄中でピエロの絵を描き続けたが、彼が死刑に処せられて二十年以上経ついまもなお、その作品はカルト的な人気を誇っているそうだ。

右のジョン・ゲイシーの例に限らず、道化師に不気味な印象を持つ人は、決して少なくないようだ。実際、精神医学の世界には、道化師恐怖症を意味する「コルロフォビア」という言葉まである。映画「ＩＴ」シリーズの化け物、ペニーワイズが道化の姿をしているのは有名だし、著名人だと俳優のジョニー・デップは、まさにこのコルロフォビアなのだとか。なんでも彼は自身のコルロフォビアを克服すべく、自邸にピエロ人形を飾っているほか、ゲイシーの手になるピエロの絵まで所有しているという。

ここまで来ると怖いのか魅了されているのか判断に苦しむが、嫌悪感と魅力は紙一重の存在だ。英語の「enchant」という言葉に「魔法をかけられる」という意味と「魅了される」の意味の両方があることは既に記したが、おそらくはデップもまた、ピエロという存在にenchantされているのだろう。

現代美術の世界で言えば、アメリカのポール・マッカーシーは、おそらくこのコルロフォビアの持ち主ではないかと思う。ヘルマン・ニッチェなどのウィーン・アクショニズムに影響を受けたという彼の作品では、絵の具とマヨネーズ、体液とケチャップがぐちゃぐちゃに混じり合う暴力的なパフォーマンスが演じられるが、その際彼はしばしば道化師の扮装で現れるのだ。

私が実際に彼の作品を見たのは二〇〇八年。横浜トリエンナーレに出品された映像作品だった。そこでは絵の具が糞便のように撒き散らされ、一面ぐちゃぐちゃになった映像が複数、幾重にもオーバーラップした状態で同時に上映され、その背後に阿鼻叫喚の絶叫が絶え間なく流れるという、悪夢のような光景が展開されていた。その混沌とした映像の間から、道化師姿のマッカーシーが唐突に出現するのである。

絵の具や調味料などが糞便のようにまとわりつくその作品は、本書冒頭でも紹介したフランスの哲学者、ジュリア・クリステヴァの言う「アブジェクシオン（おぞましきもの）」の概念そのものの光景と言えよう。アブジェクシオンはまさに糞便や経血など、体にべとべとと粘りついて離れない、自他未分の物体に対する不快感を指す概念だが、しかしなぜマッカーシーは、そこにわざわざ道化の扮装をまとって登場するのだろう。

彼は一九四五年生まれのベビーブーマー世代で、ジョン・ゲイシーの犯罪が露見したのは一九七八年のこと。つまりマッカーシーは三十三歳の時に、殺人道化師ゲイシーの事件を経験したことになる。そのトラウマが彼をして、こうした作品を作らせるのだろうか。それとも道化師という存在そのものに、こうした作品を生み出させる、何か不吉な要素が秘められているのだろうか。

「道化の子独り雕され啜り泣き謳う霊歌は異郷の旋律」（ヒロユキ）

何を隠そう我が国には、のちのジョン・ゲイシーを彷彿とさせるような犯罪者を、それよりはるか早い時点で描いてみせた作家がいた。ご存知、江戸川乱歩である。乱歩の手になる殺人道化師の物語は『地獄の道化師』というタイトルで、出版されたのは一九三九年。道化服をまとった殺人鬼を描いたこの作品は、まるで後世のゲイシーの出現を予見したかのようである。

私は大人向けの版ではなく、子ども向けに易しくリライトされたポプラ社版（一九七一）でこれを読んだ。たぶん小学生の頃、学校の図書館で借りてきて読んだのだと思う。作中、赤白だんだらの服を着た道化師に夜道でつけられ、背中に生暖かい息を吐きかけられる、という場面があったように記憶しているが、どうだっただろう。

イタリアの映画監督フェデリコ・フェリーニは、フェイク・ドキュメンタリー映画「フェリーニの道化師」（一九七〇）のなかで「子どもの頃に自分が見た道化師たちは、面白いというより恐怖を感じさせた」と述懐している。満面の笑みをたたえたようなメイク、だが目を凝らすとその奥には、まるで笑っていない瞳が覗く。どんよりと澱んだその目が物語るのは、己を嗤う群衆への恨みか、漂泊を続ける己への自嘲の念か。

「道化師は悲しからずや幻燈に死後の栄華を独り夢見む」（ヒロユキ）

「フェリーニの道化師」が日本で上映されたのは、イタリア本国での上映から遅れること六年、一九七六年のことだった。当時のフェリーニの人気を考え併せると、奇妙に思えるほどの遅さである。この作品はもともとテレビ番組として放映されたもので、このため日本での公開が遅れたのだというのが通説だが、文化人類学者の山口昌男は、もしかすると日本人のコルロフォビアが、この作品の公開を遅らせたのではないかと指摘している（山口昌男『道化の宇宙』一九八〇）。山口によれば日本人は、道化への恐怖心がことのほか強い民族だというのである。

　日本人が特にコルロフォビアが強い民族かどうかはさておき、欧米圏の文化には、道化の文化がしっかり根付いているのは事実である。たとえばトランプにはジョーカーの札があり、タロットには愚者のカードがある。サーカスに行けばクラウンやピエロがおり、祝祭時にはアルレッキーノ（＝アルルカン、ハーレクイン）の道化芝居が演じられる。欧州各国の王室にはジェスターと呼ばれる宮廷道化がいたし、シェイクスピアの戯曲ではこうしたジェスターたちが王の側近くに使え、重要な役どころを演じている。残念ながら我が国のカードゲームにジョーカー的な人物が描かれることはないし、宮廷に道化役者を置く伝統もない。山口昌男

の言うことには、どうやら一理ありそうである。

とはいえ、日本人より欧米人の方が、道化に対する恐怖心が薄いというわけでもなさそうだ。冒頭でジョニー・デップの例に示した通り、道化への恐怖心は欧米人も我々同様、少なからぬ人が感じている。だが、にもかかわらず、いや、そうした恐怖心の故にこそ、彼らは道化という存在を、カード遊びや祝祭、演劇、そして宮廷社会の中に、しっかりと組み込んできたのである。ちょうどデップが道化に恐怖を感じながらも、いや、その恐怖の故にこそ、道化人形やゲイシーのピエロ画を身近に置いていたように。あるいはポール・マッカーシーが執拗に、糞便まみれの道化師を自作に登場させるように。

「痩せた子を攫《さら》わむと脅す道化師の立小便の匂いや悲し」(ヒロユキ)

実を言えば道化師は、悪魔に近い存在とされてきたキャラクターである。実際、トランプにおけるジョーカーのカードをよく見てみると、まるで悪魔のような姿をしている。真っ黒な仮面を付けて登場するハーレクインは、もともとHell＝地獄と同根の言葉と言われているし、中世の演劇で悪魔が登場する地獄の入り口は、別名「エルカンの覆い」と呼ばれていた。エルカンはすなわちハーレクインの訛りである(山口昌男『道化の民俗学』一九七五)。彼らはこの世ならざる異界からやってくる、悪魔の眷属《けんぞく》の一員なのだ。それだけに彼らはこの世のしがらみに縛られず、歯に衣着せぬ暴言を王に放つことができる。たとえばシェイクスピアの「リヤ王」(一六〇四

〜〇六）では、領地も称号も失ったリヤ王に向かって、道化はこんな言葉を投げつけるのだ。

道化「今のあんたより俺の方がまだましさ。あんたは何者でもないけれど、俺は少なくとも馬鹿だからな」

「王に付き従う道化」は一種の元型、アーキタイプのようなもので、いまでも欧米の映画を見ていると、ちょくちょくこの種のキャラクターと出くわす。たとえば「スターウォーズ」シリーズに出てくるコンビのロボット、あれなどは典型的な「主人公＝王」に付き従う宮廷道化そのものである。道化にはツッコミ型の「クラウン」とボケ型の「ピエロ」の二種類があって、しばしばこの二人がペアで小芝居を演じる。スターウォーズの凸凹ロボットコンビは、まさにこうした道化コンビのＳＦ版なのである。

スターウォーズのロボットたち、なかでも長身のＣ－３ＰＯは、敵に媚を売ったかと思えば急に尊大な態度を取ったりする日和見主義者で、しょっちゅうヘマをやらかして笑いを誘うが、最終的には常に主人公に忠誠を誓い、その側を離れることがない。リヤ王における道化師が、王を茶化したり罵倒したりする小憎らしい存在でありながら、王が完全に発狂するそのときまで、側を離れようとしないのと同じことである。

道化はいっけん王の対極にある存在のように見えて、その実は王の分身であり影のような存在である。王が自分自身では認めようとしない過ちを平然と指摘し、王の阿呆ぶりを巧みに真似し、あろうことか満座の席で嘲弄してみせる。それは王の姿を映し出す、魔法の鏡のようなものなのだ。ただしこの奇妙に歪んだ鏡は、ふだんはイビツな像ばかりを映しだすくせに、覗き込む者がもっとも見たくない姿だけは、冷酷無比なまでに正確に映す。道化とは王の否認する自分自身の姿、つまりはシャドウ（ユング）なのである。

道化はしばしば「道化棒」と呼ばれる棒を手にして登場し、ボケ役の道化や無関係な人物を殴って笑わせる。道化棒は王が手にしている王権の象徴、すなわち笏杖《しゃくじょう》に対応するものだと言われているが、道化棒の持ち手部分には道化の顔が刻まれることがある。これは道化棒が道化の分身であることを意味しているわけで、そこには王が分身として道化を従え、道化はその分身として道化棒を持つという、幾重にも層になったフラクタル状の構造が伺える。

しかもこの道化棒、しばしばその末端を肥大化させ、男根のような頭部のような、不思議な瘤をぶらさげることがある（ウィリアム・ウィルフォード『道化と笏杖』一九六九）。多くの道化芝居にボケ役のピエロとツッコミ役のクラウンが登場することは先にも既に触れたが、このように道化はボケとツッコミに分裂していく性質を持っている。その道化の持ち物である道化棒もまた、頭部と男根状の瘤という合わせ鏡的な部位へ、さらに分裂する性質を持つわけだ。このように道化は放っておけば、どこまでもフラクタル的に分裂を繰り返し、自らの歪んだ鏡像を生み出していく存在なのである。

北野武監督の映画「TAKESHIS'」（二〇〇五）は、そうした道化の分身性、分裂性を巧みに描き出した作品だ。主人公はビートたけしに瓜二つの、売れない俳優「北野」である。「北野」はピエロのメイクで芸を見せる芸人としてテレビ局に出入りするうち、自分とそっくりのスター芸能人「ビートたけし」に出会う。たけしは芸能界では並ぶ者のない大スターであり「王」ならぬ「殿」と呼ばれる人物だが、「北野」はたけしに単に容貌が似ているというだけの、まったく売れない芸人である。「北野」はたけしの髪型やそぶりを真似るが、何をやってもうまくいかない。両者はまさに「王と道化」そのものなのだ。

同作ではこのビートたけし本人の役と「北野」の役、両方をビートたけし＝北野武監督本人が演じている。よく考えてみれば「芸人・ビートたけし」と「映画監督・北野武」という二つの名前を使い分けている本人自身が、そもそも分裂性、二重性を帯びた人物であり、それが一人二役を演じるのだから、二重三重の分裂状態と言ってよいだろう。そこでは王と道化の虚実の像が、幾重にも合わせ鏡のように乱反射しているのである。

しかも本作では売れない芸人「北野」の人格が、さらに何重にも分裂していく。実際には工場の隣の安アパートに住むしがない男、だが週末にはドラマのオーディションに出かけていく俳優。疲れ果てて帰宅すれば夢の中で、北野武監督によるヤクザ映画さながらの銃撃戦を演じたり、タクシー運転手になって人を轢き殺しながら走ったりする。夢と虚構が幾重にも重なりながら分裂していく男「北野」。だが彼はそうした分裂を懸命に抑圧しながら、昼間は凡庸なコンビニ店員の仮面を、テレビ局ではピエロの白塗りの化粧を凝らして生きている。分裂する自我を無理やり統合した狂気のキャラクター、つまりは道化師そのものというわけだ。

この作品は企画段階では「フラクタル」という仮タイトルで呼ばれていた。虚構と夢が入り乱れて何段階にも層を成すこの作品は、まさにフラクタル的な構造を持つ。公開当初はその複雑な構造が災いしてか「難解」との批判を浴びたこの映画だが、道化がそもそもフラクタル的な分裂を遂げていく存在であることを思うなら、これほどストレートな道化の映画もまたとあるまい。いわんや北野武＝ビートたけしの本職はお笑い芸人、つまりは道化なのだから、もはや何をかいわんや、である。武＝たけしが自らを主題に撮れば、道化的フラクタル構造を持つ映画になるのは、いわば理の当然なのだ。

道化とは理性から見放された世界を生きる、一人の阿呆＝フールである。理性的な現実原則に凝り固まった観客の前で、道化は理性の対極にある姿を演じてみせる。正気ではなく狂気、現実でなく虚構、昼の世界ではなく夢の世界。道化は理性の支配するこの世と、この世ならざる異界との間を往還する境界の神だとも言えるだろう。ジョーカーはどのカードの代わりにもなりうる最強の切り札であると同時に、最後まで持っていると負けになる「ババ」の札でもある。変幻自在の魅惑の力と、破滅をもたらす悪魔的力。双方を持つのがジョーカーであり、道化とはそうした境界的な力を持つ存在なのである。

道化とは何か？　一言で言えば、それは日常の世界では強引に一つに統合（アイデンティファイ）された私たちの人格を、道化棒で殴打して分裂させ、夢と狂気と虚構の世界に遊ばせてくれる存在である。したがって彼らは祝祭的な非日常の中でだけ生きることを許された存在であり、祭が終われば共同体の外へと追放されるほかない。その一線を踏み越えてしまえば、彼らは共同体に悪と混沌を撒き散らす、地獄の道化師として断罪されることになるのである。

「我が舞台邯鄲《かんたん》の夢と嗤《わら》いつつドオラン拭う道化の手巾《ハンカチ》」（ヒロユキ）

彼らはステージの上にある限り「一期《いちご》は夢よ、ただ狂え」とばかりに、狂気の沙汰を演じてみせる。人々は道化の演じる阿呆ぶり、巧みな物真似に笑い転げ、彼の演じる夢の世界に酔い痴れる。だがショーが終わりスポットが落とされるやいなや、サーカスのテントもろとも道化の描き出す夢は消え失せ、次の町へと追い立てられるのだ。

映画「フェリーニの道化師」では「道化は消えてしまったのだ」というナレーションが幾度となく繰り返される。このセリフは直接的には、六〇〜七〇年代当時に起こった、サーカスや道化芝居の衰退を物語っている。テレビが娯楽の王座に就いたこの時代、サーカス小屋や道化の芸が衰退を迎えていたことは事実である。だが、そのセリフが時代を超えて私たちの胸を打つのは、道化師そのものが本質的に孕む漂泊性、いずれ石もて追われるが如く町を去り、次の町へと放浪を続けざるを得ない、悲しい道化師の運命を感じさせるからなのである。

フランスの哲学者、ミシェル・フーコーの大著『狂気の歴史』（一九六一）の冒頭では、ヒエロニムス・ボッシュの名画《阿呆船》（一五一〇〜一五頃）が紹介されている。狂人や酔漢、反社会的な人物をまとめて船に乗せ、川に流して捨て去る場面を描いたこの作品には、はっきりそれとわかる形で道化服をまとった人物が描き込まれている。そこに伺えるのは「共同体外部へと追放される阿呆＝フール＝道化」のイメージなのだ。

★ヒエロニムス・ボス《阿呆船》

フーコーはこの作品に影響を与えた文学作品として、ドイツの作家セバスチアン・ブラントの詩集『阿呆船』（一四九四）を挙げているほか、この阿呆船が中世には実在したのではないかとも書いているが、本当にこうした船があったかどうかは藪の中だ。ともあれ「追放される阿呆」のイメージが当時、相当の広範囲に流布しており、ボッシュの作品の中にもはっきりと見て取れるのは紛れもない事実である。「追放される道化」のイメージは、五百年以上も前から多くの人々を魅了してきたイメージだった。人々は道化の来訪を待ちわびながらも、祭が終われば追放されることを望んできた。そうした両義的な感情が、この一枚には集約されているのだ。

「故郷捨て遠き旅路に骨埋《うず》む道化の墓を嗤《わら》うか鴉《からす》よ」（ヒロユキ）

英文学者の高山宏によると、こうした道化への関心が世界的に高まって「道化研究」とでも呼ぶべきジャンルが大きな盛り上がりを見せたのは、世界中で学生運動の嵐が吹き荒れた、一九六〇〜七〇年代のことだったそうだ。ちなみに「ピエロ」という名の無法者が主人公として登場するジャン＝リュック・ゴダール監督の映画「気狂いピエロ」も、その公開は一九六五年だ。そんな同作冒頭の場面では、なぜかピエロが空のバスタブのなかに座り、ベラスケスについて論じたテクストを朗読する。そう、宮廷道化師や小人の姿を幾度となく描いた、十七世紀スペインの画家についてのテクストを、ピエロは空のバスタブで読み上げるのだ。

一九六一年　フーコー『狂気の歴史』
一九六五年　ゴダール「気狂いピエロ」
一九六九年　ウィルフォード『道化と笏杖』
一九七〇年　「フェリーニの道化師」

一九七一年　乱歩『地獄の道化師』(ポプラ社)
一九七五年　山口昌男『道化の民俗学』
一九七七年　「スターウォーズ」
一九七八年　ジョン・ゲイシー事件

既に幾度となく述べた通り、道化は王を批判してみせることのできるアウトロー的な存在であり、法や制度の埒外《らちがい》にある。第二次大戦後に生まれた若者が世界中でいっせいに成人し、旧世代の作った権威に対して同時多発的に異議申し立てを始めたこの時代、秩序壊乱者たる道化という存在についての研究が急速に進んだことは、いわば歴史的必然であったのかもしれない。とはいえ道化は、いずれ日常の世界から消えなくてはならない。革命幻想が街頭から消えていった八〇年代以降、道化研究もまた下火になっていった。まさにフェリーニの語る通り「道化は消えてしまった」のだ。

ところが二〇一六年に入った頃、道化研究華やかなりし頃に刊行されたウィルフォードの大著『道化と笏杖』が、なんと三十三年ぶりに再刊された。いっぽう銀幕では道化芝居ならぬ見世物小屋の漂泊芸人を描いた丸尾末広のマンガ『少女椿』が映画化され、スターウォーズの新シリーズも公開、凸凹ロボットの道化コンビが健在ぶりを見せつけた。もちろん六〇〜七〇年代の道化研究の世界的盛り上がりに比べれば散発的かつ小規模だが、なにやら道化の周辺がちょっと騒がしいな、という雰囲気が当時はあった。

高山宏は山口昌男の道化論を、学生運動でバリケード封鎖された大学内で読んだそうだが、もしかすると再びまた、道化の文化の小規模な復権とともに、祝祭的な政治的騒擾の季節が始まろうとしているのだろうか、などと当時の私は考えたものだった。もちろん後になって考えると、むしろそれは道化的知性の断末魔のようなもの、と言った方が近かったかもしれない。

ちなみに議会制民主主義や憲法の源はイングランドにあり、一二一五年に制定された大憲章(マグナカルタ)こそ、世界最初の憲法であると言われている。最高権力者である王の権力にタガをはめるのが憲法という法律だが、そうした法理論を生み出した国が、シェイクスピアという超一流の道化文学の書き手を生みだしたこと、彼の一座を含むルネサンス演劇の担い手たちは、英国王の前での御前公演を行うのが通例であったことを、ここで思い出してもいいかもしれない。

道化とは権力者の度量を示すバロメータである。権力者が批判を受け入れる寛容さを示すとき、そこに道化が生きる間隙が生まれる。道化の跳梁するところ、そこには必ずや自由があり、逆に自由のあるところには、必ずや道化が出現するのである。

だが再三述べた通り、秩序の壊乱者たる道化師は、社会が放恣な自由に飽き、秩序の回復を求め始めたとき、街から姿を消さざるを得ない運命にある。実際、二〇一〇年代の我が国では、それまでテレビのニュースショーで道化棒ならぬ指し棒を振り、権力者への批判を好き放題並べてきた道化師=ニュースキャスターが、軒並み職を追われるという事態が幾度となく起きた。彼らが職を追われたのは政権を批判したためだと噂されたが、真偽はよくわからない。それと平仄を合わせたかのように、二〇一〇年代の道化ブームも、小規模なまま衰えていった。

少なくとも往時の山口昌男のように「道化的知性」などという奇想天外な概念を提示して度肝を抜く「知の道化師」が出てくる気配は、今もなおこの日本にはなさそうに思える。ちなみに山口昌男が道化論を構想した背景には、先の大戦において誰もが眉を吊り上げて本土決戦を叫んだ、戦時下日本の糞真面目主義に対するアンチテーゼの側面があった。いま彼の著作を読み返すと、日本人特有のコルロフォビアへの批判を通じた、日本的精神風土への挑発が、そこかしこに顔を覗かせているのに気づかされるが、その山口も鬼籍に入ってはや何年になるだろう。やはりフェリーニの言う通り、もう「道化は消えてしまった」のかもしれない。

「幽《かす》かなる道化師鳴らす手風琴サアカス消えし町に木霊す」（ヒロユキ）

江戸川乱歩『地獄の道化師』（ポプラ社、一九七一）
山口昌男『道化の宇宙』（講談社文庫、一九八五）
山口昌男『道化の民俗学』（岩波書店、一九七五）
シェイクスピア「リヤ王」（岩波文庫、二〇〇〇）
ウィリアム・ウィルフォード『道化と笏杖』（白水社、二〇一六）
ミシェル・フーコー『狂気の歴史』（新潮社、一九七五）

十二

恐怖の法則

別種の因果の法則　因果律の乱れ

恐怖の大きな要素の一つは、因果律の乱れにあるのではないかと私は思う。死んだはずなのに、あそこにいた。誰もいないはずの空き部屋なのに、呻き声が聞こえた。高層階の窓なのに、人の手形がついていた……などなど。「何々だから何々が起きた」という因果律でなく「何々『なのに』何々が起きた」。そんな逆接でつながれた不可解な出来事、そこに我々は恐怖を感じるのだ。

たとえば寺山修司の章で紹介した短歌「売りにゆく柱時計がふいに鳴る横抱きにして枯野ゆくとき」などは、こうした「なのに」の法則を三十一文字に圧縮したかのような作品だ。とうに止まっているはずの時計、なのにポツンと鐘を一つ鳴らし、また永遠に止まってしまう。まるで死人が棺桶からふと呻き声をもらすかのようではないか。

恐怖の対象と触れ合っていると、こうして因果律が乱れに乱れた結果、もはや常識では考えられない、別種の因果律が現れることがある。本書冒頭でも触れた高原英理の短編「呪い田」では、次々に怪異、凶事が連鎖していくさまが綴られているが、その連鎖の仕方が常識では考えられない法則に司られている。作中の語り手は推理を重ね、その異様な法則に辿り着くのだが、よくこれだけ常軌を逸した法則を考えられるものだと感嘆させられる。

恐怖は因果律の乱れた事象に接したときに、私たちの中に起こる感覚だが、通常の因果律の法則ではまるで考えられない、別種の因果がそこに働いている場合、これは強い恐怖を引き起こす。単純な例で言うと「呪い」とか「祟り」というのがそうだ。

ふつうの因果律で考えるなら、ウィルスに感染したから病気にかかり、車に轢かれたから怪我をするわけだが、「呪い」や「祟り」の場合はそうではない。取引先の社員に恨まれたから病気にかかった。祟り神の御神域に誤って踏み込んだからトラックに轢かれた。このように通常の物理的因果律ではとうてい考えられない、別種の因果律によって災厄が襲ってくるのがわかったとき、私たちは恐怖を感じるのである。

ほかの例で言うと、貞子の出てくる映画「リング」（一九九八）などはその典型だ。「ビデオを見たから死ぬ」というのは我々の常識からはかけ離れた無茶苦茶な法則だが、同作ではこの法則によって人が次々と死んでいく。したがって長編ホラーは、こうした「常軌を逸した法則」を探る、という形で、なかば推理小説と同じ構造を持つことがある。ただしこの法則があまりに明快であり過ぎると、これはこれで別種の因果律に属していることがわかってしまい、これが受け手に安心感を与えてしまうので難しい。

一般にホラーというのは短編の方が多いし、怖いものが多い。中山市朗・木原浩勝の『新耳袋』をお読みになった方ならお分かりいただけるかと思うが、怪談というのはヘタをすると、数行しかないのに全身が総毛立つほど怖かったりする。これはつまり、因果律の乱れだけを示して、読者を不安の中に突き落としてしまうからである。

「リング」はその点が絶妙で、最後の最後のシーンになるまで、その法則の正体が正確にはわからない。あるいは小野不由美の『残穢』（二〇一二、新潮社）なども、こうした「別種の因果律の推理譚」として成功した長編ホラー小説である。この物語は作家である語り手がもらった一通の投書をきっかけに、怪異の原因を調べるうちに、怪異の源泉にまた怪異が、その源泉にまた怪異が、というふうに連鎖していく話なのだが、最後の最後までその連鎖の法則は明確な姿を取らない。だからこそこの作品は恐ろしいのである。

少し古い例になるが、内田百閒はこうした理不尽さの恐怖を描かせると、右に出るもののない作家だった。それも、因果律そのものが、もはや彼の作品中では成立していないのである。たとえば短編集『サラサーテの盤』所収「北溟」では、海の彼方から次々と、こぶし大のオットセイが漂着し、人々は紫色の汁を垂らしながらそれを食べる。この話はそれだけで終わっており、意味も因果律も何もない。滅茶苦茶である。

同じく百閒の『冥土』に収められた「件《くだん》」では、ある日語り手が気がつくと「件」、すなわち人頭牛身の怪物に生まれ変わっている。しかも、件は恐ろしい予言の力を持つとされる怪物なのに、百閒の描くこの件は、予言すべきことを何も知らない。もはや因果律もヘチマもなく、ただどんよりとした恐怖が果てしなく広がるだけ。因果律の乱れ、そして意味を失った世界。それが百閒文学の描く世界なのだ。こうした意味を失った世界こそ、恐怖の根源なのである。

メタ連鎖の法則　這い出そうとする恐怖

純文学作家の色川武大の短編に「したいことはできなくて」(『怪しい来客簿』所収)という作品がある。この短編で描かれるのは、編集者としては縦横無尽に辣腕を振るう力量があるにも関わらず、本当は小説が書きたくてたまらず、そのくせ実際に書こうとすると、最初の一行すら書けないという、井上英雄《ふさお》という人物である。同作では語り手である色川自身の目を通じてこの人物が描かれていくが、最終的に井上は失意と困窮のうちに病に倒れ、色川に「あんたのところに化けて出る」と言い残して亡くなり、そして……という話である。

　こうして短編の梗概を記すことが、いわゆる「ネタバレ」として顰蹙を買う行為なのは、私も重々承知しているが、同作に限ってはまったく問題にならない。というのも私はこの話をほぼ暗記するほど繰り返し読んでいるが、いまだに読み返すと全身が総毛立つほどの恐怖に襲われるからだ。しかし、なぜこんなに怖いのか。おそらくそれは、井上の亡霊、その恨みのありようが、まったく理不尽なものだからである。

　語り手の色川が、たとえば優秀な編集者として出版社に勤務しており、井上の原稿を採用しなかったから化けて出る、というならまだわかる。ところが色川は当時ニート同様の身の上で、井上の原稿を掲載する権限など持ち合わせていない。いや、それ以前に井上は、一編の小説も書いていないのだ。恨むなら自分自身を恨むべきで、まったくの八つ当たり、逆恨みなのである。

　先にも触れた内田百閒には『東京日記』といって、ほとんど支離滅裂な怪異譚が、何の脈絡もなく綴られる連作短編がある。この連作の中に「自分の入っている電話ボックスの隣に、まったく見知らぬ女の話が入ってきて、そして……」という話がある。なぜ顔も知らない女が突然やってくるのか、なぜその女がそんな所業に及ぶのか、その説明は一切ない。これも全く未知の人物が現

れるから、その理不尽さが怖いわけだ。

しかしなぜ、理不尽だと怖いのか。亡霊の恨みが道理に適ったものであったなら、恨まれる対象は彼に害をなした人だけで、読んでいるこちらは怖くない。だが、その霊の恨みがまったく筋違いなものであったなら、どうだろう。いまその本を手に取っている読者自身すら、時空を超えた恨みの対象になるかもしれない。そうしたまったくの理不尽さ、因果律を無視した恨みの念は、文字、書物というメディアを超えて、読者をも襲いかねない。これぞ私が恐怖における「メタ連鎖の法則」と呼ぶものなのである。


小説家の佐藤春夫はかつてどこかで「文学の極意は怪談である」と書いている、ということを、やはり小説家の三島由紀夫が書いている、という。「どこかで」と曖昧に記すのは、どれだけ必死になって探しても、佐藤春夫の書いたものの中に「文学の極意は怪談である」という言葉が見当たらないから、だそうだ。それ自体が何やら怪談めいた話だが、私がこの話を知ったのは、斯界の大家、東雅夫の著書『文学の極意は怪談である―文豪怪談の世界』によってである。

同書によると、明治四〇年代あたりから昭和の初めごろあたりまでの時期、我が国の文豪たちが、こぞって怪談会に出席し、実話、創作を問わず、怪談を執筆した時代があったという。漱石、鏡花、足穂や百閒、谷崎に川端に三島といったあたりは「まあそうだろうな」と思わされるが、幸田露伴に森鷗外、柳田國男に小山内薫、さらには小川未明も室生犀星も怪談を書いていたとなると、これはさすがに唸らざるを得ない。

さて、そんななかで一際目を引くのが小山内薫にまつわる話である。小山内と言えば日本演劇界の草分けで、西洋の近代劇を日本に移入した戯曲作家、演出家、という認識しか私にはなかった。ところが同書によると、実は小説家として怪談を数本書いており、しかものちにはあの四谷怪談の翻案小説まで手がけていたという。

ここまででも十分驚きなのだが、同書によると、なんと小山内自身が実際に、亡霊に取り憑かれていたという証言があるらしい。この話は箏曲《そうきょく》家の鈴木鼓村《こそん》の証言によるもので、小山内と鈴木ら数名で電車に乗って帰宅しようとしていたところ、小山内が突如「あの女がいる」と叫び、電車から脱兎のごとく逃げ出したのだという。

なんでもこの亡霊は、小山内がまだ学生時代に、母親と妹の三人で暮らしていた借家にいた霊で、彼がそこから転宅したのちも、執拗につきまとっていたという。彼のいくつかの怪談小説は、この霊に遭遇した経験がもとになっているというのだ。

しかもそれが誰の亡霊かと言えば、借家の大家が交際していた芸者の霊で、劇薬で自殺を遂げて以来「出る」ようになったらしい（小山内が実際に書いた短編ではこのあたりの経緯が少し変えられている。おそらくは大家のプライバシーに配慮したためだろう）。つまり小山内につきまとうのはまったくの筋違いなのだが、彼は終生、大阪に行こうが京都に行こうが、この霊に悩まされたのだという。これなども因果の法則を全く無視した、恨みの念の恐ろしさである。

恐怖をもたらす大きな要素の一つに「連鎖」がある。噛まれたら自分も吸血鬼になってしまうというドラキュラものやゾンビものはその典型だろう。ビデオで呪いが伝播する「リング」シリーズや、土地が祟りを媒介する小野不由美の『残穢』、そして狂気に近い不条理な理由で呪いが伝播していく高原の「呪い田」など、凶事が連鎖していくというホラーの例を挙げればキリがない。

が、やはり怖いのはメタ性を持つ連鎖、つまりは「メタ連鎖」が組み込まれた作品である。本書では第三章で、こうしたメタ構造を持つ作品を数多く紹介した。日野日出志の『地獄変』や、夢野久作の『ドグラ・マグラ』、永井豪の『デビルマン』などがそれである。それらは私たちにメディアの壁を超えて襲いかかるばかりでなく、私たちの人生観自体をも変えてしまうのである。

このようにホラーは、なかば本能的に、メディアと現実の境界をぼかそうとする。たとえば高原英理の「町の底」という短編（『抒情的恐怖群』所収）では、都市の怪談を蒐集して雑誌に掲載するという仕事をしている人物が、語り手として設定されている。高原自身もまた実話系怪談を一時期蒐集して雑誌に掲載していたことを思い合わせると、何やらメタフィクションの香りが漂う。

先にも紹介した小野不由美の『残穢』では、作家本人と思しき人物が語り手として登場してくる。京都在住で仏教系の大学を卒業、もともとはライトノベルの書き手だったというプロフィールは、作家本人のものと合致する。このほか作中には実在のホラー作家である平山夢明や福澤徹三、東雅夫も登場する。やはりここでも、メタフィクションの構えが見て取れるのである。

テレビドラマ「心霊マスターテープ」(二〇二〇)にもまた、やはり作り手本人が登場する。そこでは同作監督の寺内康太郎が本人役で登場するほか、映画版の「残穢―住んではいけない部屋―」(二〇一六)を監督した中村義洋など、ホラー映像、動画関係者多数がいずれも本人役で出演している。終盤ではYouTubeホラー番組「ゾゾゾ」のメンバーも登場するなど、同作のメタフィクション仕立てはかなり徹底している。

興味深いことに、原作と映像版で、語り手や主人公が変更される場合もある。鈴木光司による原作版の『リング』(角川書店、一九九一)では、雑誌記者が主人公として設定されているが、これに対し映画版では、映像ディレクターに変更されている。要は「地の文」であるメディアが活字から映像になったのに合わせて、主人公の職種が変えられたのである。さらに遡ってホラーとメタフィクションの関係を探すなら、ブラム・ストーカーの『吸血鬼ドラキュラ』にもまた、無数の手紙やタイプ原稿の引用がしばしば用いられていた。これもまた読者のいる現実と、虚構の間をぼかす仕掛けだと言えよう。

演劇の世界に「第四の壁」という言葉がある。かつて西洋の舞台機構には、必ずプロセニアム・アーチと呼ばれる、額縁のような縁取りが設けられていた。俳優はこのアーチを超えて客席側にせり出すことはせず、まるで舞台と客席の間に透明な壁があるかのように演技し、観客はあたたかも額縁の中の「動く絵画」を見るかのように鑑賞した。「第四の壁」とはこの見えない架空の壁のことだ。ホラーはこの「第四の壁」を突き抜けようとする芸術なのである。

つまりホラーというジャンルは、鑑賞者がそのとき目にしているメディアに擬態して恐怖を潜ませ、そこから鑑賞者に向かって「這い出そうとする」姿を描くものだと言える。恐怖は本の、映像の第四の壁を突破して、そこから「這い出そうとする」。映画版「リング」のラストでテレビから這い出てくる貞子は、そうしたメタ連鎖の構造の、見事な隠喩となっている。言い換えれば恐怖とは、我が身に何者かが這い寄ってくるときに生まれる感覚なのである。

予感の法則　恐怖の中の懐かしさ

ここで再び高原英理の「町の底」の話に戻るが、この作品にはいわば「予感の法則」とでも言うべき法則にかなった場面が出てくる。この作品の語り手、つまり実話系怪談の執筆者である主人公には、同業者の知人がいる。この人物が奇怪な噂を聞きつけ、かなりのところまでリサーチに成功する。彼は噂の場所を特定し、実際にそこで過去に異様な事件があったことまで突き止めた上で、自分は降りるからお前が調べてみないか、と語り手に持ちかけるのである。

「アカン、アカンて。そんな話受けたら！」と、ホラー好きであれば秒でそう考える。だが同時にホラー好きであれば、なぜか語り手はこの話を受けてしまうんだろうな、と予想がつく。予想がつくが、いや、予想がつくからこそ、いよいよ恐ろしく、次の展開に魅了されるのである。

再三述べた通り、英語の「enchant」という言葉には「魔法をかけられる」という意味と「魅了される」の意味の両方があるが、似たような言葉にspellboundという言葉がある。spellというのは呪文のこと。boundというのは「縛られた」という意味で、そのまま訳すと「呪文にかけられた」という意味になるが、このほかにspellboundは「うっとりする」という意味もある。この場面に描かれているのは、同業者の堂本の言葉によって、まさに語り手が、そして我々読み手がspellboundな状態に陥っていく様なのである。

この「予感の法則」は、世に言う死亡フラグという、物語制作上の技法に似ている。ただ、いわゆる死亡フラグの場合、しばしば逆接的な状況を設定する。「こんなところにいられるか、俺は向こうで寝るぜ！」とか「この戦争が終わったら俺、結婚するんだ」とか。あるいは「なんだ猫か」なんてのもある。つまりこういうセリフを吐く人物は、危険を回避しようとしているわけだ。もちろん彼らはそのあと速攻で死ぬことになっているのはご存知の通りである。

死亡フラグはホラーでも使われるが、主にアクションものや戦争映画で使われる。作中人物は危険を避けようとしたり、もう少し頑張れば死なずに帰れるだろうと期待したりする。作中人物も見ている方も、これを見てちょっとほっとする。そうして作中人物と観客の両方を騙しておいて、それを裏切ることでショックを与えるのである。哲学者のカントが提唱し、落語家の桂枝雀が我が国に根付かせた笑いの法則「緊張と緩和」の逆で、緩和から緊張に向かう手法なわけだ（カント『判断力批判』（上）岩波文庫、二〇〇五／桂枝雀『らくごDE枝雀』ちくま文庫、一九九三）。

ホラーにおける「予感の法則」の場合、アクションものや戦争映画で使われることは、あまり

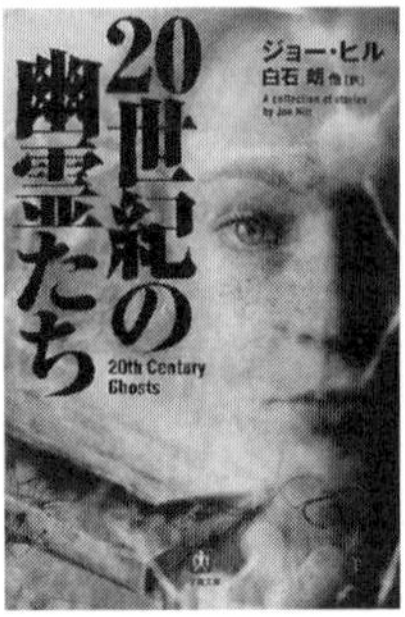

多くはないように思う。というのも、この法則が作動しだすと、どう考えても「それアカンやろ」という方向へ、登場人物がフラフラと吸い寄せられるように向かっていくからだ。つまり「緊張からより強い緊張へ」と登場人物が進んでいくのである。

アクションものや戦争映画では、基本的に登場人物は、各自の生存を目標に、合理的に行動する。アクション・ヒーローが敵の銃口の前にフラフラ吸い寄せられるように出て行ったりなんかしたら、そこで話は終わってしまう。だが「予感の法則」に囚われたホラーの登場人物たちは、その真逆の行動をとる。彼らは合理の世界を超えた法則に従って、spellbound な状態に陥っていく、ホラー世界の住人なのである。

スティーブン・キングの息子であるジョー・ヒルの短編集『二〇世紀の幽霊たち』（小学館文庫、二〇〇八）に「年間ホラー傑作選」という作品がある。この作品の語り手は、毎年、ホラー年鑑の編集に当たっているアンソロジストだ。長いこと仕事を続けてきて疲弊しつつある語り手が、あるとき「斬新な」作品を目にする。作中にはこの作品の概略が記されているが、読み手は、おい、それ全然斬新でも何でもないやん、ただの猟奇殺人の描写やん！　と思ってしまう。

ところが手だれのホラーマニアであるはずの語り手は、なぜかこの作品に魅了され、作者に会いに行こうとする。アカン、アカンて！　と我々は思うが、語り手はどんどん吸い寄せられる。徹頭徹尾「そっち行ったらアカンって！」の連続だが、語り手同様に私たち読者も、spellbound されたように、ページを捲る手を止められないのである。

最初に私は、恐怖とは因果律の乱れであると書いた。だが、ホラーであると告知されている限り、その終幕はあらかじめ、災厄と凶事で終わることがほぼ決まっている。それは理不尽な、逆説的な因果によって進む物語であるにもかかわらず、その行き先だけは凶事の方向と決まっているのだ。

したがってホラーという物語は「○○なのにこうなった」「○○なのにこうなった」ということが「なのにの法則」で散々続いた挙句、結局のところ「やっぱり」死んだ、という結果で終わるジャンルだと言える。

それは一般常識や因果律とは逆接的な関係を結んでいるにもかかわらず、不吉な予感に照らすと常に順接で進み、「やっぱり」予想通りの結末に辿り着く。常識の目で見る限り、そこには常に逆接しかないが、いったん「この先は凶事しかないのだ」という目で眺め始めたとたん、すべてが順接で進んでいることに気づかされるのである。

筒井康隆に「走る取的」(『メタモルフォセス群島』新潮文庫=所収)という短編がある。取的とは幕下以下の力士のことで、別名ふんどしかつぎ、ともいう。

無論あまり良い呼び方ではない。この「走る取的」という作品は、サラリーマンの二人連れが、とあるバーで取的を見かけ「ふんどしかつぎ」とからかったところ、果てしなくこの相撲取りに追いかけられるという話である。

右は完全なネタバレだが、この短編もまた名人芸というほかない筆致で綴られている。初読は確か小学生の頃だったが、私は以来、この短編をそれこそページが擦り切れるほど読んでいるし、五十代になった今でもまだ飽きない。なので読者の皆さんは、安心してお読みになるがいいかと思う。Spellbound されて止まらなくなること請け合いだからだ。ついでにラストも明かしてしまうが、そこでは二人ともこの相撲取りに殺される。興味深いのは殺される瞬間の描写である。

「ずかずかとおれに近づいてきた取的が、なんともいえず懐かしいあの汗の匂いをさせながら、片手でおれの肩をつかみ」

なぜ、殺される瞬間に嗅いだ匂いが懐かしいのか。初読時、私はこのくだりを読んで、奇妙な感じ、シュールな印象を覚え、いわば奇を衒うための一文だと考えたが、いまはこう考えている。それは最初から語り手にも読み手にも、こうなるという結果がわかっていたからである。たぶん死ぬ、絶対死ぬという展開が畳み掛けるように襲ってきて「やっぱり」死ぬ。それは予感の、予言の成就である。最初から予期した通りの光景、思っていた通りの状況に語り手は回帰する。そうして辿り着く場所は、我々が生まれ、そして帰っていく死の世界なのである。

ホラーはそもそも古色蒼然とした色調と親和性が高い。フィルムの傷やセピア色の霧に霞んだ懐かしい色合いは、ホラー映画に必須の要素だ。廃墟や古城、誰のものともわからぬ古いアルバムや遺品、それらにまつわる過去の因縁など、ホラーを構成する要素は常に過去と関わっている。

恐怖と懐かしさの感覚は表裏一体なのである。

人間とは結局のところ、死すべき存在である。人生には悲喜こもごものさまざまな出来事があり、吉兆があり凶兆があり、出会いや別れがあって、けれども結局「やっぱり」死ぬ。ホラーとは、いわばそうした私たち人間の宿命、ひたすら順接的に死に向かうほかない運命を先取りし、圧縮して体験させる表象の形式なのだと言えよう。

かつて『ノストラダムスの大予言』が刊行されたとき、子どもはおろか良い歳をした大人までも、誰も彼もが終末の予言に慄いたものだが、未来の予言、それも破滅の予言が恐ろしいのは、恐怖の持つ予感の法則とぴったり合致するからである。私たちは誰もが死ぬ。したがって私たちは誰もが「やっぱり」死ぬという感覚を、心の奥底で共有している。そうした心の底の感覚に、破滅の予言はぴたりと合致するのである。

誰もが一度として見たことのない、けれども誰もが生まれる前にいたはずの無明の世界に、私たちはいつか帰っていく。そうした死の表象であるホラーの中に、どこか懐かしさの感覚が漂うのは、ある意味で必然である。それは私たちの生と死の体験を、圧縮して感得させる文化の形式なのだ。言い換えれば恐怖とは、世界を司る合理的な論理以前の世界、つまりは生まれる前の世界へと、私たちを引き戻す感覚なのである。

笑いの法則　メタな視点で恐怖を見る

高原英理のエッセイ集『怪談生活』は、古今東西の怪談を数多く紹介するちょっと変わったエッセイ集だが、古い話が数多く収録されているものだけあって、僧侶の話が多数出てくる。面白いのは同書に登場する僧侶というのが、揃いも揃って無責任で、怪異に立ち向かおうとしない点である。

　たとえば、ある家の女房の首が夜中に抜けて、飛び出していくのを目撃した僧侶の場合「余計なことはすまいと決めて、何も言わずそこを去っ」てしまう。顔に目鼻がなく頭頂部に蟹のような

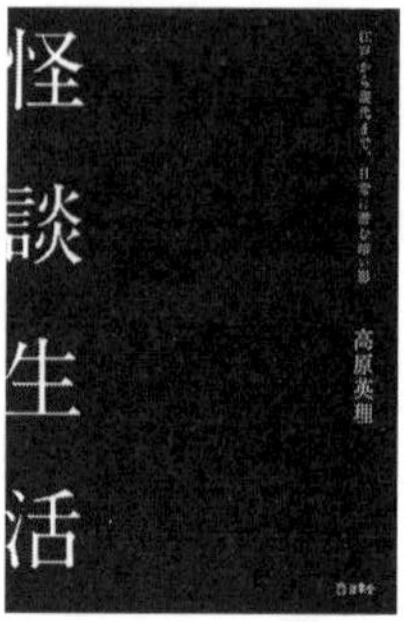

口を持つ豪農に出会った坊主は、豪農の家でさまざまなもてなしを受けたにも関わらず、単にそそくさと辞去してしまう。このほか、身の丈八尺もの白髪の化け物に追われてきた男をかくまった坊主など、逃げてきた男が化け物に貪り喰われているのに物陰に隠れ、念仏一つ唱えない。結局、男は皮だけの姿になってしまう。いずれも無責任極まりない。
　また同書では、鎌倉時代の説話集である『十訓抄《じっきんしょう》』から、仙術を身に付けたと称する坊主の話も紹介されている。この僧は仙術で空を飛んでみせると豪語して崖から飛び降り、そのまま転落してしまう。ここまでくると怪談というより笑い話である。
　かつて恐怖漫家の楳図かずおが「恐怖と笑いは本質的に同じである」とどこかで言っていた記憶がある。実際、怪異を一人称の主観で書けば恐怖になるが、いったんカメラを引いて客観的に書くと、見事にお笑いに化けてしまう。同じような言葉は喜劇俳優のチャプリンにもあって、彼は「人生はクローズアップで見ると悲劇だが、ロングショットで見ると喜劇だ」と語ったとされる。恐怖は笑いであり、笑いは恐怖なのだ。

こうした笑いと恐怖の一体性を、ここでは恐怖における「笑いの法則」と名付けておこう。こうした恐怖と笑いを追求する試みの筆頭としては、YouTube番組「ゾゾゾ」が挙げられるだろう。この番組は基本的には心霊スポットの探検ルポだが、そこではしばしば自己パロディー的に、スタッフの家を「心霊スポット」であると言い張って探検する回が挿入される。苦虫を噛み潰したような表情で一行を受け入れるスタッフの顔を見て、見ているこちらは爆笑するのである。

このほか「デニスの怖いYouTube」も、恐怖と笑いの近接を追求する試みとして興味深い。これはお笑いコンビ「デニス」の植野行雄と松下宣夫が、やはり心霊スポットを探訪する番組だが、毎回かなりガチな怪異が次々にカメラの前で起こる。ところがその恐怖を吹き飛ばすほどの勢いで、植野行雄が恐怖にうろたえ白目を剥き、帰りたいと言って逃げ回るのである。

怪異というのは人間が体験して初めて現象として語られるもので、したがって怪異を描くということは人間を描くということでもある。人間というのは時として崇高な存在ではあるが、多くは卑怯だったり臆病だったり、身勝手だったり傲慢だったりする。基本的には怖い話であるべき怪談が時として滑稽譚に化けてしまうのは、怪異を通じて人間の本性が露呈するからだろう。

逆に言うと、このことは私たちが現実の生活において体験する凶事と、どのように立ち向かい、どのようにやり過ごせば良いかというヒントにもなっている。つまり、ある災いが起こった際に、それを主観で見るのではなく、一歩カメラの位置を引いて、メタな視点から見て、自分を喜劇の主人公と思って眺めれば良いのである。

YouTubeに「best misaki」という人物のチャンネルがある。彼はいわゆる事故物件に住む元ミュージシャンだが、毎回どえらい音量のラップ音が鳴る、勝手にドアが開閉する、誰もいない風呂場のドアの擦りガラスに人影が映る、床がびしょ濡れになるなどの怪現象に見舞われる。ところが彼の場合、その記録だけに終わらない。

たとえばラップ音にあわせて音楽をスマホで鳴らすと、なぜかニルヴァーナの曲とテンポがぴったり一致する。あるいは自らギターを弾いてセッションすると、そういう時に限ってラップ音が鳴り止んでしまう。このほかiPadから爆音でお経を鳴らして対抗したり、霊がドアを開けるとフライパンが落ちてくる仕掛けを作ったり。その姿は往年の喜劇アニメ「トムとジェリー」のようで、彼はもはや自らを「霊とドタバタ劇を演じるコメディアン」として見ている節がある。つまりロングショットで、メタな視点から自分と心霊現象を見ているのだ。

既に幾度となく述べてきた通り、ホラーとメタな視点、メタフィクションとの間には、きわめて強い親和性がある。本書で取り上げてきた作品の多くは、そのどこかにメタフィクショナルな構造がある。ヒエラルキー的なレベルごとに切り分けられているのが当然の辞典の中に、混沌とした階層構造の混同を持ち込んでみせた、佐藤有文の『世界妖怪図鑑』はその一つだと言えるだろう。

あるいはボルヘスの手になる中国の百科事典や、日野日出志の『地獄変』も、メタフィクショナルな構造を持つ作品だ。なかでも日野の『地獄変』は、筆者に「(悪)夢は必ず叶う、現実化する」というメタ・メッセージを植え付けた作品だった。恐怖の表象とは実はその内部に、恐怖を乗り越える道筋を、しばしばあらかじめ含み持っているのである。

つまりホラーとは、恐怖に脅かされた私たちが、どうやったら恐怖の上位に立ち、メタレベルで生や死の問題を考えられるかという、恐怖の乗り越え方をも暗示してくれる文化表象だとも言える。「私たちはなぜ死ぬのか」という問いをメタな観点から問い直した『百億』や、毒親の恐怖を乗り越える術を暗示した寺山修司の一連の作品、さらにエヴァンゲリオン・シリーズなどは、そうしたメタフィクションによる恐怖の乗り越えの方法を語った作品だと言えるだろう。

いっけんメタフィクションとは何の関係もなさそうな矢追純一のUFO番組ですら、根底にはそうした「恐怖を乗り越える道」の暗示が秘められている。彼がもともと意図したのは、浮世の憂さをひと時忘れ、星空を見上げて欲しいということだった。既に幾度となく本書で書き記した通り、七〇年代は公害やテロ、自然災害や放射能漏れ事故に見舞われた、まさに恐怖の時代だった。そんなときに大きな星空を見上げてみろ、と語った彼の番組のメッセージは、もっとも素朴なレベルで「恐怖に対してメタ性を獲得せよ」と説くものではなかったか。

あるいは『恐怖の心霊写真集』の中岡俊哉もまた、死や亡霊に対してメタにふるまう生き方を説いた人だった。誰もが忌み嫌う死や亡霊、その写真を、幾度となく「不吉なものではない」と言い続けてきたのが中岡である。彼が繰り返し説いたのは、死者の霊をも含む他者に心を開くことであり、死の恐怖をメタな視点に立ち、死を、霊を友とせよ、ということだったのだ。

恐怖がるな。上を向け。大きな星空から眺めるように、メタな視点で物事を眺めよ。恐怖の表象はそんなメタ・メッセージを、私たちに送っている。恐怖とは笑いや夢や希望の感覚と紙一重なのである。

以上、恐怖には四つの法則、つまり「別種の因果の法則」「メタ連鎖の法則」「予感の法則」「笑いの法則」があることを見てきたわけだが、次章ではこうした法則がなぜ成立するのか、その仕組みを記号論的な視点から再考してみたいと思う。恐怖を生み出すメカニズムとは、一体どのようなものなのか。それを次章では考えてみたい。

内田百閒『サラサーテの盤』（福武文庫、一九九〇）
内田百閒『冥土』（福武文庫、一九九四）
色川武大『怪しい来客簿』（文春文庫、一九八九）
内田百閒『東京日記 他六篇』（岩波文庫、一九九二）
東雅夫『文学の極意は怪談である ―文豪怪談の世界』（筑摩書房、二〇一二）
小野不由美『残穢』（新潮社、二〇一二）
鈴木光司『リング』（角川書店、一九九一）
カント『判断力批判』（上）（岩波文庫、二〇〇五）
桂枝雀『らくごDE枝雀』ちくま文庫（一九九三）
ジョー・ヒル『二〇世紀の幽霊たち』（小学館文庫、二〇〇八）
筒井康隆『メタモルフォセス群島』（新潮文庫、一九七六）
高原英理『怪談生活』（リットーミュージック、二〇一七）

十二

恐怖の記号論

空虚なシニフィアン

前章では恐怖の四つの法則を、さまざまな作品から帰納的に導き出したわけだが、この章ではやや演繹的に、恐怖を引き起こす記号の持つ特性から、恐怖を考えてみたいと思う。いわば恐怖の性質についての、記号論的な再整理の試みである。

ここで思い出していただきたいのは、本書冒頭で述べた記号の三つの分類、つまり物理記号、文化記号、類像記号のうち、物理記号というタイプの記号についてである。ここで復習しておくと、この三つの分類は「シニフィアン（記号表現）と記号内容がどう結びついているか」によって分類されている。両者が物理的な因果関係によって結び付けられたのがここで言う「物理記号」、外見的な類似で結ばれたのが「類像記号」。そしてシニフィアンと記号内容が、文化的な約束事だけで結ばれているのが「文化記号」である。

さて、怪談や心霊実話では、このうちのいわゆる「物理記号」が、それもその因果関係が壊れた状態の物理記号が、実に頻繁に描かれる。たとえば、通常なら足音が聞こえればそこには誰かがいるはずだが、誰もいない。ドアの向こうから呻き声が聞こえれば、ドアの向こうには誰かがいるはずだが、開けてみても誰もいない。そこにはシニフィアンだけがあって、記号内容が空っぽなのだ。物理記号はシニフィアンと記号内容が、緊密に物理的な因果で結びついているはずなのに、これが壊れているのである。

逆に言えば、前段の「誰もいない」「何もない」という部分さえ担保されていれば、シニフィアンはたった一つであっても、十分に恐怖を与えることはできるのだと言えるだろう。足音一つ、呻き声一つで十分。怪談や心霊実話の妙味は、ここにあるのだ。

Yama Qという人物が運営するYouTubeチャンネルがある。彼は事故物件に住む古物商だが、彼の公開するチャンネルでは、まさに直球の「誰もいないのに声がした」「誰もいないのにドアを叩く音がした」という映像、つまりここでいう空虚なシニフィアンが、これ以上考えようがないくらい鮮明に記録され、公開されている。彼の番組ではこうした異音の原因を求めて、物理的な原因から周囲の土地の曰く因縁までを、徹底的に調査する。そのリサーチは遠く古墳時代に及び、一時期は専門の研究者との協働の方向さえ探っていたほどである。

Yama Qのこうした周到なリサーチは、空欄となっている記号内容を、どうにかして充当しようとする行為だと言えるかもしれない。世に言う除霊とかお祓いは、お祓いのノリトやパフォーマンスそのものよりも、そうした怪異の源泉、つまりは空欄となっている記号内容を突き止めるところに大きな意味があるように思う。たとえば先祖を大事にしなかった祟りだとか、近所の事故で亡くなった誰かの霊だとか。そうした霊的な記号内容を、過剰なシニフィアンの指し示す、空虚な場所に充当すること。それが除霊とかお祓いの本質ではないかと私は思う。

さて、記号内容を持たない物理記号を見て恐怖を覚えるのは、因果律が壊れているからだった。それでは類像記号や文化記号の場合はどうだろうか。

まずは類像記号からだが、記憶力の良い方であれば、私が心霊写真の章で「中岡俊哉の手になる心霊写真集は、手に取るのも嫌になるほど怖い」と書いていたことを覚えておいでだろう。ところが絵画のことを書いた章では「絵画は魅惑の力の方が強く、恐怖をあまり伝えない」と書いている。写真も絵画も類像記号であるはずなのに、なぜこんなことが起こるのか。それは写真というメディアが持つ二重性に原因がある。つまり写真は、一見したところ類像記号でありながら、同時に物理記号でもあるからだ。

写真はそこにないものは、基本的に写せない。写真に何かが写っていれば、その撮影時に何かがそこにあった、という物理的な因果律で、シニフィアンとシニフィエが結ばれているはずだ。ところが心霊写真の場合、この因果律が壊れている。誰もいないはずの場所に浮かぶ顔や、誰もいないはずの場所に写った手。こうした写真は、まさに記号内容を持たないシニフィアンである。だからこそ心霊写真は恐いのである。

これに対して、絵画や彫刻などのメディアは、類像記号であっても物理記号ではない。シニフィアンとシニフィエは物理的な因果で結ばれているわけではなく、作者の意思と技術によって結ばれている。言い換えるなら作家の恣意によって、絵画の中にはいくらでも不思議なもの、異様なものを描き込めてしまうのである。あるはずのないシニフィアンを描き込んだとしても、それは画家自身の意思によるもので、因果の法則は壊れていない。だから怖くなりにくいのだ。

絵画が恐ろしくなりにくいのには、もうひとつ理由がある。前章で私は、恐怖の重要な要素として「なのに」という逆接の論理がある、と述べた。言い換えれば恐怖には、逆接で繋がれるべき前段と後段があり、一種の物語が内包されているわけだ。ところが絵画というメディアは静止しているため、こうした物語構造を組み込みづらい。仮に物語を内包する構図で描かれたとしても、逆説で繋がれるべき前段と後段が一目で見渡せてしまう。このため絵画はいわゆる「出オチ」、「ネタバレ」となるわけだ。

実際、絵画にまつわる怪談、奇談というのは、その多くが「絵画『なのに』動いた」という構成になっている。たとえば生首を描いた掛け軸の目が開いたとか、夜になると絵に描かれた女の顔が笑うとか。オスカー・ワイルドの小説『ドリアン・グレイの肖像』にしても、こうした「絵画『なのに』動いた」という怪談の、長編ヴァリアントの一つと考えることができよう。絵画はそれ単独では恐怖を孕みにくく、こうした物語に組み込まれて初めて恐ろしいものとなる。そうでない場合には、むしろ絵画は恐怖より魅惑の力を強く帯びてしまうのである。

心霊写真、中でも中岡俊哉監修のそれが怖いのは、中岡が「七疑三信」をモットーとし、トリック撮影や現像ムラ、多重露光などの可能性を極力排除し、物理記号としての心霊写真に絞って紹介する努力を続けてきたからだ。だがその後、各種の画像処理ソフトやCG技術の発展によって、写真は物理記号としての性格を薄れさせ、絵画のような類像記号に近づいていった。昨今の心霊写真よりも中岡俊哉監修のそれが怖いのは、物理記号としての裏付けがあるからなのだ。

さて、文化記号の場合はどうだろう。この場合、本書の冒頭で示した「膨大な文字の群れが恐怖を抱かせる現象」が、私たちに大きな示唆を与えてくれる。耳なし芳一の全身に書かれた経文や、ジャック・トランスが果てしなく書き綴る小説。ジョン・ドーの二千冊にも及ぶ日記や、伽耶子の綴る乱雑な日記。そこに私たちが恐怖を感じるのは、これらの書き手がその内奥に、語りえない異様なものを抱えているのを感じるからだ。

彼らの内奥に横たわるものは何か。狂気か、それとも悪霊か。あるいは歪んだ信念か、死後も続く愛憎か。それが何か一つに収斂されてしまえば、私たちはさほどの恐怖を感じなくなるだろう。過剰なシニフィアンの指し示す空虚な場所、そこが充当されてしまえば、私たちの恐怖はおさまるからだ。だが、千万言を費やしても語り切れぬ何かが、彼らのテクストには巣食っている。彼らのテクストはとうてい読み通すことが不可能な分量であり、その記号内容は誰にも窺い知ることができない。だからこそ怖いのである。

「ゾゾゾ」をはじめとする心霊スポット系YouTube番組では、実にしばしば、廃墟に落ちている意味不明な書き付けや、誰が何のために書いたかもわからないメモが念入りに撮影される。それはその廃墟の来歴に結びつく手がかりになる場合もあるが、そうした意味を持たないメモであっても、彼らのカメラは執拗にその内容を記録する。それはそこに記されているのが、実質的に意味を判じ得ない、空虚なシニフィアンだからだ。

死と誕生の恐怖

そもそも、死の表象とは一体何だろうか。この世にはいなくなってしまった人、その命を、なくなった、不在になった、という形で捉えるのでなく、そこに「死」が「ある」、と捉えること。人の生命が「ない」という状態を捉えるためのシニフィアン、それが死の表象である。つまり「死」という概念、そしてそのシニフィアンは、生命の空虚を指し示すシニフィアンなのだ。

それはゼロの発明と同等かそれ以上に、人間の思考にとって大きな一歩だっただろう。私たちが誰かの不在を受け止め、理性を失わずにいられるのは「死」という概念があるからだ。もちろん誰かが亡くなったことを「死」という形で形容しても、それで死による喪失感が、すべて充当されるわけではない。だが、それこそゼロと一ではまったく違う。私たちは死のシニフィアンによって、不在となった人の空席を形容し、埋めようのない喪失感をやりすごしてきたのである。

だが私たちは、それでもなお残る埋めようのない喪失感を埋めるため、死の周りにさまざまなシニフィアンを配置してきた。生者と死者の住む場所をそれぞれわけ、遺体を埋めた場所には墓石を置き、埋葬の前には読経や祈りの儀式を配置し、儀式の際には香を焚き、花を活け、それぞれのシニフィアンをさらに修飾するかのように、幾多の浄めのシニフィアンを動員する。私たちがこのように死の周りに過剰なほどのシニフィアンを配置するのは、本来的に埋めようのない、死のもたらす欠落感があるからだ。

一般的に、過剰なシニフィアンの存在する場所、その中心には、語りえぬもの、語ることが困難なものがある。ニュートンの法則（リンゴが木から落ちる）よりも相対性理論の方が、説明には多くの言葉が必要になる。死のシニフィアンが過剰になるのは、それが指し示すものが、本来的には語りえないものだからである。そもそも「ないもの」を語ろうとするから、言葉だけが、表現だけが、際限もなく増えていくのだ。

シニフィアンが過剰にあり、それが指し示す記号内容が空虚であるとき、私たちは恐怖を覚える。それが足音一つ、呻き声一つだけでも、私たちは恐ろしいと思う。だとするなら、いちおうの内容こそあっても、あまりに過剰な、無限に続くかに見えるシニフィアンの群れに恐怖を覚え

る人がいたとしても、無理からぬ話である。本書の冒頭で述べたような「過剰な文字への恐怖」は、おそらくはここに根ざしている。本を忌み嫌う人たちは、こうした恐怖から怒りをかきたてられ、焚書へと向かうのである。

　このほか、いっけん華やかに見える芸能の世界の楽屋では、その裏側でひっそりと、心霊実話が数多く語られているという。演劇の小屋で幽霊が出た、音楽や映画のスタジオで幽霊が出た。芸人やタレントが旅先のホテルで奇妙な体験をした、レコーディングの際には入れていないはずの声が、出来上がった音源から聞こえてきた。こうした話は芸能界には昔から無数にある。

　たとえば劇作家の小山内薫は、明治四十二（一九〇九）年のエッセイ「因果」のなかで「俳優《やくしゃ》というものは、如何《どう》いうものか、こういう談《はなし》を沢山に持っている」と書いている（東雅夫編・小山内薫『お岩 小山内薫怪談集』メディアファクトリー、二〇〇九）。これはおそらく芸能という世界が、あまりにも過剰なシニフィアンの渦巻く場所だからではないか。

　私たちがシニフィエなきシニフィアンを恐れるのは、一方向においてはそれが死という、それ自体が空虚なシニフィアンである状態に似ているからだ。だが、もう一つ、私たちがシニフィエなきシニフィアンを恐れる理由があると私は思う。それはおそらく私たちの出生、誕生と関わっている。

私たちはふだん、意識するにせよしないにせよ、記号を使って世界を分解し、その要素を一つずつ認識している。そこでは私は私であり、彼は彼であり、大地は大地、水は水である。つまりシニフィアンとその意味が、一対一で対応する世界だ。記号内容を持たない空虚なシニフィアンは、そうした整然とした一対一対応の世界、記号と意味のセットによって隙間なく覆われた世界の秩序に、無意味な穴を開けてしまう。

だが、私たちはかつて誰でも、一度はこの無意味な穴の世界を経験している。いや、それどころか、世界が全く何の意味も持たない、世界の全てが穴であるかのような無意味な状態を（あるいは逆に世界のどんな小さな部分にも無限大の意味が宿って沸騰しているような状態を）、誰もが経験しているのである。それはいつか。私たちが生まれて間もない新生児だったときである。

ここで新生児にとっての世界というものを想像してみよう。そもそも新生児は、自分のことを「私」として感じているだろうか。むしろ彼は出生以前の時点では、母の肉体まで含めた母子一体の身体を「私」として知覚していたのではないか。ところが彼は出産によって、その半身をもぎ取られてしまう。人間はいわば「二分の一の私」として、つまりは欠如として生まれるのだ。そして記号による分類のない世界、意味を持たない混沌に投げ込まれるのである。

そこでは彼の身体すら、彼自身のものではない。腕が腕であり足が足であるのは、私たちが世界の意味を、そして自分の身体の意味を、鏡に写る像（まさしく物理記号だ！）や、言語という記号によって分節化して認識するからだ。だが新生児にはそうした自己の身体すら分節化できない。自分の意思があるかどうかさえよくわからない状態で、全身が勝手に不随意運動を繰り返し、からだの奥から突き上げる何かが、耳を聾する巨大な音となって耳を襲う。それが「産声」と呼ばれるものであると彼が知るのは、ずっと後になってから、言語によってなのである。

この意味以前の混沌、記号以前の混沌の世界に、新生児は何を感じるだろう。言語以前の感情を名付けることは不可能だが、おそらくそれは私たちが恐怖と呼ぶ感情と、きわめてよく似ているのではないか。いや、それは恐怖などという言葉には収まり切れないほど、根源的な感情ではないか。

シニフィエなきシニフィアンは、こうした新生児の世界、つまり意味や記号以前の混沌へと、私たちを連れ戻す。本書では幾度となく「母の恐怖」をテーマに書いてきたが、母という存在は、まさにこうした記号以前の混沌の世界への入り口だ。寺山修司の言葉をもじって言うなら「もう一度出産されてしまう恐怖」がそこにはあるのだ。

中島敦「文字禍」の記号論

このようにシニフィエなきシニフィアンは、死と誕生の両極と関わっている。それは私たちが記号によって世界を分節する以前の未生の世界、あるいはもう私たちが記号によって世界を理解する術を失った死後の世界と、密接に関わっている。私たちはその意味の空洞のような存在を通じて、この世界が根源的に持っている無意味さ、その苛烈な混沌と直面し、恐怖を感じるのである。だが、なぜ私たちはわざわざ好き好んで、そうした恐怖と触れ合おうとするのか。逆に言えば、なぜ私たちは記号によって分節された世界に暮らすだけでは満足できないのか。

小説家の中島敦に「文字禍」という短編がある（『文字禍・牛人』角川文庫、二〇二〇＝所収）。この作品は、私たちのそうした疑問への、大きな手がかりを与えてくれる。

この物語の主人公は、紀元前のアッシリアの老学者だ。その頃、アッシリアの王は、誰もいるはずのない図書館から話し声が聞こえるという怪現象に悩まされていた（まさにシニフィエなきシニフィアンだ！）。困った王は主人公の老学者に、原因の究明を命じる。老学者は図書館にこもって研究を続けるうち、驚くべき結論に達する。「言葉の意味と文字をつなげているものは、実は文字の霊だ」というのである。さらに博士は続いて、この古代都市にはびこっている、恐ろしい文字の悪影響に気づく。

「文字を覚える以前に比べて、職人は腕が鈍り、戦士は臆病になり、猟師は獅子を射損うことが多くなった。（略）獅子という字を覚えた猟師は、本物の獅子の代りに獅子の影を狙い、女という字を覚えた男は、本物の女の代りに女の影を抱くようになるのではないか。文字の無かった昔（略）には、歓びも智慧もみんな直接に人間の中にはいって来た。今は、文字の薄被をかぶった歓びの影と智慧の影としか、我々は知らない。近頃人々は物憶が悪くなった。これも文字の精の悪戯である。人々は、もはや、書きとめておかなければ、何一つ憶えることが出来ない。」（中島敦「文字禍」）

ここでは「文字と意味」となっているが、実質的に中島が「文字」という言葉で指しているのは、私たちがここでいう「シニフィアン（記号表現）」であり、中島が「意味」と呼んでいるのは「シニフィエ（記号内容）」である。中島がここで描き出しているのは、シニフィアンで隙間なく覆われてしまった記号的世界の味気なさや、生活実感からの遠さだと言えるだろう。我々が恐怖を、そして記号による分節を受けない世界を求めるのは、まさにこうした味気なさからの、ひとときの脱却を求めるからなのだ。

それでは記号の世界など放り出して、記号以前の世界に遊び続ければ良いではないか、と思う読者もあるかもしれない。だがそれでは、記号なき世界は私たちにとってどのようなものとなるのか。中島はそうした記号なき世界を、次のように描く。同作中の老博士は、文字の霊の害を国王に訴えようとするが、いち早く文字の霊にその意図を察知され、復讐される。彼は文字と意味どころか、すべての視覚的記号と意味が分離した、無意味な世界に放り出されてしまうのである。

「彼が一軒の家をじっと見ている中に、その家は、彼の眼と頭の中で、木材と石と煉瓦と漆喰との意味もない集合に化けてしまう。これがどうして人間の住む所でなければならぬか、判らなくなる。人間の身体を見ても、その通り。みんな意味の無い奇怪な形をした部分部分に分析されてしまう。（略）人間の日常の営み、すべての習慣が、同じ奇体な分析病のために、全然今までの意味を失ってしまった。もはや、人間生活のすべての根柢が疑わしいものに見える。」（前掲書）

記号がはびこり過ぎれば私たちの世界は実感から、身体から遠のき、味気なく退屈で、惰弱《だじゃく》なものになってしまう。だが逆に記号が一切意味を失えば、これもまた無意味の世界に陥ってしまい、私たちは狂気の世界に閉ざされてしまう。私たちは記号によって分節された世界に過ごしながら、シニフィエなきシニフィアンを適宜導入し、記号のない世界を時折覗くという暮らしを選択するほかない。中島敦のこの短編は、そのことを私たちに示しているのである。

浮遊するシニフィアン

さて、記号論に通じた方であれば、先の「記号によって分節された世界のなかに、シニフィエなきシニフィアンを適宜導入する」という議論から、かつて文化人類学者のレヴィ＝ストロースが唱えた「浮遊するシニフィアン」の概念を思い出されるかもしれない。彼が「浮遊するシニフィアン」と呼んだのは、まさに記号内容を持たない、シニフィエなきシニフィアンのことだったからだ。

それでは彼は、何を指して浮遊するシニフィアンと呼んだのか。彼がこの概念を提起したのは「ポトラッチ」と呼ばれる、民族社会の贈与の習慣についての説明をする際のことだった。ポトラッチはポリネシアやメラネシア、アメリカ北西部の民族社会で行われる贈与の習慣である。「なんで恐怖の話なのに部族社会の習俗の話を読まねばならんのか」と当惑される方もおられると思うが、この概念は恐怖を論じる際の大きな手がかりになるので、しばしおつきあいいただきたい。

まずはポトラッチについて、民俗学者のマルセル・モースが描いた、その概要を説明しておこう（マルセル・モース『贈与論』）。ポトラッチは強制的、一方的な贈与から始まる。送られた方は拒否する権利はなく、断れば彼の権威は大きく失墜してしまう。また、贈与を受けて返礼を行わない場合、さらに大きく彼の権威は損なわれる。まさに「タダほど怖いものはない」である。

ポトラッチでは、与えたものと受け取ったものは、多くの場合プラスマイナスゼロ、等価になる。それではポトラッチは等価交換なのかと言うと、実は違う。彼らの世界にも我々の世界における商取引に近い交換はあり、そこでは誰もが「値切る」、つまりより少ない財貨によって、より多くの財貨を得ようとする。ところがポトラッチの場合、互いが相手より多くの財貨を差し出そうとするのである。両者は差し出す材価の量を次第に増大させ、最後は相手の目の前で邸宅や私財を焼き払ったり、海に沈めたりする。つまりそこでは「損した方が勝ち」なのである。

ではなぜ彼らはそんなことをするのか。ポトラッチで財貨をもらうと、そこには必ず「マナ」とか「ハウ」とかいう不可視の存在がついてくる。彼らはこうした「マナ」や「ハウ」を祓うために、財貨を贈り返すのだという。これらは霊的な存在で、当然、人間の目には見えない。レヴィ＝ストロースはこうした不可視の力について、実体のない言葉だけの存在、記号内容を持たぬシニフィアンだと考えた。そしてこれらは記号内容を持たず共同体の間を漂う「浮遊するシニフィアン」だと論じたのである（「『社会学と人類学』への序文」『マルセル・モースの世界』）。

ポトラッチは単なる物々交換として見ている限り、「互いが相手より損をしたがる」奇妙な風習としか見えない。だが、モノと一緒にシニフィエなきシニフィアン、意味を持たない虚ろな記号が送り届けられているのだとすると、俄然話は変わってくる。既に見てきた通り、意味を持たない過剰なシニフィアンは、私たちを不安に陥れる。それは日常の安定した生活が、かりそめの記号によって分割された、仮設的な安定に基づくことを暴き立ててしまう。したがって送られた方もまた財貨に乗せて、浮遊するシニフィアンを送り返さなければならないのである。

実際、浮遊するシニフィアンが恐怖をもたらすことを念頭に置いてモースの贈与論を読み直すと、面白いほど話の筋が通ってくる。ポトラッチでは我々の贈答の習慣とはまったく逆に、受け取る方は渡された贈り物をさんざんに貶し、地面に投げ捨て、イヤイヤそれを拾う。なのに、それへの返礼では、もらったものを上回る財貨を贈り返す。しかも多くの場合、ポトラッチで返礼を怠ると、送られた側は災いに見舞われるという。彼らの言う「マナ」や「ハウ」は、我々の言葉で言う「呪い」に近いのである。

「マナ」や「ハウ」とは一体、何か。それはどこか我々の知らない異界からやってきて、記号以前の混沌の世界へと、私たちを連れ戻す呪術的な力である。それは良い方向に働くこともあるが、放置すれば悪い方向に働く。私たちが暮らす日常の内部から外部へと、私たちを連れ去る力を秘め、どこかの異界から漂ってくる空虚なシニフィアン。それが「浮遊するシニフィアン」である。彼らはこれを定期的に交換する儀式的な交易によって、記号に閉ざされた日常の世界に、その外部の世界を導入しているのだ。

読者の中には「そんな呪いだの恐怖だのといった議論はピンとこないし、いわゆる文明世界には敷衍できないのではないか」と思う人もあるだろう。だが実際これに近い話は、いわゆるアンダーグラウンドな世界では、現在の我が国でも密かに行われていると聞く。たとえばヤクザ然とした風態の人物が、あるいは政治家の秘書を名乗る人物が、ちょっと挨拶に来ました、と言って菓子折りを持ってくる。来訪は幾度となく続き、菓子折りは次第に高価なものとなり、最後は現金を持ってくる。大抵の人は不安になり、相手の要求を聞き入れそうになる。

なぜこんな気持ちになるのか。それは先方の持ってきた菓子折りが、記号内容を持たない真意不明のものであり、浮遊するシニフィアンだからである。私たちは記号内容を持たないシニフィアンを送りつけられると、不安や恐怖に襲われるのだ。

「浮遊するシニフィアン」は一方的な贈与の際ばかりでなく、市場経済における売買や賃貸の場面でも現れることがある。典型的なのが不動産で、なかでもいわゆる事故物件はその筆頭格だ。現在では事故物件は、法律で心理的瑕疵として契約時に明示しなければならないことになっている。だが事故のあとに一度でも誰かが住めば、もう法律の上では事故物件ではない。過去に何があったかわからないまま市場を漂う不動産は、まさに「浮遊するシニフィアン」なのだ。

いや、住宅に限らず中古で売買される物品はすべて、なんらかの意味で「浮遊するシニフィアン」であるとも言える。実際、怪談にはこの種の話が枚挙にいとまがないほど多い。祖母がどこかからもらってきた人形が夜中に歩き回る、とか、祖父がどこかから買ってきた得体の知れない掛け軸が夜中に……、とか。SF・怪奇小説作家の橘外男は、古物商が仕入れてきた布団が一家に災いを成し、そして……、という短編「蒲団」を書いている（種村季弘編『日本怪談集　取り憑く霊』河出文庫、二〇一九＝所収）。この短編には妙なリアリティーがあり、ぐいぐい読まされてしまったが、これは私自身が古物商の免許を持つギャラリストだからかもしれない。

閑話休題《あだばなしはさておき》、こうした浮遊するシニフィアンは、実は目を凝らしさえすれば、私たちの生活圏内に、いくらでも見つかる。古いアルバムに紛れた、誰だかわからない人物の写真。自宅の家具の裏から出てきた、誰のものかわからない長い髪。深夜の無言電話。なぜか路上に落ちている靴。心霊系YouTube番組で紹介される廃墟は、そうした浮遊するシニフィアンの一大集積場だと言えるだろう。私たちはこうした存在と出会うことで、記号以前の世界を垣間見ているのである。

YouTubeホラー番組「ゾゾゾ」には、サブチャンネルとして「ゾゾゾの裏面」というのがあって、そこには「捨てられた心霊写真」と題された一本の動画が上がっている。この動画は「浮遊するシニフィアン」の見事な実例として、まさに「神回」というほかない作品となっている。

その内容がどういうものなのか、差し支えない範囲で説明しておこう。話はこの番組の視聴者から、一通の情報が寄せられるところから始まる。その情報に曰く、いわゆる心霊スポットに「拾うと呪われる写真」が大量に捨てられているという。さっそく現場に向かったスタッフは、実際にその場所の近辺に、数枚の写真が捨てられているのを発見する。場所は舗装もされていない山中で、そんなところに写真が落ちている時点でじゅうぶん「浮遊するシニフィアン」なのだが、話はそこでは終わらない。そこに落ちていた写真の裏面には、誰のものかわからない住所と名前が書いてあったのである。

スタッフは写真の出所を確かめるべく、裏面に書いてあった住所を訪ねるのだが、そこで次々と明らかになる事実、そして最終的に彼らが辿り着いた光景は、まさに「浮遊するシニフィアン」

の顕現と言うほかない。これ以上の説明は差し控えるので、ぜひ読者各位ご自身でご覧いただきたい。

私たち人間はこの世界を記号として捉え、判別し、意味を認識している。だが私たち人間は、全知全能ではない。従って私たちは、その対象がたとえば平凡な枯れ尾花であっても、たそがれどきの曖昧な暗がりにそれを見るとき、その正体が何であるのか弁別不可能な「浮遊するシニフィアン」として知覚し、恐怖に怯える。私たちが世界を記号として認識し、しかも全能でない限り、どれだけ文明が進歩しようと、人は「浮遊するシニフィアン」から逃れられないのである。

こうした出所不明、意味不明のシニフィアンは、私たちに「世界はすべてが理解可能なものではないのだ」と、かすれたうめき声でつぶやき続ける存在である。私たちは日常的には、記号によって世界を分節し、一貫した論理によって理解しようとして暮らしている。だが浮遊するシニフィアンは、こうした私たちの世界認識には、実は至るところに穴が空いていることを、しゃがれ声で告発するのである。私たちがそこに感じ取るのは、世界が言語で区切られてしまう以前、あるいは私たちが言語どころか精神も肉体も失ったあとの、あの混沌の世界なのだ。

中心と周縁、禁止と侵犯

恐怖をもたらすシニフィアンは、偶然発生し、漂ってくるものばかりではない。むしろそれは多くの社会では、ポトラッチのように半ば制度化された形で存在している。しかもそこでは、我々を脅かすシニフィアンを定期的に共同体内に導入し、一定期間を経たのち排除するというサイクルが、果てしなく繰り返されてきた。我々日本人の身近な例で言えば、御霊信仰がそうである。たとえば大阪の天神祭は、かつて都を追われて九州に島流しにあった、菅原道真公の御霊を祀るものである。人々は道真公の霊が都に祟りをなしたことからその霊を祀り、年に一度「祭り」という形で大々的にこれを共同体に再導入するという祝祭を続けてきた。つまり人々は怨霊を、わざわざ都市の真っ只中に導き入れてきたわけだ。

同様の例は世界中に無数にあって、たとえば死者の霊や悪霊を迎え入れるハロウィンなどは、原理的にはほとんど我が国の御霊信仰と変わらない。恐るべき竜の姿を、それを退治する聖人とセットで絵画にした「聖ジョージの竜退治」も、こうした祝祭を絵画化したものと言えよう。

実を言えばこうした議論、つまり「恐怖を担うシニフィアンを、共同体の外部からわざわざ再導入して排除する」というテーマは、一九七〇年代に盛んに議論されたものである（またもや七〇年代だ！）。たとえば文化人類学者の山口昌男による「中心と周縁」という概念（『歴史・祝祭・神話』ほか）は、まさにその筆頭だと言える。

ここでいう「中心」とは、記号によって整然と分節された世界であり「周縁」とはそうした分節化の外部にある、危険で恐怖に満ちた記号、及びその記号を付された担い手のことだ。同書では聖ジョージの竜退治をはじめ、民俗社会の儀礼から中世日本の婆娑羅の美意識、さらには二〇世紀初頭の政治闘争に至るさまざまな事例を引きながら、我々人間の社会というものが、わざわざ恐怖を担うシニフィアンを日常の中に導入したのち、改めて排除するというダイナミズムを、延々と繰り返してきたことが綴られている。

既に前章でも紹介した通り、山口昌男はこうした「周縁」の力が溢れる場所として祝祭を、そしてその担い手として、サーカスやピエロを精力的に論じてきた。表情を消し去るメイクアップでいずことも知れぬ異界からやってくるピエロは、この世の象徴秩序を撹乱し、観客を混沌へと引き戻す存在だ。実際、乱歩の『地獄の道化師』や、映画「IT」シリーズのペニーワイズに見られる通り、ピエロはしばしば怪物として文化表象に登場してくる。それは単に、実際にピエロの扮装で連続殺人を犯したジョン・ゲイシーの記憶がそうさせるだけではなく、彼らが混沌に満ちた祝祭の担い手、中心を撹乱する周縁の存在だからなのである。

道化に限らず、ホラー作品の中でお化け役となるのは、たいていが社会の周縁部にある人々の霊である。たとえば日本の心霊実話で、恨めしげに雨の夜に佇むのは、決まって髪の長い顔色の悪い女であって、短髪の日焼けした筋肉質の男性の霊を見た、などという話はまず聞かない。これは私たちの社会で女性の存在が、いかに周縁のものとして軽んじられているかという証拠だろう。他者を周縁的なものとして軽んじることへの「やましさ」、これが恐怖の源泉なのだ。

逆にアメリカ社会では、女性だからという理由だけでは恐るべきものにはならないらしい。実際、映画「リング」に出てくる亡霊の貞子は、この映画がハリウッドでリメイクされる際「女性で子ども」という、二重の周縁性を組み込まれた設定に変更されている。日本人は子どもに対してさほどやましい気持ちを持っていないが、どうも米国人はなんらかのやましい気持ちを、子どもに対して持っているのかもしれない。

遡ればブラム・ストーカーの『吸血鬼ドラキュラ』(創元推理文庫、一九七一)もまた、ルーマニアという辺境の貴族という設定だった。貴族は当時、既に滅びゆく運命にあった階級で、資本家、ブルジョワ階級こそが、当時の社会の中心だった。そんなブルジョワの新興国であった英国に、辺境の貴族という二重の周縁性を帯びたキャラクターが襲いかかるのが『ドラキュラ』なのだ。このように私たちは周縁の存在を恐れつつ、それをホラーの中で常に再導入しているのである。

さて、右に見たような周縁の導入と排除というメカニズムを、思想家のジョルジュ・バタイユの言葉を借りて言うなら「禁止と侵犯」となるだろう（『呪われた部分 有用性の限界』）。私たちの社会はふだん、こうした混沌の力が社会に侵入するのを禁じ、象徴的な秩序を守っている。だが折に触れ私たちは、交易や祝祭といった形で期間と様式を限定しつつ、禁止を侵犯し、混沌の力を導入する。そこでは生贄の儀式が行われ、血と酒と陶酔の儀式が行われることになる。

だが、人はこんなふうに反論するかもしれない。「中心と周縁、禁止と侵犯といった確固たる構造があったのは前近代の話だ。いまは市場経済の時代なんだから、禁止ばかりするような共同体の秩序は揺らいでいるし、交易や祝祭だって常態化してしまった。現代社会はそうした侵犯行為を最初から体制内に組み込んだ一種の柔構造なのであって、禁忌だらけ、タブーだらけの前近代とは違う。御霊信仰の祝祭なぞ観光地のアトラクションか何かの形で商品化され、資本主義社会の濁流に飲み込まれるのがオチだ。実際、ハロウィンだってマイルド・ヤンキーのコスプレ大会になったではないか」、と。

だが、果たしてそうだろうか。

右の議論は恐怖が「どう流通するか」に焦点を当てていて、そこにどういう表象が流通しているのか、私たちがそうした表象に触れたとき、何を感じるのかという議論とは、いささか離れてしまっている。恐怖がポトラッチのような交換経済や、バタイユの言うような血の供儀の祝祭によって分配されていた時代は、確かにはるか昔のものになった。だが、それでは「恐れる心」「恐怖を求める心」が過去のものとなったと言えるだろうか。決してそうはなっていない。

御霊信仰の祭りはいまもなお各地で続けられ、私たちはふとした拍子に、知り合いの誰かが経験した心霊奇譚を語り合う。社会構造の変化には関係なく、禁止された恐怖の対象、つまりは精神的な異物を求める心は、いまなお現代的な欲望として機能し続けているのだ。いや、それどころか既にさんざん話題にしてきた通り、恐怖を求める心は目下の YouTube 時代においてさえ、人気コンテンツを生み出す原動力の一つになっている。中心と周縁、禁止と侵犯の構造は、いまもなお脈々と息づいているのだ。

それではこの近代以降の資本主義社会では、恐怖はどのように作用し、働いているのだろう。ここではフランスの哲学者ジル・ドゥルーズと精神分析医のフェリックス・ガタリが「ドゥルーズ＝ガタリ」の連名で書いた大著『アンチ・オイディプス　資本主義と分裂症』の助けを借りながら、この問題を考えてみることにしよう。以下、恐怖とはいっけん関係なさそうな現代哲学の話が続くが、あとで必ず恐怖の話に戻ってくるので、しばし我慢してお付き合いいただきたい。

実を言えばこの二人は、それまでの記号論とは、ずいぶん違った考え方をする人たちだった。

それまでの記号論では、中心と周縁論に見られるように、社会は二項対立を基盤にしていて、安定的な構造を持っているという見方をした。分析の対象も、それ自体は静止した記号という存在だ。ところがドゥルーズ＝ガタリの二人は、記号ではなく「機械」という概念を用いた。記号と違ってそれ自体が常に互いに接続、切断を繰り返す「機械」が自律して動き回り、社会を「生産している」と、この二人は考えたのだ。

いきなり「機械」とか「生産」とかいった言葉が出てきて面食らった方も多いと思うが、実は彼らの言う「機械」という概念は、我々が普段日常生活で目にするような、金属製の普通の機械のイメージとはほど遠いものだ。むしろ彼らもその比喩として使っている、細胞内の小器官を思い浮かべて読む方が理解しやすいだろう。

こうした細胞内の小器官には神経があるわけでも、ましてや脳や意思があるわけでもないのにオートマティックに活動し、細胞内で他の小器官と連結、切断を繰り返しながら、情報伝達や代謝、免疫などのシステムを支えている。なかにはミトコンドリアや葉緑体のように、もともとはほかの生物だったものが大きな細胞に取り込まれ、細胞の一部になったケースもある。このように「機械」は常時、切断と接続を繰り返し、自律分散型の運動を営む存在なのだ。

実を言うとドゥルーズ＝ガタリの二人の議論は、かなり詩的で飛躍が多く、理数系の用語は誤用だらけらしいのだが、彼らの著作を大雑把かつ「超訳」的に読んでいくと、初期資本主義の時代に登場した小さな企業体もまた、彼らの言う「機械」の一つ、なかでも「欲望機械」と彼らの呼ぶものだ、ということになるだろう。

伝統的な儀礼を繰り返す王権に代わって登場した欲望機械である企業体は、さまざまなエネルギーや物質、情報の流れを切断してはこれを取り込んで商品として販売し、地域と地域を接続したり、ほかの小さな企業を飲み込んで合併したりして、切断と接続を繰り返していった。さらに彼らは暖簾分けなどで切断、独立し、四方八方に枝分かれして自律分散し、果てしなく拡大、分岐、暴走して、無軌道な運動を続けたのである。

さて、記号論的な「中心と周縁」論だと、中心にあるのは常に支配者層で、そのまま動こうとはしない。世襲的な王権に支配された、部族的な社会がその典型だ。そこではたまに周縁的な要素の取り込みや排除が行われることはあっても、中心と周縁という構造自体は残ったままで、社会構造は安定している。つまり記号論に基づいた文化人類学などの理論は、比較的安定した村落社会、前近代社会を語る際に都合の良いモノの見方で、「中心と周縁」もその一つなのだ。

ところがドゥルーズ=ガタリの議論では、欲望機械は常に周囲と接続したり切断したりを続け、そこには中心もなければ周縁もなく、確固とした中心と思われていたものが切断されて孤立し、逆に小さな周縁に過ぎなかったものが次々に周囲を飲み込んで巨大化していく。つまりこの二人の議論は、ダイナミックな変貌を続ける資本主義社会を語る上で都合が良いのである。

それでは現在の私たちの社会は、どういう状態にあるだろう。確かに二人の言う通り、前近代社会の中心を占めた王権は没落したし、それどころか近代初頭に繁栄を極めた商人資本も、さらには重厚長大産業も衰退してしまった。替わって現代では、米国の西海岸のガレージから湧き出た、極小のマイクロチップを製造するメーカー群が、ついでソフトウェアメーカーが、さらにはアプリメーカーやSNS企業が次々に湧き出て、目まぐるしい速さで吸収合併を繰り返す社会となった。これだけ見れば、無数の小さな欲望機械の群れが、自由な切断と接続を繰り返し、固定した中心、つまり王権や旧型産業を喰らい尽くしてしまったように見える。

だが誰もが知るとおり、現在のIT産業はGAFAと呼ばれる、ごく一部の超巨大企業を中心に回っている。資産状況で見ればもっと極端で、全世界のわずか一％に過ぎない超富裕層が、世界の総資産の三十七％を独占している。これを上位一〇％にまで広げると、なんと五二％の富を独占している計算だそうだ。要するに前時代の王権であった重厚長大型産業に代わって、新たなIT産業という中心が現れたに過ぎず、中心と周縁という構造は残ったまま、いやそれどころか、中心にあるごくわずかな超富裕層は、かつてなく強大な存在になっているのだ。

つまりこういうことだ。確かにドゥルーズ＝ガタリの言うとおり、「機械」は社会の流動、変動期を引き起こすし、社会全体がそうした流動状態にある時期は確実に存在する。だが、社会はそうした流動状態にいつまでもあるのを好まない。いつかその中から中心に居座る勢力が析出され、周囲の群小的な欲望機械を接続し吸収し、硬直した支配を再構築する。中心となる国家はいつか再び周縁から新しい欲望機械の侵食を再び受けるにしても、いったんはそうした中心が樹立され、周縁はその中心部から切断されて追いやられ、中心からの支配を受けざるをえない。それも相当の長期にわたって、である。

実を言うとドゥルーズ＝ガタリの二人は、こうした「中心の解体・再編成」というメカニズムを、同書の中で示唆している。「領土化、脱領土化、再領土化」という、社会変動についての議論がそれだ。

人間社会は構成員である一人ひとりの機械が接続と切断を繰り返して原始的な共同体社会を作り、これがさらに接続、切断を繰り返してクニを作ってできあがる。そうした機械の中でも強力な力を持つ者は専制王政を敷き、やがて「領土化」された社会を作り出す。ところが資本主義の時代になると、資本家と労働者は互いに接続、切断を繰り返して企業体を作り、やがて国王の支配を凌駕して、自由な交易、取引を行って「脱領土化」を遂げる。ところが資本は再び国家と接続し、帝国主義的な植民地支配を国内外に張り巡らして、世界を「再領土化」するのだ。

つまりロングスパンで見れば、社会が脱領土化されるのはむしろほんの一瞬の革命期に過ぎない。小松左京の説く「ナカタ過程」のように、それはある時間、ある場所で劇的変化を起こすとはあるものの、そのほかの時間、場所では、むしろほとんど安定的に振る舞い、なんらかの中心に領土化され、支配される状態が続くわけだ。

中心と周縁論をはじめとする記号論的な社会と、ドゥルーズ＝ガタリの説く欲望機械的な社会とは、決して二者択一的なものではない。私の見るところ、むしろ両者は並行して存在し、どちらの現象が優位に現れるかという転変は、交互に繰り返して起こるものと思える。安定期には記号論的な中心と周縁を持つ状態（領土化、再領土化社会）が、動乱期には欲望機械のひしめき合う流動状態（脱領土化社会）が優勢になるわけだ。

それでは現在、私たちの社会では、安定性と流動性、どちらの側面が優位に現れているのだろうか。GAFAや超富裕層に支配される社会状況を見る限り、私には現代の社会は、中心と周縁に再領土化された、堅牢な構造を持った社会に見える。そしていま我々の社会は中心、つまり超富裕層である支配者を除き、誰もが周縁的な貧困の泥沼に落ち込むまいと、疑心暗鬼と恐怖に駆られ、底辺に落ち込みそうな存在同士で泥仕合を続けているように見える。そう、ここで話は恐怖に戻ってくるのだ。我々はいま、まさに恐怖によって支配されているのである。

そもそも現代は本当に、周縁的な祝祭や侵犯行為が常態化した、柔構造の自由な社会なのだろうか。バブル経済華やかなりし八〇年代であれば、確かに多少は自由だったかもしれない。だが、圧倒的な経済格差で常態的祝祭どころかハレの日の贅沢さえできず、多くの人が有期雇用の不安定さと低賃金にあえぎ、三度の食事にさえありつけない貧困層が溢れ、少しでも社会批判や政権批判をすればネトウヨとポリコレ棒がすっ飛んできてSNSで左右から袋叩きにされる。これが「祝祭が常態化した柔構造の社会」だろうか。もはや前近代以上に不自由ではないか。

超富裕層に再領土化され、ガチガチに固まったこの社会構造、記号に分節されるどころか各種アプリとSNSの罵詈雑言によってズタズタに分断され、日常生活のほぼ全てを監視カメラと電子決済で捕捉される世界。こうした電子的帝国主義の構造に、少しでもいい、私は恐怖の傷を入れたい。社会の外部から周縁の力、混沌の力を導入し、この息苦しい同調圧力と格差、電子支配の圧政に支配された社会に風穴を開けたいのである。

パッケージされた形での恐怖でも充分だ。共同体を根底から崩壊させるほどの深刻な恐怖などでなくていい。むしろ津波だの原発だのコロナだのロシア軍の侵略だの、そんな深刻な恐怖はもうたくさんだ。もっと自由に、手頃な恐怖を味わいたい。子どものように幽霊や宇宙人に怯え、ワクワクしたい。そして私たちが怯えるのでなく、逆にこの社会を震撼させたいのだ。

もちろん私もたかが幽霊話くらいで、この社会の矛盾が解決するなどとは思っていない。魔太郎がいじめっ子を現実の世界で撃退できないように、あるいは『地獄変』の斧が誌面から決して飛び出してこないように。だが、そうして完全に諦めて（悪）夢を見ることを捨ててしまったら、私たちは本当に窒息してしまう。論理的な思考の結果としてというよりも、ほとんど素朴な生活上の実感の問題として、私は心からそう思っている。これが、七〇年代のホラー文化の表象ばかりでなく、七〇年代で葬られた感のある中心と周縁論までも（まさに御霊信仰のように）、本書に召喚した理由である。

中心と周縁の構造は、今なお強固に存在している。それは前近代社会から産業社会、さらには情報化社会となった現在も変わらないどころか、以前よりさらに強固なものになっている。そして周縁的存在が社会にある限り、恐怖もまたそこに存在する。記号によって分節された世界の外部にある周縁の存在は、中心から見れば危険で恐怖に満ちた存在となるからである。

ところが現在の社会では、表立っては恐怖の表象は抑圧される。たとえば心霊番組は、もはや地上波ではすっかり下火となっている。コンプライアンスに触れるから、エビデンスがないから、だそうだ（「宜保愛子さん『心霊番組』はなぜ消えたのか」『AERA dot.』朝日新聞社、二〇一九年五月八日）。

正直な話、私はこんな馬鹿げた話があっていいのか、と思う。こんな理屈で番組の是非を論じていたら、そのうち芸術番組だって作れなくなるだろう。というのも、霊現象も芸術性も、「世の中には目には見えない、物理的に測定できない存在や価値がある」と認めるところから始まるからだ。たとえば「ある作品が美しいという証拠を持って来い」だの、「それが美しいという法的根拠を示せ」だのと言われたら、もはや表現活動など成り立たないだろう。いや、芸術どころか人文科学的価値観そのものが、こんなことをしていたら吹き飛んでしまう。

にも関わらずと言うべきか、それ故にと言うべきか、しばしば私たちは恐怖に飲み込まれ、周縁的な隣人同士で叩き合う社会を生きている。SNSでは毎日のように貧困層が生活保護家庭を叩き、中小自営業者が外国人を叩いている光景が、嫌でも目に入ってくる。弱者が弱者に怯え、先制攻撃しようとする恐怖の社会だ。そんな絶望的な構図をネット上で目にするたび、私はいつも「これこそまさに中心と周縁の構図そのものじゃないか」と思う。いまこうした理論を使わずして、一体いつ使うのか、と。

かつてジョルジュ・バタイユは、迫り来るドイツ軍と第二次世界大戦に抗するため秘密結社を組織し、まったく戦争とは無関係に人を殺害して、供儀を捧げようとしたという（ジョルジュ・バタイユ『無頭人』、金子正勝「訳者あとがき」）。私が考えているのは、そこまで過激な構想ではないが、原理的には少し似ているかもしれない。つまり恐怖をよく知り、楽しむことで、弱者が弱者に怯えて攻撃する恐怖の連鎖を、少しでも和らげることができまいかと思うのだ。

たとえささやかな規模であっても、商品化されたパッケージ内の出来事でも、そこで血の犠牲と狂気に満ちたディオニュソス的な祝祭を繰り広げること。そうした虚構の祝祭を味わうことで、現実の社会で恐怖に駆られ、罪もない隣人を弾劾する愚を犯さないこと。逆に硬直しきった社会構造の担い手たちを、たとえひと時でもいい、震撼させ、爆笑させ、脱臼させること。そうしてガチガチに固まった象徴秩序に傷を入れ、そこから抜け出す瞬間を確保すること。それが私の提起する恐怖との付き合い方だ。恐怖を楽しむのは素晴らしいことなのだ。それは私たちの生にとってかけがえのない感覚なのである。

だが逆に私たちは、絶対に恐怖に呑み込まれてはいけない。映画「ＩＴ」シリーズのペニーワイズは、脅かした相手の恐怖を食べて肥え太る怪物だが、このように恐怖にはなぜか自己増殖的な性質がある。つまり恐怖は恐怖を食べてより大きくなり、最終的には恐怖を感じている私たち自身より大きくなって、私たちを飲み込むのである。その先にあるのはナチスのような、障害者や異民族の虐殺を容認、推奨する社会であり、あるいはトランプ政権末期に見られたような、貧しい労働者が人種差別感情をむき出しにして暴動を起こす社会なのだ。

二〇二一年、トランプ政権支持者たちが起こした合衆国議会への襲撃事件は、ホアキン・フェニックス主演の映画「ジョーカー」（二〇一九）が、まさに現実のものとなったような光景だった。本来なら笑いを媒介するはずの道化師たちが笑顔の仮面をかなぐり捨て、地獄の使者となって都市を占拠する「ジョーカー」のラストシーンでの大暴動は、あの瞬間、アメリカ社会に現実のものとなって出現したのだと私には思えた。それは貧困状態に置かれたまま見捨てられる恐怖と怒りが引き起こしたものだった。恐怖は私たちを飲み込みかねないものなのだ。

そうした事態を避けるために、私たちは何をすればいいのだろう。まず何よりも相手を知ること、つまり恐怖そのものの姿を見つめなおすことが必要だと私は思う。私が「恐怖の美学」がいま必要だと考える理由は、まさにここにこそある。

既に冒頭でも述べた通り、美学はaesthetics、つまり「感性の学」である。単に表象、記号の流通の仕方についての学ではなく、それを受け取る側の私たち人間、その感性が、それをどう受容するか。そこを問うのが美学である。恐怖を乗り越えていくためには、私たち自身の中にある恐怖の姿を、はっきりと見定める必要があるのだ。

恐怖がどう流通するかという経済構造、社会構造が変化しても、恐怖を感じ、求める感性そのものは今もなお存在している。それればかりか、むしろ恐怖はかつてないほど強くなり、時として私たちを飲み込もうとしている。だとするなら、それが私たちの感性にどう作用するかという恐怖の感性学、すなわち恐怖の美学の必要性は、これまで以上に高まっているはずではないか。

改めて問うことにしよう。恐怖とは何なのか。それはどこから生まれてきたのか。崇高やグロテスク、「不気味なるもの」やアブジェクシオンと、どう関わり合っているのか。そうした恐怖の本当の姿、恐怖の正体を、次章では考えてみたい。私たちは恐怖の顔を、道化の厚化粧に隠れたその顔を、はっきり見定めなくてはならないのだ。

東雅夫編・小山内薫『お岩 小山内薫怪談集』(メディアファクトリー、二〇〇九)

中島敦『文字禍・牛人』（角川文庫、二〇二〇）
『マルセル・モースの世界』（みすず書房、一九七四）
マルセル・モース『贈与論』（ちくま学芸文庫、二〇〇九）
種村季弘編『日本怪談集　取り憑く霊』（河出文庫、二〇一九）
山口昌男『歴史・祝祭・神話』（中央公論社、一九七四）
ブラム・ストーカー『吸血鬼ドラキュラ』（一九七一、創元推理文庫）
ジョルジュ・バタイユ『呪われた部分 有用性の限界』（ちくま学芸文庫、二〇〇三）
ドゥルーズ＝ガタリ『アンチ・オイディプス　資本主義と分裂症』上・下（河出文庫、二〇〇六）
ジョルジュ・バタイユ『無頭人』（現代思潮新社、一九九九）

十三

恐怖の起源

前章で幾度となく述べた通り、私たちは恐怖を求め、恐怖に促される形で、精神的異物を取り入れては排除している。だが、それはなぜなのか。何のために私たちはこんな行いを繰り返しているのか。

こうした精神的異物の導入と排除の繰り返し、つまりは「周縁を取り込み排除する中心」というシステムは、何かに似てはいないだろうか。それは、たとえば呼吸に似ている。あるいは食物の摂取と排泄にも似ている。古くなった細胞の死と、新たに生まれた細胞による置き換えにも似ている。要するに中心と周縁のメカニズムは、生命が日々行なう代謝プロセスと似ているのである。

端的に言おう。おそらく恐怖は私たちの精神が平衡を得るための感覚上のタグの一つであり、食事における味覚のようなものなのだ。私たちは食事をする際、栄養バランスを厳密に考えずとも、自分の味覚を優先させて「飽きたら違うものを食べる」という繰り返しを行ううち、自然と必要な栄養が概ね取れるようになっている。同様に私たちは、外界の情報を感覚的なタグとともに受け止めている。楽しい、悲しい、嬉しい、そして「怖い」などのタグである。こうした感覚的タグを求めて情報を摂取するうち、生存に必要な情報を概ね手に取れるよう、おそらく人間の精神はプログラムされているのだ。

「怖い」という感情もまた、そうした感性上のタグの一つだろう。そして必要な情報を取り入れたあと、周縁からやってきた恐怖の担い手たちは、排泄物のように速やかに共同体から、私たちの脳裏から、排除されてしまうのである。

もちろん恐怖ばかりでなく、美や崇高、善美や滑稽、イロニーや「kawaii」など、美学で議論されてきたさまざまな美的範疇も、こうした感覚的なタグの一つだろう。こうした感覚的シグナルを求めて精神的異物を取り込み、排除する繰り返しで、私たちは精神的な平衡を得ている。だが、こうした感覚的タグの中でも最も根底的で、生死に関わるのが恐怖である。恐怖はさまざまな感覚的タグの中でも、私たちの生存に必要不可欠な、最も重要なものなのだ。

ただし恐怖は物理的な死の危険だけでなく、死の表象、死の記号に出会ったときにも発動する。恐怖が物理的な危険に反応するばかりでなく、表象や記号にも反応して起こることは、本書で繰り返し論じたことである。ではなぜ、私たちは実際には死の危険のない表象に対しても恐怖を感じるのだろう。言い換えれば、表象に対してさえも恐怖を覚えるような「恐怖の拡大」は、いつ、いかにして私たち人類に起こったのだろう。

私はおそらく、人類の進化の歴史とともに、恐怖もまた次第に進化を遂げて、現在のような形になったのだと考えている。以下、ここでは私の思う「恐怖の進化論」について記していくことにしよう。以下は推測なので本来なら「おそらく」とか「たぶん」とかいう留保条件が頻繁に必要なのだろうが、くだくだしいので断定口調で記すことが多くなるかと思う。これから記すのは、いわば私が幻視した、恐怖の人類史である。

恐怖はもともと、物理的危険を避けようとする、なかば生理的メカニズムから出発しただろう。こうした動物たちも持つような種類の恐怖を、ここでは「原恐怖」と呼んでおくことにしよう。

断崖絶壁に立った時に感じる恐怖、すぐそばを暴走車が走った時に感じる恐怖、それが「原恐怖」である。

本来なら私たちは、恐怖の対象がどんなものか、一定時間の観察を経て見極めなければ、本当に恐ろしいものかどうかわからないはずだ。ところが現実には私たちは、論理的に考えるよりはるかに早く、ほぼ瞬時に「怖い」と感じる能力を備えている。原恐怖の感覚は、くだくだしい論証を抜きに作動して、ゾッとする感覚で即座に、私たちに危機を伝えるスイッチなのである。

実際に身辺にこうした危険が迫っているときには、危険についての煩瑣な議論など必要ないし、するべきでもない。必要なのは考えるより先に感じること、スピーディーに動くことだ。アクション俳優であり実際に武道家でもあったブルース・リーは「Don't think. Feel」と言ったが、まさに原恐怖は思考よりも早く、私たちに危険を伝えてくれるシグナルなのである。

こうした原恐怖の感覚の中でも、巨大なものを見るだけで引き起こされる恐怖は、おそらくもっとも古い時代から、私たちの脳に組み込まれたものだっただろう。あれがもし倒れてきたら、どうなるか。あの巨大な穴に落ちたら、どうなるのか。そうした危険を論理的推論によることなく、即座に感覚的に伝えるこの感覚は、のちに「崇高」の感覚を生み出す源泉となっただろう。

だが私たちはこうした物理的な危険がなくとも、死の記号だけで恐怖を感じることができる。つまり原恐怖の能力の上に、さまざまな恐怖の力を積み上げて、私たちは現在の形の恐怖という感覚を完成させていったのだ。そうした力が私たちに備わったのはなぜか。私はこんなふうに思う。それは死の記号だけで恐怖を感じた方が、生存戦略上有利に働いたからである。

たとえば太古のサバンナにいた、我々の祖先を想像しよう。一人は自分に降りかかる、物理的な恐怖にしか反応できない祖先。もう一人は周囲に残された状況証拠、たとえば仲間の血痕や白骨、格闘の痕跡を見て、それが死の「物理記号」であると読み取り、即座に怯えることができた祖先だ。

「物理記号」はシニフィアンと記号内容が物理的な因果関係によって結び付けられた記号だが、これを正確に読み取るためには、それなりの推理力が必要となる。まして瞬時にその読み取り結果を「恐怖」として感じられるようになるためには、何十世代、何百世代にも渡る経験の蓄積が必要だっただろう。だが、そうして死の「物理記号」に恐怖を覚える能力を持った祖先たちは、そうでない一群より、生き残る確率を高めたに違いない。彼らの感じていたはずのこの感覚を「記号恐怖」とここでは呼んでおこう。

さらに私たちの祖先たちは「記号恐怖」の読み取り能力を次第に高め、死体や死体が埋葬された場所にも、恐怖を覚えるようになっただろう。それはあるときには伝染性の病気に罹患した仲間の亡骸、あるいは損壊して腐敗した遺体だったかもしれない。彼らはそれに怯え、避ける力を手に入れたのである。逆にこうした感情を持たず、同胞の亡骸のそばにいつまでもとどまった祖先たちの間では、各種の病に感染するリスクが高まったことだろう。クリステヴァの言うアブジェクシオンの感覚、身体の一部や排泄物への嫌悪感は、この時代に生まれたのだ。

私たちは死の危険に直面した時ばかりでなく、母胎から引き剥がされて生まれたその瞬間にも、やはり恐怖を味わっている。私たちは恐怖の感情を味わうことなしには、生まれてくることさえできない。そして恐怖を味わいながら未知の世界へと旅立つという、誕生時に誰もが経験することの体験を、私たちは反復しながら生きていく。たとえば乳幼児の頃に誰もが経験する「いない・いない・ばあ」の遊びは、擬似的な死と出産、極小化された恐怖の導入とその排除の、もっとも原初的な形だと言えるだろう。

だが成人してのちも、たとえば狩りに旅立つとき、あるいは交易の旅へ出るときなどに、私たちの祖先は「未知の世界への旅立ち」という出産時の感覚を、幾度となく反復して味わったことだろう。恐怖には反復の感覚、「予感の法則」があるが、それはここに由来している。フロイトの言う「不気味なるもの」、つまりは「かつて見慣れていたものが抑圧され、それが回帰してきた時に感じる感情」も、まさにここに起因するのだ。

このように、死と出生の記号に恐怖を感じる長い日々が続いたのちのある日、私たちの遠い祖先の誰かが、死の表象、死の「文化記号」を作る能力を獲得することになる。最初それはひどく素朴な埋葬行為、盛り土だけのものとして始まったのだろうが、やがて小さな置き石となり、墓石となっていったことだろう。「文化記号」、つまりシニフィアンとシニフィエが、文化的な約束事だけで結ばれている記号の始まりだ。

死の姿は見ることができないため、文化記号がなければ伝達できない。同胞の亡骸を埋葬し、墓標を作る文化が発生した時代は、私たちの祖先が文化記号を生み出したときと、ほぼ一致するはずだ。こうして彼らは、アブジェクシオンに満ちた死体を直接見ることなく、死の「文化記号」だけと接するようになっていく。これこそ本書で言う「恐怖」の原型、その始まりである。今もなお私たちが感じる墓場への恐怖は、まさにこの時点に始まっているのである。

「死」の発見、そして死の文化記号の創出は、ゼロの発見と並ぶ人類史の転換点となった。そして私たちの祖先の一部は、そうした死の記号でさえも避けようとする感情を持つようになった。「恐怖の読み取り能力」を高めた祖先たちの登場である。彼らはそうでない一群より、生き残る可能性を大きく高めたに違いない。逆にそうした感情を持たない一群は、次々に伝染性の疾患などに倒れていったことだろう。その光景を目撃した祖先たちは、恐怖の「メタ連鎖の法則」を、その胸中に生み出していくことになる。

既に述べた通り、恐怖には自己増殖的な性質があり、いったん生まれた恐怖は人から人へと伝播し、社会全体を飲み込んでしまう。この現象もこうした「恐怖の読み取り能力の高まり」に起因している。誰かが恐怖に怯えているのを見たとき、いちいちそこに恐怖の原因が本当にあったかどうかを調べ、論理的に考えていては、死んでしまう確率が高くなる。それより先に「Don't think. Feel.」で、恐怖を感じている人を見たら、自分も一緒に恐怖を感じて逃げ出した方が、生存戦略上有利に働くはずである。

私たちの祖先が持った、死の記号の読み取り能力は次第に高まり、最終的には「読み取れない記号があったら逃げろ、怖がれ」と、私たちに命じるようにさえなった。理解の難しい記号を前に考え込んでいたら、死んでしまうリスクは高くなる。それより「Don't think. Feel.」で、逃げ出した方が良いのである。こうして私たちは夜、曖昧な人影が横切っただけですら、恐怖を感じられるようになった。未知と既知の間にある、記号内容の明らかでないシニフィアン。「枯れ尾花かもしれない何か」を認識する際に、私たちは恐怖を感じる力を手に入れたのだ。

このように我々の祖先は「君子危うきに近寄らず」という恐怖の能力を身につけたが、リスクを徹底的に避けていれば、リターンも同時に下がっていく。狩りに出て猛獣に食べられるリスクをゼロにすれば、獲物というリターンもゼロになる。私たちの遠い祖先のうち、恐怖を回避するばかりだった人々は、どこかで淘汰されてしまっただろう。逆に残ったのは恐怖を求めて定期的に共同体の外部へ出ていく、命知らずの祖先たちだった。こうして私たちは恐怖に対して、魅力をも感じるようになったのである。

私たちは巨大なものを見たとき、恐怖を感じるばかりでなく魅惑も感じる。こうした巨大なものに対する恐怖と魅惑の感情は、のちに「崇高」と名付けられるだろう。実際に崇高が美学的概念として活発に論じられたのは十八世紀になってからだが、その起源は恐らくそれよりはるかに古いのだ。それは私たちの身の丈をはるかに超える、巨大な獲物を前にした私たちの祖先もまた、感じていたはずの感情だからである。

こうした感覚が「崇高」と名付けられて概念化されたのは一世紀ごろ、美学上のテーマになるのは十八世紀に入ってからだが、このタイムラグは驚くには当たらない。ある感覚を感じる能力を持つことと、それを概念化して語ることは、まったく違う位相にあり、概念化には実に長い時間がかかるからだ。「フィクションの発生と同時に始まった」はずのパラフィクションが、二〇一〇年代に入ってようやく概念化されたのと同じことである。

恐怖の対象に対して恐れだけでなく魅力をも同時に感じる能力。それは恐怖の対象を共同体の外部、周縁から導き入れ、そして排除する行為の繰り返しを、祖先たちの共同体に定着させたことだろう。それはある局面では共同体の外部に獲物を求める狩りとなり、ほかの局面では他の共同体との交易となり、さらには死の世界から祖霊を招く、儀礼や祭礼となっただろう。

他の共同体との交易のなかからは、やがてポトラッチが生まれ、呪いの技法として発展していく。「浮遊するシニフィアン」を送り合う交易は、過剰で意味不明なシニフィアンを意図的に用いる行為の始まり、つまり「呪い」の誕生でもあったに違いない。呪いをかけられた当人が偶然に亡くなることがあれば、それは本書で言う「別種の因果の法則」、つまりは呪いや祟りに対する恐怖を、私たちの祖先に植え付けただろう。

こうした儀礼的交易の繰り返しは、中心である共同体内部と、周縁である共同体外部の関係を、我々の祖先に反復して意識させただろう。こうして「中心と周縁」の構造が、私たちの社会に定着していったのである。いっぽう祖霊招来と送り返しの儀礼は、農耕や栽培のリズムとともに、一年の繰り返しのリズムを、私たちの祖先の心に根付かせていったに違いない。また今年も春が、夏が、秋がやってくるという反復の感覚と、祖霊歓待の儀礼の反復は、いつしか私たちの祖先の中で重なり合い、恐怖にまつわる「予感の法則」、つまりは恐怖の中にある懐かしさの感覚を育てていったことだろう。

こうした恐怖の導入と排除の儀礼のなかには、死の恐怖の再導入ばかりでなく、出生の恐怖の再導入、つまりは「いない・いない・ばあ」の遊戯を社会化した儀礼もあっただろう。実際、多くの古代の遺跡から見つかる、大地母神の恐ろしい姿を思い浮かべてみて欲しい。たとえばギリシャ神話のアルテミスは、豊穣の女神であると同時に「屠殺者」を意味し、生け贄を要求する死の女神でもあった。あるいは後の悪魔学でアスタロトという悪魔にされた豊穣の女神アフロディーテや、動物の生き血や生贄を要求した女神、キュベレを思い浮かべてもいいだろう。

これらの女神はいずれも豊穣、出産の女神であると同時に、血の生贄を要求する女神でもあった。つまりこれらの女神たちを祀る儀礼は、いずれも「母の恐怖」の再演であり、出生の恐怖の再導入と排除の儀礼であったのだ。それは私たちが誕生時に味わう恐怖の、社会的反復だったのである。

こうした儀礼に用いられる呪具の文化は、次第に洗練されて行っただろう。それらの持つ恐怖と魅惑という両面の力に気づいた私たちの祖先は、その洗練を次第に高めていったに違いない。もともとは恐怖の対象であったはずの猛獣の牙や毛皮を、華麗な装身具として身につけだした祖先は、いつ頃生まれてきたのだろう。彼らはやがてその呪具を工芸へ、美術へと高めていくことになる。いっぽうで彼らは呪文を詩歌へ、戯曲へ、そして文学へと変貌させていったのである。

やがて恐怖の儀礼もまた、その一部を独立させ、演劇として洗練していく。たとえば我が国の「能」は、その多くが亡霊を主人公とした悲劇であり、恐怖の召喚と排除の劇である。やがてこうした能のなかから、狂言という道化劇が分化していったのは示唆的だ。それは恐怖の持つ「笑いの法則」や、ユゴーらの語る「グロテスク」の概念にも対応し、笑いと恐怖が同根であることを雄弁に物語るものと言えるだろう。

世界の無意味を暴きたてて笑い飛ばす道化たちは、別の時にはホラーの中に登場して、殺人ピエロの姿を取るだろう。だが、いったんは迎え入れられた恐怖と笑いの担い手は、日常生活への回帰と共に、必ずや排除される。聖ジョージに退治される竜のように、サーカスが終われば街を去っていくピエロのように。だがしかし、彼らは何度でも甦るのだ。何度死んでも甦る吸血鬼や、毎回ペシャンコになったり全身バラバラになったりしながら、次のシーンでは復活してドタバタ劇を演じる、トムとジェリーのように。

こうして生まれてきた美術や文学、演劇といった芸術は、中世になると「領土化」されて、権力者に奉仕するもののように振舞うことを余儀なくされただろう。能や狂言、シェイクスピア劇が王侯貴族によって保護されたように。あるいは美術が教会や寺社、貴族による発注芸術として制度化されたように。だが彼らは権力者の監視の隙を突いては皮肉を投げつけ、嘲弄し、魔女のように羽ばたいたのに違いない。

やがてドゥルーズ＝ガタリの言う「機械」の群れが、互いに接続と切断を繰り返して、中世的な封建領主の支配地域を脱領土化し、共同体の外へと飛び出して、自由に労働力や商品を売買する時代がやってくる。「近代」の始まりだ。こうして近代化を遂げた社会では、かつて呪具や呪文、儀礼と呼ばれたものは、文学や美術、演劇といった商品形態を取ることになるだろう。それらはまさに国境を超えて、はるかな異国まで脱領土化し、受容されていくことになる。

そうして芸術の商品化が進行する中で、たとえばアブジェクシオンの感覚からは、切断された男の首を描くという、奇妙な西洋絵画の伝統が生まれてくるだろう。聖ヨハネの首を捧げ持つサロメの像は、その典型だ。あるいはグロテスクの感覚からは、ゴヤの一連の魔術的絵画が生まれたに違いない。さらに崇高の感覚からは、たとえばカスパー・フリードリヒの絵画や、本書で紹介したルドンの手になる、無限大の神話世界を描く作品が生まれただろうし、「不気味なるもの」の感覚からは、ハンス・ベルメール以降の球体関節人形が生まれてきただろう。

以降、シュルレアリスムの諸作家をはじめ、我が国の「反芸術」の作家たちや、九〇年代の英国が産んだ「YBAs」の作家など、恐怖を基底に据えて制作した作家を挙げればきりがない。こうした呪術的美術はいったん抑圧されて下火になっても、再び間欠的に噴き出して、美術の世界を黒く彩ることになる。恐怖による芸術の脱領土化は、何度も繰り返し起こるのだ（この議論については拙著『真夜中の博物館〜美と幻想のヴンダーカンマー』「呪術対美術」を参照）。

彼らが生み出す作品は、それが商品である以上、剰余価値を生み資本家を肥やす道具として、結局は再領土化されることを免れ得なかっただろう。だが一方でそれらは、その起源がどこかで恐怖に結びついている以上、浮遊するシニフィアンとしての性質を今もなお密かに保ち、人々をenchantし、spellboundするメディア、つまり霊媒であり続けたことだろう。芸術作品の根底には今もなお、そうした恐怖が、領土化されない外部性が息づいている。だからこそこれらの芸術作品は、私たちを魅惑するのである。

芸術家がいまも何らかの意味で常識の外部に属する人々であることは、多くの人が共有する認識だろう。そうした芸術の「外部性」の根底には、こうした呪術的起源が存在する。彼らは「領土化」されてもなお、領土外からやってきた、得体の知れない何者かであり続ける。彼らは常に外部からの使者であり、恐怖と笑いの担い手なのだ。

こうして私たちは現代の恐怖へと戻ってきたわけだが、以上に見てきた通り我々に恐怖を感じさせる対象は、常に私たちの生命の外部、共同体の外部、理解の外部につながっているものばかりである。それはいつも私たちの、内部と外部の曖昧な境界に存在している。恐怖とは私たち人間が、曖昧な何かを知覚した時に発動する、感性上のシグナルである。それは私たちが全知全能でなく、しかも知的好奇心と審美的感覚を持つ動物である限り、必ず発動する感覚なのだ。

もし私たちが恐怖の感覚、そして恐怖を求める心を失えば、私たちは新たな何かを得たり知ったりすることなど、もはや不可能になるだろう。恐怖、それは私たちが生きる上で必要となる、必須の感覚的シグナルだ。私たちの祖先はこの感覚を手掛かりに、あるときは巨大な獲物を追う狩りへ、あるときは他の共同体と交易を行う旅に出かけていった。そして彼らはやがて、霊界という天上の世界で、祖霊たちと出会う交霊、幻視の旅にも出ただろうし、さらにその旅路は「芸術性」という、より形而上学的な価値への探求にさえ向かうことになったのである。

恐怖とは、私たちが生きていくために不可欠の感覚である。それは私たちに「生きろ」と激しく、強く呼びかける感覚であり、昨日までとは違うどこかに私たちが踏み出そうとするときに、必ず私たちを襲う感覚でもある。それはどんなに社会構造が変わろうとも、人文科学や哲学のモード、芸術や表現の形式が変わろうとも、決して消え去ることはない。私たちは恐怖と共に生まれ、生き、そして死んでいく存在なのである。

このように私は恐怖が好きだ。心から愛していると言ってもいい。以上を踏まえた上で、私は「ただし」と言っておきたい。恐怖は無謬の感情ではない。恐怖とはあくまでも感性上のシグナルであり、論理的なものでも科学的なものでもない。妙な言い方だが恐怖は間違いうるし、あるときには私たちを「騙す」かもしれないのだ。

たとえば私たちは、既知のものに対して恐怖を感じることができない。本書冒頭に述べた通り、私たちはブラック企業に勤めていても、通常は恐怖の感覚を覚えない。あるいは交通量の多い道を歩いていても、歩道なら大丈夫とタカをくって歩いてしまう。毒親に育てられた子どもがいつまでもそれに気づかず、親への愛着を示すのも同じである。恐怖は未知のものに対してしか働かない。既知のものには働かないのである。

これはいわゆる「認知バイアス」のなかでも「正常性バイアス」と呼ばれるものの作用による。正常性バイアスとは、どんな異常なことが起こっても「いまはまだ正常な範囲に収まっているのだ」と思い込もうとする認知機能のことを指す。この現象の影響を、恐怖という感性現象は受けやすいのである。本当は怖がらなければならないものに対して、恐怖は意外と鈍感なのだ。

また逆に、恐怖は本来なら恐れる必要のないものに対しても、相手が未知のものであれば発動してしまう。もっとも代表的なケースを上げれば、特に悪意も害意も持たない外国人やマイノリティー、つまり周縁的存在に恐怖を感じるケースである。災害時に飛び交う流言飛語やデマ、近年見られる反ワクチンデマなどもそうだ。これは恐怖があくまでも感覚によって引き起こされるところから来る、集団的誤謬なのである。恐怖は正しいターゲットにだけ発動するものではない。これは恐怖の最大の弱点であり、私たちはブルース・リーの言葉をもじって、このように言わなければならないのだ。

「Don't feel. Think!」

現代社会にはこうした恐怖の弱点を知りつつ、それを悪用する人々が増えているように思う。少しずつ恐怖心を麻痺させて長時間、低賃金労働を強いるブラック企業がそうだし、周縁的存在、つまりは生活保護受給者や非正規雇用労働者、マイノリティーや外国人への漠然とした恐怖をテコに、その憎悪を扇動し市民を分断する、ネットへの書き込みなどもそうだ。かつて空虚なシニフィアンが、他者を操縦する呪具となり得ることを発見した、我々の遠い祖先と同じように、彼らは「恐怖の利用法」を身につけたのだ。私たちは恐怖という感覚の限界を知り、恐るべきものを恐れ、恐るべきでないものへの恐怖を克服しなくてはならないのである。

だが、こうした考えを聞いて、人によっては次のように思うかもしれない。「そのような考え方は、感性を理性の下位に置き、感性学すなわち美学を、倫理学や政治学の劣位に置いて屈服することにつながるだろう。それは美学の自己否定になるではないか」、と。確かにそういう考え方もあるかもしれないが、私はこんなふうに考える。私たちが感性の悪用を防ぐためには、まず感性というものの特色を知り、その弱点を先回りして防御線を張る必要がある。むしろそうした「感性の悪用の防止」のためにこそ、感性学、つまり美学の必要性があるのだ、と。

もし美学が、感性学というものがなければ、その作用は権力者のみが知るところとなるだろうし、彼らは感性を悪用して、私たちの心を領土化していくだろう。その際、さまざまな感性の中で、もっとも悪用されやすいのが恐怖である。こうした恐怖文配から逃れ、私たち自身の心のなかに、恐怖を再領土化していくこと。それが本書の、つまりは恐怖の美学のめざすところなのだ。

だが、こうした議論を聞いてもなお、こんなふうに冷笑する人がいるかもしれない。やれ美だの感性だの文化だのに、一体何ができると言うのか。そんなものはしょせん虚構の産物、夢まぼろしに過ぎないではないか。まして幽霊だの悪魔だのＵＦＯだの、そんな戯言《たわごと》を並べたところで、この社会の一体何が変わるのか、と。

なるほど、そういう見方もあるかもしれない。それでは彼らの言う「現実の社会」とやらは、虚構の産物ではないのだろうか。いやむしろ「現実の社会」の方こそが、右も左も嘘っ八ばかりではないか。それどころか「現実」を名乗る彼らこそ、彼らの構成する社会の方こそが、嘘で塗り固めた虚構の産物に過ぎないのではないか。

人種差別が生まれるのはなぜか。人種間に優劣があるというニセ科学、虚構から起こるのである。戦争はなぜ起こるのか。国家が勝手に大地の上に引いた、領土という虚構の線引きによって起こるのである。美や恐怖のような感性現象が現実でないと言うなら、お偉方が飛びつく高級ブランドのスーツはどうなのか。ロクな中身も持たない空っぽの人間を、上辺だけ飾るスーツが虚構でなくて、一体何だと言うのだろうか。彼らが送り合う高級百貨店の贈答品は、まさにポトラッチのような贈答儀礼から生まれたものだし、感性情報の塊ではないか。

社内政治でありついた役職が虚構ではないと言い張るのは、いささか虚しい強弁ではないか。

党利党略をごまかすための美辞麗句で得た議席も同様で、まさに虚構の産物というほかあるまい。そうした空っぽの頭から出る愛社精神だの愛国心だのの、どこに「現実」があるというのか。やれ「誠意ある政治家」だの「新しい資本主義」だの、これを虚構と言わずしてなんと言うのか。そんなものより心霊実話に出てくる亡霊の方が、よほどリアリティーがあるではないか。

人間が記号を使って生きる動物である限り、政治も経済も倫理も含めた人間の社会活動のほとんどは、なんらかの記号、何らかの虚構を介して生まれてくる。つまりどのみち、この世のどこを見渡しても、虚構ばかりに決まっているのだ。だったら虚構の中から少しでもマシなものを選ぶ権利が、私たちにはあるはずではないか。

感性を、なかんずく恐怖を、空っぽ頭のお偉方に悪用される、安っぽい道具にしてはいけない。私たちは恐怖を、感性を、私たち自身の心を、再領土化しなくてはならないのだ。本来、恐怖には未知への扉という重要な役割がある。それは笑いや希望ともつながった、人間らしい魅力に満ち溢れた感覚なのだ。確かに恐怖は万能、無謬のものではないかもしれないが、同時に私たちの生に未来を、未知なるものとの出会いを与える感覚でもある。この恐怖の持つ二つの顔を、私たちは忘れてはならない。そして私たちは豊かな恐怖と共に生きていく権利があるのだ。

映画監督のフランシス・フォード・コッポラは、映画「地獄の黙示録」(一九七九)のなかで、ベトナム戦争の過酷な戦闘で狂気に陥った軍人、カーツ大佐の物語を描いている。彼は飛び抜けて優秀な軍歴を持ちながら、戦場で軍から勝手に離脱して、現地人の軍団を作って隣国に単独で侵攻した、という人物だ。彼は軍の系統だった指令を無視し、敵味方の見境なく殺戮を繰り返し、自分一人の王国を築こうとしているのである。

この映画にはさまざまな恐怖が描かれている。明日突然、死地へ赴けと突然言われるかもしれない恐怖。爆撃や銃撃の恐怖。戦争とは何の関係もない一般人が殺害される恐怖、そしてそうした殺人を犯しても、何ら痛痒を感じなくなるモラルハザードの恐怖。カーツ大佐の行動は常軌を逸しているが、それは彼が辿り着いたのが、こうした恐怖を通過した、狂気の王国だったからだ。

興味深いことに彼の側には、やはり半ば狂気に陥っている戦場カメラマンがいて、まるで宮廷道化のように理解不能なことを、軽薄な口調で始終まくしたてている。「王」であるカーツ大佐に軽口を叩いては追い払われるその様は、まるでシェイクスピア劇の道化のようだ。だがカーツは彼を殺しも追放もせず手元に置き、恐怖について一人考え続け、哲理のような言葉を漏らす。作中、彼の語る恐怖についての言葉は、本書が述べてきた恐怖についての議論を、まるで要約したかのようなものとなっている。この言葉を引用して、私は本書の締めくくりとしたい。

「恐怖には顔がある。恐怖を友にしなければならない。恐怖、そして死への怯えは、我々の友なのだ。さもなければ、それは恐るべき敵になるだろう。それは真の敵になるのだ」
(「地獄の黙示録」から、拙訳)

おわりに

ありがたいことにギャラリー業がそれなりに軌道に乗って、もはや「ギャラリーやってるオジサン」としてしか私を知らない人も多いというのに、よりにもよって恐怖についての本という、いっけん芸術とは何の関係もない、妙な本を書いてしまった。

だが実は芸術というのは、お化けみたいなものである。確かに美術作品というモノ自体は、お化けと違って明確にこの世に存在するし、実際、私はそれを売買している。だが、そこに芸術性というものが、物理的に測定できる形で存在するのかというと、話は怪しくなってくる。美術作品自体は手で触ることも売買もできるが、芸術性そのものは、目で見ることも触ることもできない。それはポトラッチにおける「マナ」とも似た、不可視の精神的存在なのだ。実は芸術とお化けとは、紙一重の存在なのである。

確かに美術関係者であれば、断固として芸術性の存在を主張するだろうが、そうでない人の中には「そんなもの」とか「芸術なんて」とか言って、冷笑する人も少なくないことだろう。「エビデンスを持ってこいよ、エビデンスを」、なんて言われると、お化けの存在を信じる人同様、芸術信者も弱い立場に立たされることになる。コンプライアンスも同様で、ホラーに流血はつきものだし、美術もまた生死やエロスに関わる問題を取り上げることがしばしばで、コンプライアンス的に厳しい作品というのは結構多い。

要するに私にとって、美術を考えることは恐怖を考えることであり、逆もまた真なのである。いずれもそれは、日常生活に持ち込んではならない、禁忌に触れる経験なのだと言える。考えてはならないことを考え、禁止された領域を思考するという意味で、両者は意外によく似ているのだ。

私が経営するSUNABAギャラリーの画家、池田ひかるに《Lonely Girl》（二〇一五）という作品がある（表紙装画）。そこでは古い納屋に忘れられた鏡台を、ピンク色のワンピースを着た少女が覗き込む光景が描かれている。その鏡には何が、どんな少女の顔が映っているのだろう。孤独な少女だろうか、美しい少女だろうか。いや、そこにはもしかすると老婆の顔が映っているのかもしれないし、実は見てはいけない禁忌の顔があるのかもしれない。だいいち、この少女自体、本当は存在しない亡霊かもしれないのだから。

恐怖というのはこの絵に似ている。どこか古びていて懐かしく、その輪郭は曖昧にぼやけていて美しいが、その正体を見極めようとすると禁忌に触れる。見てはいけない、確かめてはいけない、考えてはいけない。そんな強い禁忌の感覚が、背筋をぞくぞくと這い上がる。恐怖というのは本質的に、認識の、思考の外に存在する。それは私たちが知り、考えようとすることを阻む。恐怖の姿を確かめようとする行為は、後ろ向きで描かれた少女の絵から、その顔を覗こうとするのに似ているのかもしれない。

　さて、そんな恐怖の姿を求めて、幾多の本を巡ってきた本書だが、読了された皆さんの周りに、いま何か怪異は起こっているだろうか。おそらくは何も起こっていないのではないかと思う。なぜかといえば、ちょっとしたおまじないの仕掛けを、本書の中に施しておいたからだ。

　実は本書で取り上げた書物は、百冊を少々越えている。なかには十巻本や上下巻本を一冊と数えたものもあるから、実際にはかなりオーバーしていることかと思う。おヒマな方は数えられるといいかもしれない。いかな怪異といえども、百を超える「怪書」の群れに出会えば、裸足で逃げ出すに違いない。なので、安心していただいて結構である。

　本書はアトリエサード刊『トーキングヘッズ叢書（TH Series）』や『ナイトランド・クォータリー』に執筆した、いくつかの記事が元になっており、それに書き下ろし部分を加えたものである。骨格となったのは『TH』の「書物の百物語」という連載で、そのほかは初出一覧をご覧いただきたい。再録にあたっては適宜加筆、修正した。初出は最も古いものだと二〇一三年、一番新しいものでも二〇一八年で、執筆からかなり時間をおいての単行本化となった。このため実は参考文献リストには、やや不正確な部分がある（どの出版社から出たどの版で読んだか、よくわからなくなったものがいくつかある）。恐縮だが、恐怖には曖昧さがつきものということでご了承されたい。

　以下、いくつか注釈を施しておきたい。『崇高について』の著者、ロンギノスについて。この本の著者は「偽ロンギノス」と表記されることがあるが、本書では著者名をカッコ付きで「ロンギノス」と記した。

シニフィアンとシニフィエの訳語について。かつてこの概念が紹介された時、シニフィアンには「能記」、シニフィエには「所記」という訳語が使われていた。当時は斬新な訳語であったが、今日ではいささかわかりにくい。このため本書では現在普及している訳語、シニフィアン＝記号表現、シニフィエ＝記号内容という訳語を当てた。

同様に、レヴィ＝ストロースの「浮遊するシニフィアン」(signifiant flotant) の訳語について。これもかつては「浮動的意味作用部」という訳語が当てられていたが、これでは意味が取りにくい。よって本書では現在よく使われている「浮遊するシニフィアン」という訳語を用いている。

母殺しをめぐる日本の表現について、付記を少し。二〇一七年に『ビッグコミックスペリオール』誌上で連載の始まった押見修造の漫画『血の轍』は、まさに母子相姦的な関係とサイコパスに近い毒母をテーマにしていて、現在は十二巻までが刊行されている。こうした作品がエンターテインメントとして刊行されているという事実には、隔世の感を覚えて感慨深い。ただし本書の執筆時点では、同作品はいまだ連載が続いており、ここで論じるのは難しかった。今後の同作の展開に注目したいと思っている。

ドゥルーズ＝ガタリの「機械」についても少し。本書では彼ら以前の記号論的な議論とこの二人の「機械」についての議論を、ごく無造作に接ぎ木して論を展開している。だが哲学者の千葉雅也によれば、彼らの言う機械とは「シニフィアンの離脱の作用」であるそうだ。つまり機械は、なんらかの記号的側面、それも欠損状態にある記号作用を持っているようなのだ（千葉雅也『動きすぎてはいけない　ジル・ドゥルーズと生成変化の哲学』河出書房新社、二〇一三）。

だとすると、二人の言う「機械」と「浮遊するシニフィアン」の概念は、かなり重なる部分があるように思える。両者がどこでどのくらい重なり、異なっているのか、そしてそれが恐怖や呪いとどう関わるかという問題は、正直な話、筆者の手に余る複雑な問いで、今回はギブアップしてしまった。ツメが甘いと言われれば、まったく反論の余地がない。今後折に触れて考えてみたい。

ついでにドゥルーズ＝ガタリの「領土化、脱領土化、再領土化」の議論について、本文中では論じ足りなかったことを、ここで少しだけ書いておきたい。

二人はこの「領土化、脱領土化、再領土化」という運動は、歴史上繰り返し起きたと説き、なかでもその大きな運動は三度起きたとしている。最初は小規模な共同体国家が成立したとき、次はローマ帝国のような世界帝国が成立したとき、最後は資本主義が成立したときである。もちろん微視的に歴史を見れば、脱領土化と再領土化の小さな波は、幾度も寄せては引いたことだろう。この現象はフラクタルに繰り返すのだ。

以下さらに余談だが、我が国の歴史もまた、脱領土化と再領土化を繰り返したのではないかと私は思う。我が国で最初に起きた領土化は、大化の改新における公地公民制であり、これを脱領土化、再領土化したのが荘園制である。その次に起きた大きな脱領土化＝再領土化が戦国期の群雄割拠であり、三度目は幕末動乱と明治維新だ。そして四度目に国境を越えて演じられた脱領土化と再領土化が、いわゆる大東亜戦争〜太平洋戦争であったのではないかと私は思う。

それではいま現在起こっている現象とは何なのだろうか。それはおそらく、人類史上初めての、サイバースペースの領土化だ。ＧＡＦＡと超富裕層によるこの世界支配を、ここで仮に「仮想領土化」と呼んでおこうか。ドゥルーズ＝ガタリが生きて見ることのなかったこの現象もまた、二人の言う「領土化」に当たると私は確信している。

彼ら二人は、こうした領土化から「逃れよ」と説いた。彼らは「分裂症者」のように無軌道な散歩を繰り返し、精神科医の寝椅子で治療されてしまうのでなく、逆に世界を分裂症化せよと呼びかけた。こうした彼ら二人の主張と、本書の「私たちの恐怖を再領土化する」という目論見は、さて、どのくらい一致するのだろう。そしてその戦術は、どちらがどのくらい有効なのだろう。読者諸氏の御批判を待ちたい。

本は、テクストは、いったん読み終えてしまったら、さほど恐ろしくはないものなのかもしれない。どんな本であれ結末では謎は解かれ、正体は暴かれ、死者は墓へと戻り、犯人は捕まる。どんな本でも無限に書き綴ることができない以上、どこかで物語は、論述は終わる。本書にしても、既に冒頭で提示した謎にほぼ答え終わり、およそ恐怖には似つかわしくない、ハッピーエンドで終わろうとしている、ように見える。

だが、まだ、ある。

冒頭の章でも述べた通り、私は舞台の上にある、あの三重という機構が恐ろしくて仕方がない。あの恐怖は一体なんなのだろう。それは一見したところ、死とも死の表象とも無縁であり、特に禁止、禁忌とも関わりがない。それは無限に続くシニフィアンの群れとも無縁で、むしろがらんとした空洞に過ぎない。なのに、なぜ映像のプロ中のプロが揃いも揃って「怖い」と言うほど、その場所は恐怖を感じさせるのだろうか。この初発の問いには、本書を書き終えたいまも、まったく答えが見つからないままである。

まだ、ある。

美術の章、そして記号論の章で、私は絵画という類像記号が、恐怖を感じさせにくいものだと書いた。実際、私たちは過剰なシニフィアンに触れた際、それが物理記号や文化記号であった場合には恐怖を感じるが、絵画という類像記号であった場合は、さほどの恐怖を感じない。文化記号も物理記号も、それが過剰であった場合には我々は恐怖を感じるというのに、なぜ類像記号だけはこうした現象が起こらないのだろう。

たとえば絵画や彫刻が無数に並ぶ美術館、博物館に行っても、私たちは恐怖には襲われない。また、何を描いているのか判然としない抽象画、つまりは記号内容を持たないシニフィアンを見ても、私たちは怖いとは（原則的には）感じない。つまり過剰なシニフィアンと接しても、なぜか類像記号だと私たちは恐怖を感じないのだ。なぜこんなことが起こるのか。それはもしかして、絵画や彫刻といった類像記号が孕む、より強い恐怖への、魅惑に満ちた罠なのではないのか。

まだ、ある。

ここまで本書では話題にしなかったが、心霊現象の目撃譚の場所として多いのは、実は営業中のラブホテルなのだという。本書で分析してきた「過去」にまつわる要素をほとんど持たず、現在形の欲望が刹那的に交わされるそうした場所で、心霊現象が頻繁に体験されるのは何故なのだろうか。もしかして、私たちがまだ解き得ていない恐怖の原理が、この世界には至るところに潜んでおり、それはあなたを襲う機会を、じっと待ち続けているのではあるまいか。

まだ、ある。

そもそも私は本書冒頭で、「本物の亡霊」がいるかどうかについて、不問にしたままこの本を書き綴ってきた。「それ」は本当に実在しないのだろうか。心霊実話の話者の多くが揃いも揃って告白する、あの「なんとなくいやな感じ」とは何なのか。話の冒頭、まだ話者たちが何の不穏な記号にも接していない段階で既に、彼らが肌感覚で感じ取る、あの異様な気配は何を意味するのか。それはもはや、記号とは関係がないではないか。

もしかして「それ」は、本当に実在するのではないか。

「それ」が潜んでいるのはどこだろう。それは賑やかな芸能界の三重をはじめとする薄暗い片隅で、ふだんはじっと息を潜めており、メタ連鎖の法則を伝ってテレビから、じわじわと這い出してそうとしているのではないか。あるいはそれは、いわく因縁のあるはずのない新築マンションのベランダに潜んで、カーテンの隙間からあなたを見つめているのではないか。あるいは真夜中の無言電話の向こうで、恐怖に乱れたあなたの息遣いを、じっと聞いているのでは。いや、それはもしかすると、あなたが読んでいる文字そのもの、書物というものそのものにも潜んでいて、読み終えてもそれはまだ密かに書中で蠢いているのではないだろうか。

あなたが本書のページを閉じた途端、その「解き得ない謎」という名の恐怖は、ページの隙間から這い出してくるかもしれない。いやもう、それは既にあなたの背後に立ち、生暖かい息を耳元に吹きかけ、そしてあなたにゆっくりと

【初出一覧】

はじめに　書き下ろし

《一》世界妖怪図鑑　『トーキングヘッズ叢書（TH Series）No.69』2017年1月26日発売号

《二》矢追純一のUFO史観　『トーキングヘッズ叢書（TH Series）No.75』2018年7月26日発売号

《三》パラフィクションとしての『地獄変』『トーキングヘッズ叢書（TH Series）No.70』2017年4月28日発売号

《四》七〇年代カタストロフィ文化　『トーキングヘッズ叢書（TH Series）No.70』2017年7月28日発売号

《五》心霊写真の父、中岡俊哉　『トーキングヘッズ叢書（TH Series）No.74』2018年4月28日発売号

《六》恐怖の美術館

★ムンクの描いた吸血鬼　『ナイトランド・クォータリー vol.01』2015年5月12日発売号

★ダ・ヴィンチにおける愛と死　『ナイトランド・クォータリー vol.06』2016年8月25日発売号

★フュースリ、エロスの悪魔　『ナイトランド・クォータリー vol.09』2017年5月31日発売号

★ゴヤに魔術の自由を見る　『ナイトランド・クォータリー vol.07』2016年11月24日発売号

★幻視者、ウィリアム・ブレイク　『ナイトランド・クォータリー vol.10』2017年8月28日発売号

★ルドンの顕微鏡的世界　『ナイトランド・クォータリー vol.12』2018年2月27日発売号

★ゲオルギオスの龍退治　『ナイトランド・クォータリー vol.05』2016年5月25日発売号

《七》ポップ異端文書としての『百億』『トーキングヘッズ叢書（TH Series）No.72』2017年11月29日発売号

《八》『イグアナの娘』とマゾ的支配　『トーキングヘッズ叢書（TH Series）No.73』2018年1月30日発売号
《九》寺山修司とエヴァンゲリオン　『トーキングヘッズ叢書（TH Series）No.54』2013年4月30日発売号
《十》消えていく道化　『トーキングヘッズ叢書（TH Series）No.66』2016年4月26日発売号
《十一》恐怖の法則　書き下ろし
《十二》恐怖の記号論　書き下ろし
《十三》恐怖の起源　書き下ろし
おわりに　書き下ろし

著者近影

樋口ヒロユキ（ひぐち ひろゆき）

1967年、福岡県生まれ。SUNABAギャラリー代表、文筆家。関西学院大学文学部美学科卒。PR会社勤務を経て2000年より執筆活動開始。2015年にSUNABAギャラリー開業。単著に『ソドムの百二十冊 ―エロティシズムの図書館―』（青土社、2016）、『真夜中の博物館　美と幻想のヴンダーカンマー』（アトリエサード、2014）、『死想の血統　ゴシック・ロリータの系譜学』（冬弓舎、2007）。共著に『寺山修司の迷宮世界』（洋泉社、2013）、『絵金』（パルコ出版、2009）など。編著に高原英理著『アルケミックな記憶』（アトリエサード、2016）がある。
https://sunabagallery.com

TH SERIES ADVANCED

恐怖の美学
なぜ人はゾクゾクしたいのか

著　者　　樋口ヒロユキ

発行日　　2022年12月6日

発行人　　鈴木孝
発　行　　有限会社アトリエサード
　　東京都豊島区南大塚 1-33-1 〒170-0005
　　TEL.03-6304-1638 FAX.03-3946-3778
　　http://www.a-third.com/　th@a-third.com
　　振替口座／00160-8-728019
発　売　　株式会社書苑新社
印　刷　　モリモト印刷株式会社
定　価　　本体2500円＋税
ISBN978-4-88375-482-3 C0070 ¥2500E

 Printed in JAPAN

www.a-third.com

ナイトランド叢書

アルジャーノン・ブラックウッド
夏来健次 訳

「いにしえの魔術」

3-2 四六判・カヴァー装・320頁・税別2400円

鼠を狙う猫のように、この町は旅人を見すえている……
旅人を捕えて放さぬ町の神秘を描き、
江戸川乱歩を魅了した「いにしえの魔術」をはじめ、
英国幻想文学の巨匠が異界へ誘う、5つの物語。

E・F・ベンスン
山田蘭 訳

「見えるもの見えざるもの」

3-1 四六判・カヴァー装・304頁・税別2400円

吸血鬼、魔女、降霊術――そして、奇蹟。
死者の声を聴く発明、雪山の獣人、都会の幽霊……
多彩な味わいでモダン・エイジの読者を魅了した、
ベンスンが贈る、多彩な怪談12篇!

サックス・ローマー
田村美佐子 訳

「魔女王の血脈」

2-7 四六判・カヴァー装・304頁・税別2400円

謎の青年フェラーラの行く先には、必ず不審な死が――
疑念をいだき彼を追う医学生ケルンはいつしか、
古代エジプトの魔女王をめぐる闇深き謎の渦中へ……
英国を熱狂させた怪奇冒険の巨匠の大作!

アルジャーノン・ブラックウッド
夏来健次 訳

「ウェンディゴ」

2-2 四六判・カヴァー装・320頁・税別2400円

英国幻想文学の巨匠が描く、大自然の魔と、太古の神秘。
魔術を研究して、神秘の探究に生涯を捧げたブラックウッド。
ラヴクラフトが称賛を惜しまなかった彼の数多い作品から、
表題作と本邦初訳2中篇を精選した傑作集!

詳細・通販は、アトリエサード http://www.a-third.com/

妖精を無視して
果たしてシェイクスピアが
正しく理解できるだろうか。

新刊!

フェアリーたちはいかに生まれ愛されたか

イギリス妖精信仰 その誕生から「夏の夜の夢」へ

Floris Delattre
フロリス・ドラットル
訳◉井村君江

四六判・カヴァー装・320頁・税別2500円
ISBN：978-4-88375-474-8
発行：アトリエサード／発売：書苑新社

妖精信仰と
文学的空想を
解き明かす!

人々の生活とともにあって
豊かに息づいていた
超自然的な生きものたち!

フェアリー、エルフ、ゴブリン、
ドワーフらのイメージは
どう形成され、愛されてきたか。

妖精文化を
深く知るための基本書!

ダン・アダン・デリー

好評発売中!

妖精たちの輪舞曲《ロンド》

イギリスの児童文学・幻想文学の名手、デ・ラ・メアが、
妖精、魔女、夢などをモチーフに幻想味豊かな詩を綴り、
アメリカのイラストレータ、ラスロップが
愛らしく想像力豊かな挿画を添えた、
読者を夢幻の世界へいざなう、夢見る大人の絵本!

子供心が踊り出す!

著：ウォルター・デ・ラ・メア、絵：ドロシー・P・ラスロップ
訳：井村君江、人形彫刻：戸田和子
A5判変形・カヴァー装・224頁・税別2000円 ISBN：978-4-88375-443-4 発行：アトリエサード／発売：書苑新社

コティングリー妖精事件の本

〝妖精事件〟を広めたコナン・ドイルが、
妖精の実在を世に問いかけた1冊!
世界を騒がせた最初の雑誌記事から
証拠、反響などまで!

アーサー・コナン・ドイル 訳・解説◉井村君江

好評発売中!

妖精の到来～コティングリー村の事件

四六判・カヴァー装・192頁・税別2000円 ISBN:978-4-88375-440-3 発行:アトリエサード／発売:書苑新社

シャーロック・ホームズで名を馳せていたドイルによる記事
「妖精の写真が撮れた!――人類史上に新時代を画す一大事件」を載せた雑誌は3日で完売!
写真が大衆に普及する前に起きた〝事件〟の時代の熱を感じさせるドキュメント!

妖精が現れる!～コティングリー事件から現代の妖精物語へ（ナイトランド・クォータリー増刊）

タニス・リー、パトリシア・A・マキリップ、高原英理など妖精をテーマにした小説を数多く収録!
幻想文学の立場から、コティングリー妖精事件に向き合った一冊。
井村君江らの紀行文、エドワード・L・ガードナーの文書や、
コティングリー関連の記事、妖精に関する評論・エッセイなど、満載!

好評発売中!

A5判・並製・200頁
税別1800円
発行:アトリエサード
発売:書苑新社

詳細・通販は、アトリエサード http://www.a-third.com/